大学生创新基础

Fundamentals of Innovation for College Students

周二勇　主编

同济大学出版社·上海
TONGJI UNIVERSITY PRESS · SHANGHAI

内 容 提 要

《大学生创新基础》是一本专为大学生群体编写的创新教育教材，旨在培养和提升学生的创新意识、创新思维和创新能力。本书以科学性、系统性为原则，全面介绍了创新的基本理论、方法论证及其在实践中的应用。通过案例分析、实验设计和团队合作项目，鼓励学生将理论学习与实践探索相结合，激发创新性思维和自主解决各种问题的意识，并帮助读者形成持续的创新思维模式。本书结构合理，案例丰富，适合作为高等院校创新教育的基础课程教材。

图书在版编目(CIP)数据

大学生创新基础 / 周二勇主编. —上海 : 同济大学出版社, 2024. 6. -- ISBN 978-7-5765-1226-7

Ⅰ. G647.38

中国国家版本馆CIP数据核字第2024DW0349号

大学生创新基础

主　编　周二勇

责任编辑　戴如月　**助理编辑**　府晓辉　**责任校对**　徐逢乔　**封面设计**　潘向蓁

出版发行　同济大学出版社　www.tongjipress.com.cn

（地址：上海市四平路1239号　邮编：200092　电话：021-65985622）

经　销　全国新华书店

排　版　上海三联读者服务合作公司

印　刷　常熟市华顺印刷有限公司

开　本　889mm × 1194mm　1/16

印　张　12.5

字　数　327 000

版　次　2024年6月第1版

印　次　2024年6月第1次印刷

书　号　ISBN 978-7-5765-1226-7

定　价　52.00元

编委会

主　编　周二勇

副主编　季　伟　武传宝

参　编　甘汉莹　任立华　张孝慈

前　言

在这个快速变化的时代，创新已成为推动科技进步、社会发展和经济增长的关键动力。对于正在校园中汲取知识、学习技能的学生而言，掌握创新的原理和方法，不仅是个人成长的需要，还是未来职业生涯成功的重要基石。因此，培养大学生的创新思维与能力，对个人发展及社会进步均具有重要意义。

本书秉承科学性与系统性的编写原则，采用深入浅出的方法，全面介绍创新的基本理论、方法论及其在实践中的应用。本书详尽地分析了创新过程，从问题的识别到解决方案的执行，为读者规划了一条明确的学习路径。本书特别强调理论与实践的紧密结合，通过实践训练和团队合作项目，激励读者将所学理论知识应用到具体实践中，从而加深对创新过程的理解；通过案例分享，展示了创新在多个领域的实际应用，以便读者能够更有效地理解并实施创新策略。本书致力于培养读者的批判性思维及解决问题的技巧，这些能力对形成持续的创新思维模式至关重要。作为一本专为大学生设计的创新基础课程教材，本书在编写过程中注重内容的前沿性、实用性以及操作性，旨在提供一个既深入又广泛的学习框架。

本书共分九章，内容涵盖导论、创新精神与创新意识、创新思维、创新能力、创新类型、创新模式、创新方法、创新工具以及应用创新。除了包含编者本身的研究成果，本书亦融合了网络上的文献和资料。由于编写水平有限，书中可能存在描述或引用不当之处，在此诚恳地请求读者的理解与宽容，同时对所有参与本书编写的人员表示深深的感谢，并衷心期待读者的批评和建议，这将成为编者不断完善本书的动力。

编者

2024年6月

目 录

第一章 导论

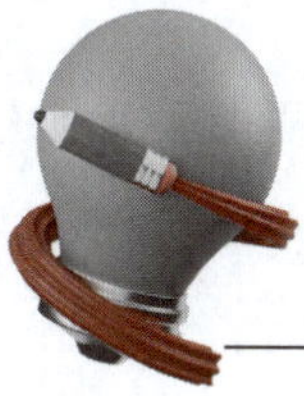

学习目标

1. 认识创新发展的内涵和必要性
2. 掌握创意、创造、创新的内涵联系和区别
3. 了解国内外创新理论的发展

第一节　创新与社会发展

一、创新发展的内涵

创新立足传统、突破传统，依托现实、推动变革。创新是历史进步的动力、时代发展的关键，位居今日中国新发展理念之首。新发展理念即创新、协调、绿色、开放、共享，把创新提到首要位置，指明了我国发展的方向和要求，代表了当今世界发展潮流，体现了中国共产党对发展规律的认识和把握。

习近平总书记指出，“纵观人类发展历史，创新始终是推动一个国家、一个民族向前发展的重要力量，也始终是推动整个人类社会进步的重要力量”。在远古的原始社会时期，人类的实践能力尚处于非常初级的阶段，仅仅局限于简单且自发的日常性活动。随着时代的演进，农业社会的到来使得生产力有所提升，然而其经济形态仍旧以依赖自然资源和人力劳动的自给自足为主，创新性的实践在此时仅是偶发且局部的存在。进入工业社会后，大机器的使用、能源资源的大规模消耗以及技术工人的专业化分工成为主导生产模式。在这一时期，维系工业化大生产的常规性实践与不断涌现的科技创新、制度创新等创新性实践相辅相成，共同推动了前所未有的强大生产力的诞生。随着21世纪的到来，信息化和全球化的浪潮席卷全球，新一轮的科技和产业革命正释放出巨大的创造力。诸如“互联网+”、智能制造、生物技术、新材料技术等领域的飞速发展，不仅深刻地改变了经济生产的形态和市场格局，还极大地影响了人们的生活方式、交往模式以及价值观念。创新正逐步从科技和经济领域扩展到社会的各个角落，成为推动社会进步的核心动力。

当创新作为首要驱动力与人们随着社会进步而不断提升的高层次需求相结合时，其释放出的革命性力量势不可当。科技创新的深入发展加速了生产力的更新换代；管理创新和制度创新则推动了生产关系的变革，为新兴生产力的蓬勃发展提供了广阔的空间和有利条件；理论创新则作为社会进步和革新的先导，引领着人们的思想观念和社会意识形态的变革，进而反过来影响科技创新和制度创新的方向和路径。随着各领域创新活动的常态化和长效化，人们的思维方式和行为方式也日趋注重创新、自觉创新。这种文化氛围的广泛传播使得文化创新成为可能，并最终作用于社会个体，培养他们的创新精神和思想，营造出一个充满创新氛围的社会环境。这样的社会环境为科技创新、管理创新、制度创新以及理论创新等创新实践活动的顺利开展提供了肥沃的土壤和强大的支持。

二、创新发展的必要性

党的二十大报告提出，坚持创新在我国现代化建设全局中居于核心地位。我们要更加深刻地认识新时代创新的重大意义，把创新的核心地位贯穿到现代化建设的各个方面和各个环节，为全面建成社会主义现代化强国、实现第二个百年奋斗目标增添强劲动力。

（一）创新是国运所在

创新强则国运昌，创新弱则国运殆。恩格斯这样评价马克思：“他把科学首先看成是历史的有力杠杆，看成是最高意义上的革命力量。”历史上，中国古代科学技术曾长期领先世界，但近代中国屡次与世界重大科技革命和产业变革失之交臂，陷入科技弱国力弱的困境。中国共产党诞生于国家积贫积弱、民族生死存亡之际，对科技创新的重要性有着深刻认识。从中华人民共和国成立初期提出“四个现代化”，到改革开放和社会主义现代化建设新时期提出“走自己的道路，建设有中国特色的社会主义”，再到新时代提出全面建成社会主义现代化强国目标，中国共产党始终高度重视发挥科技创新在实现宏伟奋斗目标中的重要作用。在新时代新征程上，要实现第二个百年奋斗目标，实现中华民族伟大复兴的中国梦，必须切实用好科学技术这个革命性力量和杠杆，推动我国科技事业加快发展，集中力量推进科技创新，真正把创新驱动发展战略落到实处。

（二）创新是国力所依

科技发展水平深刻反映了一个国家的综合国力和核心竞争力。当前，现代科学技术加速发展、广泛渗透，引发国际产业分工的重大调整，正在深刻重塑世界竞争格局、改变国家力量对比，成为大国竞争的“主战场”和国际博弈的“胜负手”。可以说，谁牵住了科技创新这个“牛鼻子”，谁走好了科技创新这步“先手棋”，谁就能占据先机、赢得优势。习近平总书记深刻指出：“历史经验表明，那些抓住科技革命机遇走向现代化的国家，都是科学基础雄厚的国家；那些抓住科技革命机遇成为世界强国的国家，都是在重要科技领域处于领先行列的国家。”当前，我国科技发展正处在将强未强、不进则退的关键阶段，我们要充分认识实现高水平科技自立自强对增强我国发展竞争力和持续力的决定性意义，加快实现高水平科技自立自强，把发展的主动权牢牢掌握在自己手中。

（三）创新是国情所需

习近平总书记指出，“发展是党执政兴国的第一要务”“创新是引领发展的第一动力”。我国是一个发展中大国，仍处于社会主义初级阶段，面临新的战略机遇、战略任务、战略阶段、战略要求、战略环境，需要应对的风险和挑战、需要解决的矛盾和问题比以往更加错综复杂。科技创新不仅仅是发展问题，更是生存问题。抓创新就是抓发展，谋创新就是谋未来。立足新发展阶段、贯彻新发展理念、构建新发展格局、推动高质量发展，必须坚持科技是第一生产力、人才是第一资源、创新是第一动力，深入实施科教兴国战略、人才强国战略、创新驱动发展战略，不断开辟发展新领域新赛道，不断塑造发展新动能新优势。要坚持教育优先发展、科技自立自强、人才引领驱动，加快建设教育强国、科技强国、人才强国。要坚持创新在我国现代化建设全局中的核心地位，完善科技创新体系，加快实施创新驱动发展战略。

第二节　创意、创造、创新

一、创意的内涵与类型

（一）创意的内涵

在《现代汉语词典》（第7版）中，“创意”是指“有创造性的想法、构思等”。创意是一种“传统的叛逆”，是具有新颖性和创造性的想法，属于思想观念的范畴，不同于寻常的解决方法。创意有以下几种意思：①新颖的想法、观念和打算；②过去从未有过的计划，可进一步挖掘和激活资源组合方式来实现资源价值的提升；③创新性的意念，寻求新的解决方法。创意最基本的含义有两点：一是有创造性，包含新颖性、前卫性和奇特性；二是头脑中的想法，进而创出新意或意境。“创意”既是一个名词，又是一个动词。作为静态名词的“创意”指向结果，表明创新的意念、构思；作为动词的“创意”指向过程，表明提出有创造性的想法、构思的过程，是一种突然降临的、前无古人的新意念的产生过程。简而言之，创意就是具有新颖性和创造性的想法。

（二）创意的类型

创意，作为一种创造力和想象力的表现形式，具有极其丰富和多元的类型。依据不同维度和标准，可以对创意进行多种分类。例如，从主题角度出发，创意可以分为表现型、解决问题型和组合型等；从应用领域划分，创意类型还包括商业型、科技型、文学型和艺术型等。

1. 表现型创意

表现型创意是借助视觉、听觉、触觉等感官体验，通过创造性表现手法传达信息或情感的创意类型。它旨在打破传统思维模式和表达方式，引起观众共鸣，能够提高品牌认知度和记忆度。创意人员需要深入了解目标受众和文化背景，具备对市场趋势的敏锐洞察力。

2. 解决问题型创意

解决问题型创意是指针对特定问题或挑战，通过创意性的思考和解决方案，解决问题或改善现状的创意类型。解决问题型创意可以通过以下步骤来实现：

（1）明确问题：首先需要明确问题的定义和范围，以及问题的重要性和影响；

（2）收集信息：收集与问题相关的各种信息和数据，包括市场情况、用户需求、技术趋势等；

（3）创意生成：通过头脑风暴、自由联想、逆向思维等方式，激发创意，生成多种可能的解决方案；

（4）方案评估：对生成的解决方案进行评估和筛选，选出具有可行性和创新性的方案；

（5）方案实施：将选定的方案付诸实践，不断优化和改进，实现问题的解决。

生成解决问题型创意需要具备创新思维、逻辑思维和执行力等。同时，还需要不断学习和探索新的方法和技巧，提高创意的品质和生成创意的效率。

3. 组合型创意

组合型创意是将两个或多个元素或创意组合在一起，形成新的创意。这种创意方法有助于从不同角度思考问题，激发创新思维。例如，音乐与运动的组合创造出适合跑步听的音乐、瑜伽音乐等组合方式；科技与教育的组合创造出在线教育、虚拟教室等教育方式；旅游与健康的组合创造出健康旅游、养生旅游等旅游方式；文化与经济的组合创造出文化产业、文化经济等新经济形态。

4. 商业型创意

商业型创意是以实现商业目标为核心的创意形式，旨在解决商业问题并实现商业价值，通过深入了解受众需求，创造出吸引注意、激发兴趣、引发消费行动的内容或产品。商业型创意在广告、营销、品牌传播、产品设计等领域广泛应用，结合其他商业工具和策略实现商业目标，但须考虑法律法规、道德规范和社会责任等因素，确保创意的合法性、道德性和可持续性。商业型创意能够为企业创造巨大的商业价值，提升品牌形象和市场地位，成为赢得竞争优势的关键因素之一。

5. 科技型创意

科技型创意是指利用科技手段和创意思维，解决实际问题或创造新价值的创新型想法。科技型创意基于科技的发展和应用，它需要有前瞻性和创新性，对未来科技发展起到引领作用。这种创意通常涉及人工智能、大数据、物联网、区块链等新兴技术领域，具有较高的技术含量和独特的创新性。

科技型创意的应用范围非常广泛，包括但不限于智能制造、智慧医疗、智慧教育、智慧城市等领域。通过科技型创意，人们可以更加高效地解决复杂问题，提高生产效率和生活品质，推动社会进步和发展。

要实现科技型创意，需要具备扎实的专业知识、广阔的视野和丰富的想象力。同时，还需要具备一定的商业思维和市场洞察力，能够将创意转化为实际的产品或服务，并推向市场获得商业成功。

6. 文学型创意

文学型创意是指将文学元素融入创意，使创意更具文学性和艺术性。这种创意通常需要创作者具备一定的文学素养和审美能力，能够将文学元素巧妙地融入创意，使创意更具情感和感染力。

以下是一些文学型创意的例子。

（1）小说式广告：将广告创意以小说的形式呈现，通过故事情节和人物形象来吸引观众的注意力，传达广告信息。

（2）诗歌式广告：将广告创意以诗歌的形式呈现，通过诗歌的韵律和节奏来让观众感受到品牌或产品的魅力。

（3）故事化品牌形象：通过故事来塑造品牌形象，让品牌形象更加生动、具体、立体，提高品牌的认知度和美誉度。

7. 艺术型创意

艺术型创意是一种极具创新性和艺术感染力的创意。它不仅注重独特的视觉效果，更强调美学和情感表达的完美结合。这种创意形式通过富有想象力的表现方式，让观众沉浸在美妙的艺术氛围中，引发情感共鸣。

艺术型创意通常应用于各个领域，如广告、电影、游戏、时尚和产品设计等。在广告领域，艺术型创意可以通过富有创意的视觉效果和情感表达，吸引消费者的注意力，提升品牌形象和市场竞争力。在电影领域，艺术型创意则可以通过独特的场景设计、服装和道具，为电影营造出别具一格的氛围，表达情感。

艺术型创意的价值在于它能够打破传统思维的束缚，以全新的视角和表现方式呈现创意。这种创意形式不仅能够吸引观众的眼球，更能够触动他们的内心，引发深层次的情感共鸣。因此，艺术型创意在现代社会中越来越受到重视和推崇，成为许多行业创新发展的重要推动力。

总而言之，创意的类型众多，每个领域和行业都有其特定的创意类型和表现形式。不论创意属于哪种类型，创作者都需要具备创新思维和创造力，同时充分考虑实际应用、市场前景等多方面因素。

二、创造的内涵与类型

（一）创造的内涵

创造是一种改造或更新，这种改造或更新是新颖的、独特的，因此其结果也必然是前所未有的。人类社会的文明史，就是一部创造发明史。

在《辞海》中，“创造”一词被解释为“做出前所未有的事情”。在《现代汉语词典》（第7版）里，“创造”被解释为“想出新方法、建立新理论、做出新的成绩或东西”。这些都是关于“创造”的最基本的解释。创造特别强调独创性，而任何创造都不是无中生有，而是站在巨人的肩膀上有所突破。根据《辞源》的解释，“创造”是由两个字组成的，“创”的意思是“破坏”“开创”，“造”的含义是“建构”“成为”。所以，“创”和“造”组合在一起，就是改变旧事物，创建新事物、新形态。“唯创必新”乃是创造的根本特点，毕竟“创”是建立未有之事物、形态。创造是多种多样的，任何领域都有创造，如技术上的发明、艺术上的创作、科学上的发现、方法上的创新等。创造也可按照大小进行划分，如“大创造”和“小创造”，“大创造”范围更广，更多见于一个领域或行业，“小创造”可随时见于日常生活当中，被称为“日常生活中的创造”。

（二）创造的类型

根据创造成果的性质及其对社会的贡献，学界有“创造五层次”的著名观点，这五个层次分别如下。

1. 表露式（expressive）创造

指即兴而发的，却具有某种创意的行为表现，一般是最初级的、儿童时期显露出来的创造，最大特点是自由性和自发性。例如，牛顿在少年时代独立创造的水车、骆宾王在七岁时写出的《咏鹅》等。

2. 生产性（technical）创造

指生产过程中运用一定技术和思维技巧，以生产某种产品或解决某些问题而进行的创造，以技术性和实用性为特征。

3. 发明式（inventive）创造

指发明新事物，如设计新产品，发明新工具、新技术、新工艺等。

4. 革新式（innovative）创造

指改造旧事物或革新旧观念，也表示在旧观念基础上提出新观念。例如，革新工具、技术、产品、方法，以及科学史上规律的更新迭代等。

5. 突现式（emergent）创造

一般指最高级别的创造，在各个领域发现新的规律、原理或者体系，从无到有地创造新观念、新事物，在人类发展史上产生深远影响。

案例分享

复印机的发明

起初，爱迪生发明的石蜡纸，只是普遍运用于食品的包装材料。后来，他尝试在蜡纸上刻出文字轮廓，形成一张石蜡刻字纸版，在纸版下垫上白纸，再用墨水的滚轮在刻字的石蜡纸上滚一滚，奇妙的事发生了，白纸上出现清楚的字迹。经过多次的改良试验，1876年，爱迪生开始量产他发明的复印机。一时之间，机关、学校、事业单位、社会团体都开始采用这种蜡纸油印机。

在学术界，人们对“创造”有很多种不尽相同的解释，结合国内外的学者对创造的不同表述，可以对创造下一个通用的定义：所谓创造，是指人们为达到某种目的而首创或改进某种思想、方法、理论、技术和产品的活动。

三、创新的内涵与类型

（一）创新的内涵

“创新”是指人类提供前所未有的事物的一种活动，原意有三层含义：①更新；②创造新的事物；③改变。这里的“事物”所指很广泛，既包括自然科学，也包括社会科学，上至国家政体，下至日常生活，从天文到地理，无所不有。这里的“前所未有”只有一种含义，那就是“首创”，任何创新都必须是一种首创活动。通俗来讲，“首创”就是“第一个”的意思。由于参照对象的不同，“首创”有两种不同的含义，由此衍生出狭义创新和广义创新两种类型。

狭义创新是相对于其他人或全人类来说的首创。狭义创新真正具有推动社会进步的意义，如爱因斯坦提出相对论等。

广义创新是指虽然相对于其他人不是第一个，但相对于自己来说，是首创。广义创新比较简单，容易学习和掌握，如企业推行了新的工作方法、进行了某些方面的改进等。

案例分享

袁隆平与杂交水稻

袁隆平长期从事杂交水稻育种理论研究和制种技术实践。1964年，袁隆平首先提出通过不育系、保持系、恢复系三系法，利用水稻杂种优势进行科学实验。1970年，袁隆平与其助手在海南发现一株花粉败育的雄性不育野生稻，这一发现成为突破三系配套的关键。1972年，袁隆平团队育成中国第一个大面积应用的水稻雄性不育系二九南1号A和相应的持续系二九南1号B，次年育成了第一个大面积推广的强优组合南优2号，并研究出整套制种技术。1986年，袁隆平提出杂交水稻育种分为：三系法品种间杂种优势利用、二系法亚种间杂种优势利用、一系法远缘杂种优势利用的战略设想。

（二）创新的类型

按照创新的内容，可以将其划分为技术创新、工程创新、社会创新、知识创新等。每种创新又可细分为更多种类，如技术创新可分为产品创新、服务创新、业务创新以及文化创新等；社会创新可分为制度创新、政策创新、组织创新等。根据创新程度，包括创新中的自我知识程度以及产权比例，创新可以分为自主创新和开放式创新。

1. 技术创新

经济合作与发展组织提出：技术创新包含了新产品和新工艺的产生，以及对产品和工艺的重大技术性改变。技术创新体系包括基础研发、生产研发、应用研发、现场生产技术、品质管理、产品管理、技术服务等方面，侧重于产品或服务的技术方面。技术创新的概念是一个扩展的概念，目前还没有一个获得广泛认可的统一定义。专家学者们普遍公认的一点是，技术创新属于经济范畴，是用来增加市场竞争力的关键手段。技术创新在经济变革中具有重大作用，大多数技术创新都和经济、文化等相结合。

2. 工程创新

笼统地说，工程就是创造。严格地说，工程是人类利用相关技术并遵循一定规则来构建新存在的综合活动。由于每项工程活动的初始条件、边界条件和目标要求不同，不存在两个完全相同的项目。工程创新有多种具体内容和表现形式，如工程概念创新、工程理念创新、工程规划创新、工程设计创新、工程技术创新、工程经济创新、工程管理创新、工程体系创新、工程运营创新、工程维修创新、工程退出机制创新等，工程创新的重要标志体现在“一体化创新”上。工程集成创新的第一个层次是技术要素的集成。工程创新活动需要在更大的时间和空间内对多个学科和技术进行选择、组织和优化，这意味着工程创新不能依赖于单一的技术。工程创新也体现在工程活动中各要素的融合，包括物质要素、技术要素、经济要素、管理要素、社会要素、文化要素等多种要素的融合。

3. 社会创新

社会创新是指形成能够满足社会目标并取得实际成果的新思想的过程。社会创新是指开发更有效的服务、项目和组织来满足社会需求，所涉及的领域包括卫生、住房、教育和老年护理等，这需要政府和企业作出巨大努力。然而，社会创新存在的问题是缺乏固定的组织结构、资金有限、参与机构和方法体系不完整等。世界各国政府正致力于这方面的政策协商，并将其付诸实践。

4. 知识创新

知识创新是指通过科学研究，包括基础研究和应用研究，获得新的基础科学知识和技术科学知识的过程。科学研究是知识创新的主要活动和手段。知识创新成果是技术创新的基础和源泉，是推动科技进步和经济增长的革命力量。知识创新包括科学知识创新和技术知识创新，特别是高技术产业创新和科技知识体系的集成创新。知识创新的目的是追求新的发现，探索新的规律，建立新的理论，创造新的方法，积累新的知识。总之，知识创新为人类认识和改造世界提供了新的理论和方法，为人类文明进步和社会发展提供了不竭的动力。

5. 自主创新

自主创新是指一个国家或企业依靠发展自己的核心技术来形成核心竞争力的创新，其核心部分的创新必须是自主的，次要部分可以“购买”或“外包”，以实现效益最大化。

6. 开放式创新

所谓开放式创新，就是不断地利用从外部世界获得的新信息、新技术、新产品，甚至与竞争对手分享创造力的创新形式。如果创新的主体仅仅局限于一小部分研发人员，这就拉远了大部分人与创新之间的距离。开放式创新直接指出，创新不能仅仅依赖于内部的组织思维，而应依赖于所有愿意进一步发展的机构和个人。换句话说，创新是我们每个人的责任。

四、创意、创造及创新之间的关系

（一）创意和创新的联系

1. 一切创新都始于创意

创意是一种存在于人的头脑中的活动，是创新的源泉，创新一般是由创意开始的。工具、机器、产品、机制、模式等一切创新都始于创意。有了创意才会有创新的行动，如果行动成功，创意就成为创新的一部分。创意是一种思维，创新是把思维产生的创意落实到具体行动中，一个成熟的创意思维加上行动就可以产生创新。

2. 创意属于创新的组成部分

从创新的广义概念来看，创新思维、创新行为、创新成果等都可以称为创新。准确地说，理论创新、观念创新、技术创新、文化创新、制度创新等，都离不开创意的诞生。创意的形成和进一步验证是通过实际应用取得成功创新的关键。因此，创意是创新的重要组成部分，没有创意的创新是不完整的。

3. 创新是创意的理想结果

创意是大脑的创造性思维活动，它包含充满想象的意境，具备一定的艺术色彩，最终能否付诸实践在一开始并不可知。诚然，我们希望我们的每一个创意都能够得到成功的验证，将创意转化为创新成果，达到创意的最终目标。因此，可以说创新是创意的理想结果。

（二）创意和创新的区别

1.从二者的概念区分

创意是一种创造性思维活动，它可以是各种认知方法的综合应用，如逻辑思维、视觉思维、逆向思维、发散思维、系统思维、模糊思维、直觉或灵感。创新是指突破传统，具有开拓性的思维、行为和成就。由此可见，创意只是发生在大脑领域的一种活动，而创新包括思维、行为和结果。创新必须包含创意，但创意不等于创新。

2. 从二者的特点区分

创意具有突然性和不成熟性，是一种尚未开始付诸实践的灵感和想象。创新是一系列已经采取行动并取得成果的活动的总和，具有成就性和价值。创意是创新的开始，创新是“创意+行动+修正”的结果，只有创意在行动中获得成功，这些成功后的活动成果才能被称为创新。

3. 从二者的结果区分

创新并不一定都会成功，也可能会失败，一旦失败，它就不再是创新，而是创新中的一个阶段和环节。创意需要打破常规，甚至可以从杂乱无章的想法开始，它有明显的自由性和不成熟性，所以创意往往是无中生有的和象征性的，更多的是一种艺术形式或产品的早期概念，而不是一个真正的产品。正因为如此，在创意诞生之后，有必要对创意进行证明和验证。

（三）创新与创造的关系

无论是创新还是创造，所遇到的问题和对问题加以解决的思维方法都是相通的。创新与创造的能力既源于天赋，又来自后天的教育培养，来自各种形式的启发和引导，包括创新与发明创造的思维方法、认知障碍及其克服途径、创新的非认知调控和创造性人格特征分析等。创新教育所希望达到的目标就是用一种新的方式，比较高效率地培养创新与发明创造型人才。

将创新与发明创造区别开来，是经济学家约瑟夫·熊彼特（Joseph Schumpeter）的一大贡献。他提出，只要发明还没有得到实际上的应用，那么在经济上就是不起作用的。无论是科学发明还是技术发明，在发明未能转化为商品之前，只能是一个新观念、新设想，在它们没有转化为新装置、新产品、新工艺系统之前，不能创造任何经济价值。因此，可以说发明是创新的必要条件之一，但不是充分条件。对源于科技发明的技术创新来说，发明仅仅是创新过程中的一个环节。换句话说，创新是人类创造活动的一种，其本质就是创造。创造在不同的领域有不同的习惯叫法，如科学领域的创造习惯上被称为“发明”或者“发现”；体育竞赛中的创造多被称为“破纪录”；文学艺术领域的创造多被称为“创作”；技术领域中的创造多被称为“革新”。总之，创新概念的外延要远远大于创造概念的外延。

创新是一个必须有收益的经济概念。如果一个新产品是基于新想法生产的，这个想法可能是新颖的，但是不能应用，也没有收益，它可以称之为一个发明或创造，但不是严格意义上的创新。创造是一个绝对的概念，创新是一个相对的概念。例如，在申请一项发明或创造的专利时，应该首先考虑自己是否是“第一个吃螃蟹的人”。如果别人已经这样做了，就不能再申请专利了，因此就“开拓性”或“首创”问题而言，创造是绝对的。创新是一个相对的概念，不需要像申请专利那样明确它是“第一”和“首创”。创新有一个相对的范围，没有必要考虑过去是否有人做过，而只需要了解自身的努力程度，已经取得的进展，以及是否会有收益。创造强调的是“第一次”或“首创”；而创新强调的是随着人类进步而不断地更新，一般不是对原创的完全否定，而是遵照“取其精华，去其糟粕”准则的进步。

创造有促进社会发展的积极作用，也有阻碍社会发展的消极作用。而创新必须要发挥积极促进社会发展的作用。比如，计算机的发明是促进社会发展的积极创造，但计算机病毒则产生了负面的影响。

第三节　创新的理论演进

一、西方创新理论演进及主要趋势

1912年，经济学家约瑟夫·熊彼特的《经济发展理论》的发表，标志着西方创新理论的诞生。熊彼特在此作中首次提出的“创新理论”（Innovation Theory）在西方经济学界轰动一时。经过百年发展，“创新”成为东西方众多学科、领域的学者研究的高频主题，区域性研究机构与研究中心遍布全球，培养了大批经济学和相关领域的创新学家，研究的新体系、新领域、新视角层出不穷，形成了一门特色鲜明、轨迹清晰的新兴理论学科。在创新成为时代底色的今天，创新不仅是经济学研究的重要内容，而且广泛地应用于管理学、科学学、决策学、社会学、农学、医学、生物学等所有人文、社会与自然科学领域，成为现代科技发展、学科理论研究与人类社会实践的主线，在推动跨学科研究上起到了不可或缺的独特作用，已经演变为一门新兴交叉学科。

（一）单向线性创新理论范式的出现

20世纪20年代到40年代是技术创新理论发展的初始阶段，学术研究主要集中在经济学和哲学领域。

1.“解释经济增长”的线性技术创新理论

在此期间，技术创新活动的边界清晰，影响单一。创新者和企业家只是从提高生产效率开始，并在某些条件下开展仅限于单个企业内部技术流程的优化活动。技术创新是一种单一的、中性的、自发的新工具或新方法的应用，具有明显的线性特征。创新理论兴起的最初原因是寻找解释经济增长的核心变量，强调经济增长与技术创新之间的一致性。正是这种以“解释经济增长”为主要目的的“创新理论取向”，引领了20世纪中叶西方技术创新理论的发展。当代西方著名经济学家熊彼特作为创新理论之父，在其著作《经济发展理论》中提出了“用创新来解释资本主义的本质、发生、发展和消亡”的观点，并在世界经济中提出了不平衡增长理论。他创造性地提出了间歇性“组合”创新的概念，并对创新的内涵、类型和主体进行了探讨。他认为，创新就是“建立一种新的生产函数”，即企业在生产系统中引入一种新的组合，这种组合来自“经济本身不连续的变化和运动”，“具有破坏平衡和恢复平衡的能力”，“能够引导生产走向新的方向”，“能够引导各种生产要素和资源的新用途”。他把创新分为五类：第一类是采用新产品；第二类是采用新的生产方法；第三类是开拓新市场；第四类是控制新供应源；第五类是实行新的企业组织形式。在1939年和1942年，熊彼特分别出版了《经济周期》与《资本主义、社会主义和民主》两部专著，这两本著作对创新相关理论进行了补充、完善，提出了“经济周期论”“自动过渡论”，逐渐形成了“发明组合—引进新组合—革新结构—扩散组合—经济发展”的线性创新理论框架。

2.“逻辑实证主义”的线性累积创新理论

20世纪20年代形成的逻辑实证主义从科学学派的角度构建了线性创新理论的科学哲学研究体系，成为今天探索“创新研究”的又一理论来源。逻辑实证主义以确证原则为创新标准，在实证主义实证传统与科学理论严格逻辑分析相结合的基础上，提出了线性累积创新观。逻辑实证主义的维也纳学派认为，创新纯粹依赖于经验的线性积累和逻辑的线性推导。它是在不断吸收、自然化和验证客观事实与经验的过程中的旋转和线性发展。在此基础上，奥图·纽拉特（Otto Neurath）和鲁道夫·卡尔纳普（Rudolf Carnap）提出了"记录命题""物理主义""统一科学"的观点，逻辑实证主义随后与逻辑实用主义和批判理性主义等学派一起开辟了线性创新理论范式的哲学研究传统，为观察和理解技术创新的机制与路径提供分析视角和思辨知识。技术社会学家贝尔纳·斯蒂格勒（Bernard Stiegler）对自主技术创新的社会经济功能和社会影响因素进行了深入研究。1939年，贝尔纳发表了一部具有里程碑意义的著作——《科学的社会功能》，将科学作为一门新学科进行了建构。贝尔纳的研究主要集中在描述性论证上，其独特之处在于在社会和历史背景下审视科学。他运用自然科学知识和社会学方法，直接分析科学创新的社会功能、科学政策和科学管理，不仅阐述了科学与社会的互动、技术创新与经济增长的关系，而且努力实践科学思维，开创了线性创新理论的研究视角，引起了巨大的社会反响。

（二）链式创新范式的多向耦合

20世纪50年代到80年代中期，是一个科技和创新理论飞速发展的时期。新的技术革命，比如电子计算机、原子能、航天空间、生物工程技术和新型材料技术等，彻底改变了人类的生活和工作方式。这些技术革新也推动了许多国家长达20年的经济繁荣发展。

在这一时期，不同学科的理论和方法开始相互融合，产生了如系统论、信息论、控制论和混沌理论等新的跨学科理论。这些理论不仅提供了新的视角来认识创新，还提供了新的研究方法和数学工具。社会科学和人文科学领域也开始广泛应用这些新理论和新方法。

同时，科技创新理论研究也在各种外部因素的影响下迅速发展，如马歇尔计划、国家垄断资本主义、国际经济联系、战后经济危机、企业生存法则以及结构主义哲学等。这些理论开始与结构主义进行长时间的互动和整合，最终从传统的线性研究模式中独立出来，形成了多向耦合的链式创新理论研究范式。这种新的范式强调技术创新过程不再只是线性的，而是涉及政治、经济、制度、技术和资源等多个方面的相互作用和整合。

1."基于多向修正"的创新经济学理论

经济增长的现实情况与新古典主义的理论预测存在冲突，这促使新古典主义经济学家重新审视并修正他们的理论。他们开始重视技术进步在经济增长中的关键作用，并在研究方法上进行了多方面的改进，包括更注重证伪主义、多样化假定条件、数理化分析工具、非经济化研究领域、经典化案例使用以及边缘交叉学科。

1957年，罗伯特·默顿·索洛（Robert Merton Solow）基于历史数据发现，美国在1909至1949年间每小时劳动的产出增加有80%归因于技术进步。他改进了柯布-道格拉斯效用函数，将技术进步作为外生变量引入经济增长模型，创建了索洛模型来专门测量技术进步对经济增长的贡献率。索洛还指出，技术创新受到市场失灵因素的影响，需要适当的政府干预来推动。

后来的经济学家进一步发展了这一理论，将技术视为一种资本，并做了大量类似的研究来测量技术进步对经济增长的贡献。1986年，保罗·罗默（Paul M. Romer）提出了"内生经济增长理论"，并在其"四因素增长模型"中强调了创新对经济增长的决定性作用。

熊彼特的创新理论在20世纪50年代后发展为技术创新经济学和制度创新经济学两个重要分支。技术创新经济学结合了熊彼特的理论和新古典主义的经济理论，提出了不同的主张，如基础技术创新理论、技术创新政策体系等。这些理论重视创新过程的动态特性，认为技术进步是在不确定性条件下进行的预设性活动。在熊彼特提出创新理论40年后，其理论再次受到重视，并形成了“新熊彼特主义”创新理论流派。这一流派成为西方经济学的主流之一。此外，新熊彼特主义还从多个角度对熊彼特的理论进行了研究和发展，为创新经济学的发展提供了基础性理论支撑。

制度经济学的创新理论研究者以兰斯·戴维斯（Lance Davis）和道格拉斯·诺尔斯（Douglass North）为代表，他们认为制度创新决定技术创新，对国家经济增长具有决定性影响。他们还将制度变革作为一个内生变量引入经济增长过程。

2.“基于多维优化”的创新哲学与管理学理论

随着运筹学、系统学、决策学、行为科学和计算机科学等学科的快速发展与广泛应用，自然科学、社会科学和哲学开始更加紧密地交融。科技创新的研究、管理和决策部门之间的互动也变得更加密切，并与社会的各个实践领域紧密相连。在这种背景下，软科学应运而生，它基于创新决策优化和创新管理实践的精细化，旨在揭示科学运动的规律。

软科学利用多个学科的专业视角，如科技管理、科学学、科学哲学、知识社会学和科技社会学等，对创新性学术论文的增长、科学革命的结构、科技进步的性质、科技创新周期、新技术和新产品的制造过程以及国家创新干预的作用和地位等进行了比较研究。这些理论试图在复杂和开放的条件下，解决人类认识上的困境，并绘制出更直观、更现实的创新简图。

这些理论将系统论作为哲学基础，重视整体与部分以及部分与部分之间的关系，将结构主义视为“创新的哲学”，并从不同角度对自主创新的“黑箱过程”进行架构和发展，以展示科技创新的规律，为创新哲学的建立奠定基础。

软科学还应用信息科学、行为科学、系统工程、社会工程、经营工程等领域的理论或方法，为解决科技、社会、经济发展中的创新实践性问题提供战略、方案和对策。20世纪70年代以后，日本、英国、美国、苏联等国家和地区广泛开展了软科学研究，并将其应用于科技计量学、科技创新战略、科技创新政策和科技创新管理研究等领域，标志着创新管理学的逐步形成。

（三）网络式创新范式的系统演化

自20世纪80年代起，创新理论的发展进入了一个新阶段，研究重点从单一单元内部的创新转向了创新主体与外部环境的联系和互动。这种转变推动了创新理论向着网络交错和系统演化的方向发展，并使得区域创新体系研究达到了顶峰。

1.创新环境网络演化特征明显

在这个阶段，创新环境的网络演化特征变得非常明显。随着知识经济的崛起和全球科技从小科技向大科技、超大科技的转变，创新环境展现出网络协同和系统演化的特点。科技经济化、信息全球化、产业升级化、贸易集团化、经济国际化和技术网络化的趋势，改变了全球的商业模式、创新模式、生产模式和交流模式。全球经济、社会和生态系统被视为一个整体，而每个创新主体，尤其是企业，只是这个庞大网络体系中的一个节点。

新技术和新产品的开发与应用不再仅仅是单一、封闭的，而是变得多阶次、个性化、多向度。创新产业化周期大大缩短，突显了技术创新的动态性特征，对技术生态网络进化的研究需求日益增强。

同时，新的理论如突变论、耗散结构、协同论和自组织理论等开始流行，为创新研究提供了新的视角和工具。这些理论打破了以往自主创新机制探究与路径研究所确立的传统分析架构。外部信息交换和协调在创新中扮演了重要角色，人们更注重创新活动中技术与市场、创新与环境之间复杂关联的相互作用以及不确定的突变可能性。

这种变化显示出“网络进化巨变趋势”，出现了基于物理维度、功能维度和地理维度的网络式创新体系理论范式。此外，还形成了集成创新理论范式，以及利用空间层次进行区分的国家创新系统和区域创新体系。

2. 关注物理与功能系统的集成创新理论

随着大科技与超大科技时代的到来，现代科技在规模、物理结构和功能作用上都发生了显著变化。创新主体、创新对象以及社会和环境逐渐融合为一个庞大的集成体。传统的多向耦合内生性创新理论在描述这种复杂的整合性创新活动时显得捉襟见肘，在解释正在发生的“1+1>2”集成效应和预测未来科技创新方面也显得力不从心。因此，关注系统演化的集成创新理论应运而生。

国外对集成创新（integrated innovation）的研究始于20世纪80年代，沿袭了熊彼特的动态分析方法和组合型创新的传统，主要关注技术创新过程中创新要素与创新条件的协同融合和系统优化。

这些研究推动了创新理论从技术创新与制度创新的分野走向融合，从链状创新向网状创新研究拓展。创新模式研究也从一维的技术推动模式与市场需求拉动模式、二维的技术和市场交互作用，向多维的一体化模式和系统集成网络模式转变，呈现出整体化、集成化和系统化的特征。集成创新理论提出后，引起了学界和业界的广泛关注。学界从不同角度、不同层次对集成创新的系统演化进行了研究，而业界则将集成创新应用于企业管理与技术开发等领域，努力构建企业内外创新资源的网状集成和技术、人才、信息、资金等要素的集成通道，并建立了经济、社会和生态三维模型的创新评价体系。这些实践显示了集成创新在实践层次上的复杂性、交错性和整合性趋势。

3. 关注空间体系的区域创新系统理论

创新活动基本在特定的地理空间内发生。根据空间层次可以分为国际、国家和区域创新体系三大类别。随着全球范围内科技竞争的加剧，创新已经成为国家核心竞争力的重要体现。因此，国家创新战略和政策应运而生，催生了国家创新系统的理论研究。

国家创新体系主要从“结构”与“制度”两个维度进行研究。这个体系关注国家干预与政府政策、企业与外部主体及机构的互动、技术行为与产业组合、生产者与用户的互动，以及国家优势与内外互动等方面，这些都是国家创新体系理论研究的核心内容。经济合作与发展组织在1997年的报告中指出，国家创新体系是由政府、企业、大学、研究院所、中介机构等在生产、传播和应用知识活动中相互作用而构成的系统网络。一个国家的创新能力在很大程度上取决于这些主体在创造知识的大系统中的要素优化能力。

从20世纪90年代中期开始，随着现代区域经济理论、区域合作与产业集群的发展，特别是美国硅谷和电子信息产业集群的崛起，研究者开始意识到具有地理邻近和文化信任优势的大规模区域创新网络比国家层面的技术联盟更能快速、低成本地获得关键性创新元素。因此，区域被视为真正的经济共同体和创新受益体。在这一背景下，对“区域创新体系”的研究逐渐兴起，而经济意义上的“国家创新体系”研究则逐渐淡化。

“区域创新体系”这一概念最早从治理和技术转移两大维度出发，将区域创新体系分为不同类型，如基层型、网络型、统制型等，并构建了网络化与动态化的研究框架。这些研究不仅强调了区域个性标志的动态差异、公共创新支持系统的集中度，以及产业与公司创新策略的影响，还提供了复杂的动态化开放式研究范式，以研究区域的自主创新机制。

二、中国创新理论发展及主要趋势

（一）国际创新范式的本土化研究

创新范式源于技术范式，主要目的是获取新的知识。它是基于自然科学的高度选择性原理，为解决特定技术或经济问题提供途径或模式。为了进行比较，我们可以根据乔瓦尼·多西（Giovanni Dosi）提出的创新概念是否包含两类相对立或冲突的创新活动来划分创新范式。这样，国际上的创新范式可以分为双元创新和非双元创新两类，其中双元创新涉及两种相互冲突或对立的创新活动的组合和共存。这种分类方式有助于我们更好地理解和分析不同类型的创新活动。

1. 主要双元创新范式研究

双元创新涉及两种看似对立但实则相辅相成的创新活动。双元创新范式包括但不限于渐进式/突破式创新、持续性/颠覆性创新、模仿性/原创性创新、利用式/探索式创新、封闭式/开放式创新等，见表1-1。

表1-1　双元创新范式信息简表

双元创新范式			国外学者姓名及提出时间	中国学者的跟进研究时间及文章信息		
				时间及作者	篇名	期刊名
1	渐进式创新	incremental innovation	1984年，德国学者 Eitlie E.,O'Keefe D.	1999年 陈京民	《大型企业科技创新管理方法研究》	《高科技与产业化》
	突破式创新（激进式创新）	radical innovation				
2	持续性创新	sustaining innovation	1997年，美国学者 Christensen C.	1997年 吴贵生，谢伟	《“破坏性创新”与组织响应》	《科学学研究》
	颠覆性创新（破坏性创新）	disruptive innovation				
3	模仿性创新	imitation innovation	1980年，韩国学者Kim L.和美国学者Nelson R.	1987年 乐婉华	《略论亚洲新兴工业化国家和地区的技术引进、消化和创新》	《经济与管理研究》
	原创性创新	original innovation	1999年，以色列学者 Goldenberg J., Mazursky D.	1999年 白春礼	《原始性创新是基础研究之魂》	《中国基础科学》
4	利用式创新（开发式创新）	exploitation innovation	2003年，美国学者 Benner J.,Tushman I.	2007年 钟竞，陈松	《外部环境、创新平衡性与组织绩效的实证研究》	《科学学与科学技术管理》
	探索式创新	exploration innovation				
5	封闭式创新	close innovation	2003年，美国学者 Chesbrough H.	2005年 司春林，陈衍泰	《开放你的思维，开放你的公司——〈Open innovation〉述评》	《研究与发展管理》
	开放式创新	open innovation				

（1）渐进式/突破式创新

创新范式可以根据创新结果所带来的变化大小分为两类：渐进式创新和突破式创新。渐进式创新是一种持续、渐进、连续的创新方式，主要是对现有技术进行改进和拓展。这种创新方式相对较为稳定，风险较低。而突破式创新则在技术原理和观念上有巨大的突破和转变，通常耗时较长，具有非线性、不持续性、高度不确定性和风险性等特点。这种创新方式多发生在中小企业。

影响渐进式与突破式创新模式选择的主要因素包括组织架构、经营观念、知识搜索方向和吸收能力等。然而，目前我国在突破式创新方面仍面临一些挑战，如创新战略不明确、创新文化不足、创新主体结构不合理，以及创新研究人才结构不合理等问题。为了解决这些问题，我们需要进一步完善创新体系，提高创新能力和效率，以促进我国的科技进步和经济发展。

（2）持续性 / 颠覆性创新

1995年，克莱顿·克里斯坦森（Clayton Christensen）提出了颠覆性技术的概念，这是一种与主流市场趋势相反的创新方式，具有巨大的破坏力。与之相对，持续性创新则是为了维持和提升现有产品的性能指标。持续性创新注重领先性、系统性、制度性和效用性，并具有长期性、市场性、更迭性和发展性等特点。

颠覆性创新基于破坏性技术，它的路径是“破坏—延续—破坏”。这种创新的目的是先占领低端市场或新市场，常常为后来进入市场的企业提供了成功的机会。与持续性创新相比，颠覆性创新具有更高的市场和管理风险。颠覆性创新一旦成功，新加入的企业就有可能成长为大型企业并实施持续性创新。这样就形成了颠覆性创新与持续性创新的不断交替。

（3）模仿性 / 原创性创新

1980年，金麟洙（Linus Kim）为韩国的发展总结出一种模式：从发达国家引进技术，进行同化与吸收，接着再对技术进行改良以提高产品的国际竞争力。1987年，乐婉华建议中国也学习韩国的经验，将技术引进分为引进、消化吸收和创新发展三个阶段。施培公则提出了模仿性创新的概念，即基于率先主导设计者的基础进行的渐进创新。同时，吴晓波提出了二次创新的概念，它指的是吸收并掌握率先创新者的核心技术，然后在此基础上进行改进和完善，开发出有竞争力的产品。他还通过研究中兴通讯和阿里巴巴等公司的案例，提出了二次创新及其演化模型，以及二次商业模式创新与技术创新的共演模型。

到了1999年，雅各布·戈登堡（Jacob Goldenberg）和大卫·马祖斯基（David Mazursky）提出了原创性创新的概念，它指的是在遵循自然科学规律的基础上，首次提出基础或关键性技术发明及其应用，这种创新具有原创性和唯一性。与模仿性创新相比，原创性创新具有技术的基础性和根本性、成果的超前性，以及价值被承认的滞后性等特点。与发达国家相比，中国的原创创新尚缺乏机制规范，原创性创新能力也相对薄弱。因此，我们需要制定相应的激励政策，营造鼓励原创性创新行为的文化氛围，以提升原创实践的成功率。在理论研究方面，对原创性创新的实证研究仍需要加强。

（4）利用式 / 探索式创新

创新范式可以根据创新强度和创新技术的重要性被划分为利用式创新和探索式创新。利用式创新主要是为了满足现有顾客和市场的需求，对现有产品、服务和技术进行持续改进，这有助于提升企业的短期绩效。而探索式创新则是企业不断发展新技术、创造新需求的过程，它对企业的长期绩效产生更大的影响。

影响这两种创新的因素包括动态能力、研发强度以及企业的属性和规模等。此外，利用式创新和探索式创新之间的平衡也受到外部技术动态性、竞争强度和需求不确定性的影响。因此，企业在实施创新策略时，需要综合考虑这些因素，以实现长期的成功和发展。

（5）封闭式 / 开放式创新

亨利·切萨布鲁夫（Henry Chesbrough）认为过去的创新模式主要是封闭式创新，即主要关注企业内部，但这已经不适应全球经济一体化的形势。因此，他于2003年提出了开放式创新的概念。开放式创新意味着企业有意识地打破组织边界，整合内部和外部的创新资源，以更快地实现商业化和占领技术市场。

目前相关研究主要集中在开放式创新的优点和缺点、如何度量开放度以及影响开放式创新的因素，还有开放式创新如何影响企业的创新绩效。开放式创新的核心是有一个能将内部和外部创新结合起来的商业模式。为了使这种模式更好地发挥作用，需要加强和完善开放治理机制、收益分配机制以及退出保障机制。在理论研究方面，还需要更多地关注开放式创新网络和创新风险管理等领域。

2. 主要非双元创新范式研究

非双元创新范式主要有社会创新、用户创新、知识创新、集成创新、包容性创新以及负责任创新等，见表1-2。

表1-2 非双元创新范式信息简表

非双元创新范式		国外学者姓名及提出时间	中国学者的跟进研究时间及文章信息		
			时间及作者	篇名	期刊名
社会创新	social innovation	1986年，美国学者 Drucker P.	1993年 项保华	《社会创新与技术创新协同作用机制研究》	《科学管理研究》
用户创新	user innovation	1986年，美国学者 Hippel E.	1999年 雍灏，陈劲，郭斌	《技术创新中的领先用户研究》	《科研管理》
知识创新	knowledge innovation	1995年，日本学者 Nonaka,Takeuchi	1999年 肖希明	《知识创新与知识信息管理》	《图书情报知识》
集成创新	incremental innovation	1998年，新加坡学者Tang H. K.	2000年 江辉，陈劲	《集成创新：一类新的创新模式》	《科研管理》
包容性创新	inclusive innovation	2002年，印度学者 Prahalad C. K.	2010年 邢小强，周江华，仝允桓	《面向低收入群体市场的创新研究》	《科学学研究》
负责任创新	responsible innovation	2003年，德国学者 Hellström T.	2014年 梅亮，陈劲	《创新范式转移——责任式创新的研究兴起》	《科学与管理》

（1）社会创新

彼得·德鲁克（Peter Drucker）在1986年提出了社会创新的概念，这是指由社会型企业家推动的，旨在促进社会变迁和实现社会目标的新技术、新方法等。社会创新的核心在于利用现有的技术，通过更新观念和解放思想，更好地利用生产要素，提高物质生活水平和经济生产率。它的目的是满足社会的需求，并在某种程度上推动社会变革。社会创新的过程包括新创意的形成、试验评估以及传播和扩散三个阶段。

社会创新具有社会性和公共性，这意味着在创新过程中，要满足的需求和解决的问题具有多样性和差异性。社会创新的主体在不断变化，从最初的“政府”单一主体，发展到“政府—社会”二元主体，再到“政府—社会—企业”三元主体。在中国，社会创新的发展面临一些治理上的挑战，例如公民社会的独立性不足，以及公民社会组织参与的缺失。为了解决这些问题，我们需要重新思考政府、社会和公民的定位，并建立有效的调节机制，以增强公民和公民组织的参与。

（2）用户创新

1986年，埃里克·冯·希普尔（Eric von Hippel）提出了用户创新的概念。他认为，当用户对现有产品或服务感到不满时，他们可能会提出新的想法或进行改进，这种创新可以帮助企业更快地完成产品和服务的创新过程。用户参与创新不仅能降低成本和风险，还能缩短新产品的开发周期，提高用户满意度。用户创新的过程包括选择项目和范围、确认趋势和要求、收集需求和方案信息，以及与领先用户共同开发等阶段。影响用户创新绩效的因素主要有领先优势状态、创新投入以及产品的复杂程度等。

在实证研究方面，目前主要从用户对企业创新和对社区互动的贡献度、用户参与深度和用户参与宽度等视角进行研究。随着社会化媒体的兴起，用户参与创新的方式已经从线下转向了线上，形成了虚拟的群智创新社区。企业可以利用这些社区聚集用户，鼓励他们利用网络处理产品问题或提出解决方案，从而实现用户创新从理念到实践的飞跃。

（3）知识创新

野中郁次郎（Ikujiro Nonaka）和竹内弘高（Hirotaka Takeuchi）在1995年提出了知识创新模式，认为知识创新是隐性知识和显性知识之间不断螺旋上升和转换的过程。他们还提出了SECI（socialization，externalization，combination，internalization，社会化、外在化、组合化、内隐化）知识转化经典模型。然而，中国学者指出SECI模型存在一些问题，如模型具有封闭性、对隐性与显性知识考虑得不足，以及对知识创新方向、速度和路径的分析不够深入。因此，这些学者对SECI模型进行了修正和重构，提出了IDE-SECI模型（IDE表示Introduction, Dissemination, Explanation，即外部引入、传播共享、解释内化）、O-KP-PK模型（O指ontoloy，即本体；KP指knowledge potential，即知识势能；PK指potential knowledge，即知识位势）及Bas-C-SECI模型（Bas代表“巴系统”，C代表特质框架下的冲突）等修正模型，以及知识发酵模型、知识转化灰箱模型和混沌动力学模型等重建模型。

知识创新受到多种因素的影响，包括知识特性、知识基础、组织结构、组织文化和知识创新能力等。通过推动知识创新的系统动态循环，可以提升企业的绩效。然而，在进行知识创新合作时，需要注意防止“搭便车”行为。

（4）集成创新

创新的集成模式强调集成创新是将不同领域的知识融合到一个稳定的产品模型中的过程。这个过程将创新要素交叉融合，使各种创新主体能够优势互补，形成独特的创新能力。集成创新包括概念开发、研究、整合和开发四个阶段，更关注创新的中后期，重视创新成果的形成及其市场化和产业化应用。集成创新具有持续性、集成性、系统性和结构化等特征。

在研究模型方面，有技术集成创新模型和产品衍生模型，还有集成创新知识产权评估模型以及区域产业集成创新系统的因果关系模型等。影响集成创新的因素包括组织创新与技术创新的协调、集成创新能力、产业集群文化和政府对创新的投入等。这些因素共同作用于集成创新过程，推动创新的实现和发展。

（5）包容性创新

在2002年，C. K. 普拉哈拉得（C. K. Prahalad）提出，通过技术和商业模式的创新，可以帮助“金字塔底层”的贫困群体摆脱贫困。之后有学者提出了包容性创新的理念，这一理念强调将穷人纳入创新体系，并通过创新来满足他们的需求。包容性创新的目的是为弱势人群提供负担得起且质量上乘的产品和服务。它具有系统性、多样性、开放性、独特性和可持续性等特征。

影响包容性创新的因素包括创新政策、基础设施、企业家精神以及企业的吸收能力。这种创新方式转变了传统创新的逻辑，将贫困问题转化为推动经济和社会可持续发展的动力。对于像中国这样的发展中国家，包容性创新为解决贫困问题提供了新的途径。然而，目前对包容性创新的研究还相对较少，特别是基于中国国情的相关研究还有待进一步深入。

（6）负责任创新

2003年，托马斯·海斯托姆（Tomas Hellström）提出了负责任创新的理念，他认为在更广泛的技术发展背景下，需要建立一个负责任创新的一般框架。2012年，欧洲联盟的“地平线2020”（Horizon 2020）报告强调了道德可接受性、风险管理和人类利益在创新中的重要性。负责任创新不仅关注技术的不确定性和潜在危害，还涉及对现有科学和创新的集体管理。它从伦理角度评估技术创新可能带来的负面影响和潜在风险。负责任创新的核心是创新共同体以积极承担责任为方法论的评价、认识和实践方式。它具有集体性、响应性、前瞻性、自省性和过程交互性等特征，并强调协商决策和社会技术集成方法的应用。

为了推进负责任创新的本土化思考，我们需要重塑创新主体的责任，并避免责任过度导致的问题。这意味着我们需要确保责任与责任对象的发展相一致，并确保责任结果与责任动机相一致。这样，我们才能确保在享受科技创新带来积极成果的同时，也考虑到其可能带来的负面影响，并采取适当的措施来管理和减轻这些影响。

（二）中国原创性创新范式的崛起

中华人民共和国成立以来，尤其是改革开放以来，中国的创新实践取得了巨大的进步。在这个过程中，许多原创性的创新理论也应运而生。例如，自主创新、全面创新、协同创新、整合式创新和有意义的创新等理论范式相继被提出。这些理论不仅为中国的创新实践提供了有力的理论指导，还推动了中国的进一步发展。表1-3概述并比较了中国主要原创性创新范式解决的主要问题和理论侧重。

表1-3　中国原创性创新范式的概述和比较

创新范式名称		理论贡献者	提出时间及作者	主要解决的问题	理论侧重
自主创新	indigenous innovation	陈劲、宋河发、张炜、彭纪生等	1994年 陈劲	缺乏自主核心技术	自主学习，自主技术突破
全面创新	total innovation	许庆瑞、郑刚、陈劲、谢章澍等	1998年 吴军，王世试	创新管理效率低下，局部思维	全员、全要素、全时空协同
协同创新	collaborative innovation	陈劲、阳银娟、何郁冰、张力等	1997年 张钢，陈劲，许庆瑞	产学研资源流动性低、合作效率不高	产学研多主体、跨区域协同
整合式创新	holistic innovation	陈劲、尹西明、梅亮	2017年 陈劲，尹西明，梅亮	缺乏系统观、整体观，缺少技术创新的战略引领	战略视野驱动，技术、人文与市场的整合，基于自主的开放整合
有意义的创新	meaningful innovation	陈劲、曲冠楠	2018年 陈劲，曲冠楠	技术和产品创新存在伦理和人文风险	意义驱动，伦理治理

1. 中国主要原创性创新范式的实现路径

在现有的文献中，关于自主创新的研究模型包括知识产权管理系统模型、动态不对称信息博弈模型和非线性动态门槛模型等。自主创新的实现路径主要包括本土领先用户主导创新、原始创新、集成创新和二次创新，以及通过产品线延伸、国产化项目和技术合作来实现。

在全面创新研究中，构建的主要模型有全面创新 C^3IS① 五阶段协同模型、全要素创新概念模型，以及企业文化、技术与创新能力三维模型等。

实现协同创新的路径主要包括建立政府、高校及企业的产学研协同创新平台，依托协同创新文化成立创新战略联盟，培养与引进协同创新人才，扶持产学研合作中介服务机构，以及采取同主体多区域、同区域多主体和跨区域多主体协同创新等方式。

整合式创新的实现需要从国家的中长期发展战略出发，将科技、教育、产业战略与金融、人才、外交战略进行有机整合。通过战略视野来驱动各要素的横向整合和纵向提升，为科技创新强国提供持续的动力，并对全球的经济与社会可持续发展作出重要贡献。

有意义的创新则以“正向推演”和“逆向反思”为实现机制，以确定创新意义为底层逻辑。这要求企业在创新过程中主动选择，并在技术发展和市场需求的推动与约束下，实现创新各要素的良性互动，从而推动产品功能模块与意义模块的互动发展。

2. 现有主要原创性创新范式的局限与未来发展

在自主创新范式理论研究中，提高创新能力被视为核心，关键在于获取核心技术和知识产权。这种创新范式对企业的创新能力提出了较高的要求。因此，对于许多创新能力较弱的中小企业来说，实施自主创新相对较为困难，这在一定程度上影响了该理论范式的普适性。企业如何在创新实践中借助外部资源来实施自主创新成了一个难题，也是学者们正在深入研究的课题。

全面创新管理的提出鼓励企业加强创新制度体系的安排，确保创新的持续性和有效性。这一创新管理理论在企业中的应用被视为新范式。然而，它所提出的“三全一协同”理论体系，涉及全员创新、全要素创新和全时空创新，将创新提升到了企业战略发展的高度。这虽然有助于企业的创新，但同时也可能增加企业的运营成本，并对企业员工提出更高的要求。对于部分规模较大的集团性企业来说，实施全面创新管理具有一定的挑战性。

整合式创新融合了战略、开放、全面和协同的理念，有助于组织构建创新生态系统；有意义创新范式则鼓励企业主动选择，关注中长期利益的创造和社会整体福利的提升。不过，由于这些理论提出的时间尚短，它们在理论体系的完善与丰富方面还存在一定的局限性。例如，对“整合”和“有意义”的概念及内涵的界定可能较为宽泛；对这些创新类型的测度和衡量可能较为困难；同时，它们对企业的要求也较高，前者要求企业具备高度的整合能力，后者则要求企业具有高度的社会责任感。

---

① C^3分别代表接触/沟通（contact/communication）、竞争/冲突（competition/conflict）、合作（collaboration）；I代表整合（integration）；S代表协同（synergy）。

第四节　创新的价值创造

创新是企业提高利润的关键，其实质在于创造价值。各类创新主体通过不同的创新模式，共同整合创新资源来创造价值。在这个过程中，不仅实现了知识的共享和增值，还创造了经济价值和社会价值。这正是国家推动创新经济发展和建设创新型国家的初衷，其核心目的是创造更多的经济价值和社会价值。

一、创新的知识增值

什么是知识增值？知识增值是知识从量变到质变的过程，知识的有序化和系统化本质上是实现知识从量变到质变的手段，这主要包含两层含义：知识在有序化、系统化和再生产的过程中产生新的价值，即知识效用增值；知识或知识产品被用户利用以后，增加了价值（产生社会效益和经济效益），即知识经济增值。

知识可以实现知识增值，但是静态的知识本身并不能够实现增值，只有通过某种中介联系起来，使之发生转化和提升，知识的价值才可以最大程度地发挥。知识链是从组织内部知识和组织核心竞争能力的关系出发，由主要活动功能和辅助活动功能两部分组成，构成了知识链的五阶段四层次结构，即知识获取、知识选择、知识生成、知识内化和知识外化五个阶段，领导、合作、控制和测量四个层次。

知识链模型（图1-1）表明了知识链的“产出”是各个阶段的知识学习活动的结果。

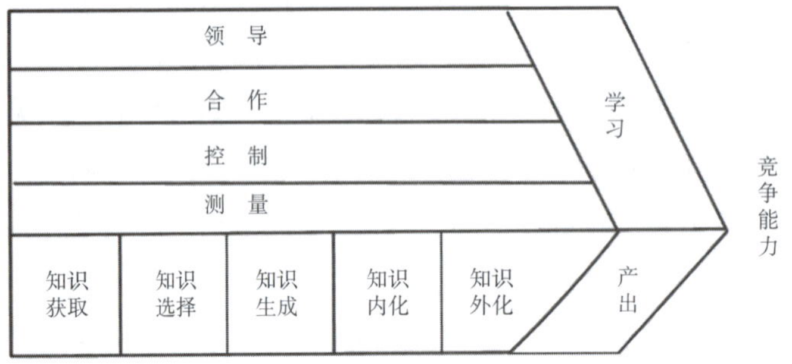

图1-1　知识链模型

（一）知识链的主要活动功能

1. 知识获取

知识获取是从组织外部获取知识，并使之变得易为组织所用。组织获取知识的方式非常多，包括人才招聘、员工培训、集体学习等方式，具体的知识获取途径包括主动学习、信息搜集等。

2. 知识选择

知识选择是从组织内部选择知识资源，并使之易为组织所用。任何一种类型的组织，其获取的知识资源集合并不一定全部能够为组织所用，存在知识冗余的情况。

3. 知识生成

知识生成是从现有的知识中发现和分化出新的知识。知识获取和知识选择是为知识生成做准备的，并非所有获取和选择的知识都可以达到知识生成的效果。那些不求甚解的知识积累、信息沉淀可能会导致知识无用，而非真正的知识生成。

4. 知识内化

知识内化是将已经获得、选择和生成的知识通过分发、储藏等方式进行整理，从而改变组织的知识资源状态。对于组织而言，知识内化是知识交流和知识共享后，组织内部员工吸收和理解新知识，从而改变认知模型，以更好地理解和帮助创新。

5. 知识外化

知识外化是将知识融入组织的产品中。与知识内化相对应，知识外化是将主体所掌握的知识表达为显性知识，向外传播和交流的过程。

（二）创新中知识增值的保障

现实的创新活动中，某一创新项目的创新主体并不唯一，而是多个创新主体合作和协同。为了保证知识增值的实现，需要注意两个方面的问题。

1. 知识产权的归属问题

自主创新模式下，企业通过知识增值创造的知识产权，完全归属企业自身所有，产权清晰。在提前约定的条件下，各方更容易充分共享知识，以实现隐性知识和显性知识的转换与提升，达到知识增值的效果。

2. 利益的分配问题

创新活动中知识增值是否能够实现，在一定程度上还依赖于价值创造之后的利益分配。知识增值带来的价值包括经济价值和社会价值，相对应的利益分配包括经济利益分配和社会利益分配。经济利益分配可以量化，容易实现具体的分配方案；社会利益的分配不可以量化，可以通过共享社会利益的方式间接实现经济利益的分配。创新活动中的利益分配问题，也可以提前以合同文本形式约定。

二、创新的经济价值

经济学中关于价值的定义是：价值是体现在商品中的社会必要劳动。从这种意义上来理解，创新的经济价值就是创新活动中创造某种商品所需要的社会必要劳动时间。经济价值可以通过经济行为体从产品和服务中获得的利益衡量，是可以量化的。

（一）创新的经济价值分类

1. 创新活动创造的产品或服务的经济利润

任何创新活动都需要一定的资源投入，即创新的成本。创新活动所创造的产品或服务的经济利润，即该项创新活动带来的销售收入，减去创新中投入的各种成本所得到的收益。新产品或新服务带来的高额利润正是创新主体追求以创新驱动发展的真正动力。

2. 创新活动创造的半成品的经济利润

创新活动创造的半成品带来的经济利润，主要指存货、半成品的市场价值。因为在创造过程中也投入了一定量的人类劳动，所有创新的半成品和存货也具有一定的市场价值，并且是可以进行市场交易的。这部分市场交易换取的利润也是创新活动的经济价值。

3. 创新活动创造的技术转让收益

某些创新主体的创新效率相对较高，创新技术和专利产出较多，为了更有效地实现创新成果的商业化或产业化，可以将发明的技术转让，同时实现经济收益。特别是高校或者科研机构，可以将自身具备的某些技术或是研发成果转让给企业，从中获取经济收益。

（二）创新的经济价值分配原则

1. 平等性

自主创新过程中，创新的经济利益分配在组织内部实现，参与创新活动的每一类人力资源都有权参与利益分配，具体利益为研发资金或科研奖励。在开放式创新和协同创新中，经济利益分配的平等性表现为创新主体享受利益分配的地位是相同的。

2. 公平性

创新的经济利益分配也应该遵循“按劳分配”的原则，依据创新主体的投入程度和贡献程度进行分配。公平性不仅是经济利益分配需要遵循的原则，还是推动创新的激励机制，公平的利益分配反过来会激发更多的创新和创意产出。

3. 协商性

自主创新模式下，创新经济利益的分配需要在组织内不同部门之间实现，协商性原则十分重要。在开放式创新和协同创新模式下，更需要不同的创新主体进行协商，以更平等、更公平的方式实现经济利益的分配。

三、创新的社会价值

创新的社会价值的第一层次表现为创新公益性，即创新的最终成果应该服务于全社会和全人类。

创新的社会价值的第二层次表现为创新的社会责任，即创新需要解决经济发展过程中能耗高、效率低、污染重等问题，实现绿色创新发展。

创新的社会价值的第三个层次即具体创新活动中的社会价值。与经济价值相对应，社会价值表现为创新活动创造的无形资产带来的价值，具体如商誉、商标和品牌。虽然不能够带来直接的经济价值，但是这些无形资产具有较高的价值空间，可以带来间接的经济利益。

最具有代表性的创新的社会价值表现为区域品牌的价值。从创新过程来看，区域品牌是协同创新的成果，可以是产业集群企业共同创造的成果，也可以是由政府牵头产学研共同创造的成果。例如广东省的澄海玩具、狮岭皮具、阳江刀具，以及湖南省的浏阳花炮都是知名的区域品牌，区域内产品以区域品牌的标识销售，可以获取高于行业一般水平的利润，使得所有创新主体从中受益。

粤港澳大湾区的价值创造

粤港澳大湾区涵盖广东省9座城市，包括广州、深圳、珠海、佛山、惠州、东莞、中山、江门、肇庆，以及香港特别行政区、澳门特别行政区，土地面积约5.6万平方公里，占全国国土面积的0.6%。2023年粤港澳大湾区经济总量突破14万亿元，创造了全国1/9的经济总量，综合实力再上台阶。近年来，中国持续加大科技创新力度，2022年研发资金投入超3万亿元。同时，中国区域创新能力大幅提升，粤港澳大湾区专利综合能力位居全球四大湾区之首。

近几年来，粤港澳大湾区持续以创新驱动发展，各种创新活动创造了巨大价值，下面从发明专利、PCT专利（Patent Cooperation Treaty,《专利合作条约》)、同族专利、专利被引频次等方面阐述该地区的创新价值创造。

（一）发明专利

发明专利是衡量一个国家或地区创新能力的重要指标。在发明专利数量方面，粤港澳大湾区创新态势持续向好，发明专利公开量年均增长位列四大湾区首位。2017—2021年粤港澳大湾区发明专利公开总量176.90万件，复合增长率21.74%，位列四大湾区首位。2021年发明专利公开量增长21.74%，达44.96万件，为东京湾区的3.11倍，旧金山湾区的7.07倍，纽约湾区的9.66倍，总量高于其他三大湾区之和。

（二）PCT专利

区域的PCT专利公开量可以反映一个区域的创新实力及区域内企业或机构参与国际竞争的程度。在PCT专利方面，粤港澳大湾区2017—2021年PCT专利公开量13.68万件，是纽约湾区和旧金山湾区的3.19倍和3.81倍，仅次于东京湾区，且与东京湾区的差距逐年缩小。

（三）同族专利

同族专利的作用是判断专利的市场覆盖率，为经济与技术贸易提供专利法律状态信息，以及有助于对专利技术的理解。在同族专利方面，粤港澳大湾区公开量和复合增长率位居四大湾区之首，2017—2021年同族专利公开量303.21万件，东京湾区61.37万件，旧金山湾区24.68万件，纽约湾区17.81万件，粤港澳大湾区同族专利数量超过其他三大湾区总和的两倍，复合增长率为20.24%，专利市场覆盖程度居四大湾区之首。

（四）专利被引频次

专利被引频次与专利公开量的比值可以衡量该湾区发明专利的质量，比值越高表明该湾区的专利质量越高，专利越具有价值。2017—2021年，粤港澳大湾区、旧金山湾区和纽约湾区总发明专利被引频次均大于总发明专利公开量。粤港澳大湾区发明专利质量与2016—2020年相比，比值从1.04增长到1.16，发明专利质量有所提升。

【课后练习】

（1）通过本章节的学习，请思考为什么需要创新发展。

（2）创意、创造、创新分别有哪些类型？表现形式有哪些？

（3）国内外创新理论发展分别经历了哪几个阶段？

笔记处

第二章

创新精神与创新意识

学习目标

1. 认识创新精神和创新意识的内涵与特征
2. 掌握创新精神和创新意识的培养路径
3. 进行创新意识的训练

第一节　认识创新精神

一、创新精神的内涵与特征

（一）创新精神的内涵

人类和其他物种得以区分的最关键点在于创新能力，认识和实践能力的关键点就是创新，人类可借此发挥主观能动性。创新精神建立在创新的基础之上，在创新发展的过程中，综合素质的展现依赖于创新精神，创新精神是实现创新的重要力量源泉，展现了一个人所特有的精神风貌。创新与创新精神相互依存、共同发展。

创新精神有狭义与广义的区别。从广义上来讲，创新精神属于意识或者心理的范畴，与所有涉及创新的内容有关；从狭义的方面来看，创新精神是一种心理品质，依赖于创新活动，在创新活动的过程中为其提供动力以及导向作用，重点表明了敢于创造以及善于创造两个方面。创新精神也可以被解释为不断打破自身局限性，利用自己的能力去解决生活中遇到的问题，不断地丰富和发展自己，提出新的思想以及方法，展现出发明创造的信心和勇气。《科学发展观百科辞典》将创新精神解释为："在实践开拓基础上，形成新的知识，创造新的活动方法和构建新的科学精神、心理特征，是人所特有的认识世界和改造世界的能力，包括创新意识、创新兴趣、创新胆量、创新决心以及相关的创新思维活动。"创新精神特指通过对自身已知信息、获得方法以及技能的运用，得到新方法和新观点的思维能力，增强自身改造事物的信心和勇气，锻炼自己的意志力。

总之，创新精神是人类特有的精神素质；是一种心理倾向，由创新主体认识和改造世界时所展现，这种心理倾向是正面稳定的；创新主体通过不断发展锻炼自己，努力进行发明和创造，打破旧的思想禁锢，从而发现新观点和新思想，创造新事物，实现新价值。

2019年，中共中央办公厅、国务院办公厅印发了《关于进一步弘扬科学家精神加强作风和学风建设的意见》，提倡发扬勇攀高峰、敢为人先的创新精神。大学生的创新精神可以具体描述为一种敢为人先，勇敢探索，不惧怕困难与挑战，努力发现新观点的精神状态和思维模式，从内部可以阐述为探索新事物的心理活动，而从外部可以描述为发现新思维方式以及新方法的实践行为，不断地推动大学生实现自身创新发展，同时在思维、能力、人格三个方面进行创新，是三者叠加的综合体。

（二）创新精神的特征

大学生要正确认识创新精神，尤其需要明确创新精神以下五个方面的特征。

1. 普遍性

普遍性可以理解为一种精神特征，是一种普遍的广义特征，体现新时代大学生运用创新精神所展现的开创性的思维、打破常规事物的精神、探索未来事物的信心和勇气，以及充分利用自身技能解决面临的问题等。

2. 特殊性

大学生作为创新主体，成长在新时代，面对着极其复杂的社会关系。一方面，大学生具有良好的教育背景，身体机能较为优秀，对新事物认知程度较高，敢于不断挑战旧事物、破除常规禁锢。另一方面，大学生对世界的认知尚不成熟，成长经历尚不丰富，其世界观、人生观尚未完全形成，渴望探索新的事物。此外，新时代的大学生接受的教育融合了创新精神，体现了时代特色。

3. 复杂性

创新精神并不是由一个单一方面构成的，而是综合了大学生的各种素质，具有复杂性；此外，创新精神的形成受多种因素的影响，包括受教育程度、成长环境以及社会发展等各个方面。

4. 时代性

时代性是创新精神的突出特点，中国特色社会主义步入新的发展阶段，国家战略发展需要创新驱动；再者，创新精神具有不断发展的时代特性，会随着时代的发展而不断地丰富、变动，是一种自我完善的发展理念。

5. 可塑性

大学生创新精神具有可塑性，创新精神有其共性，但也可以结合高校的层次特点以及大学生的不同特点，对创新精神及其培养方式进行具体塑造；创新精神并不是一成不变的，可以结合大学生所展现出来的精神面貌进行塑造。

二、创新精神的内容

创新精神主要由科学精神、首创精神、冒险精神和牺牲精神构成。

（一）科学精神

科学精神有着多方面的内涵，其本质是对真理的不懈追求，求实与求真是它的核心。求实就是要正视事实、重视事实、依赖事实，一切科学的判断和结论都要以事实为依据、以事实为准绳。求真即追求真理，发现事物的本质与规律。19世纪德国辩证唯物主义哲学家约瑟夫·狄慈根（Joseph Dietgen）指出：“科学就是通过现象以寻求真实的东西。科学研究的任务在于透过现象看到事物的真实面貌，发现事物的本质和规律。”我国科学家竺可桢在《科学之方法与精神》一文中指出，近代科学的目标就是探求真理。探求真理就是科学精神。

科学精神首先在于坚持从客观事实出发。科学研究必须以客观事实作为基础和依据。客观事实包括科学家所把握到的自然界的现象材料、人类社会的现象材料及其他现象材料。谁占有的事实依据越多，谁获得科学真理的概率就越大。

科学精神还表现为坚持不懈地追求真理与捍卫真理。发扬求真的科学精神，时刻刨根问底，是对真理、科学的坚持，是对自我、他人的高标准要求。求真主要体现在两个方面：第一，坚持不懈地追求真理，人类对真理的追求从未停止；第二，敢于坚持真理，勇于实事求是。科学只服从事实，服从实践检验。在客观标准面前，所有的科学探索者一律平等。不管是谁，只要他的新发现、新发明符合客观事实，反映了客观规律，能经受住实践检验，是客观真理，就会得到社会的肯定和接受。这就是“真理面前人人平等”。科学家竺可桢说过：“科学精神是什么？科学精神就是只问是非，不计利害。”

（二）首创精神

首创精神即敢为天下先、敢于站在科学和真理的洪流之中做世间第一人的精神。首创精神表现为主动地提出前所未有的建议、计划，并勇敢地加以实施。这不是一味蛮干，而是科学态度和主观能动性的结合，是在充分尊重客观规律的基础上表现出的主动。首创精神是冲破旧的、落后的习惯、势力的束缚，破除旧传统，提出并解决新问题，是勇于变革的精神动力。

创新与首创精神密不可分。科学创新耕耘于未知领域，是一个不断求得新发现、新发明，不断把认识水平推向新境界的探索、创新过程。要探索创新，必须不甘人后、敢为人先。如果因循守旧，就不可能真正迈开探索创新的步伐。要探索创新，就要站在时代的前列，想前人之未想、做前人之未做、说前人之未说，敢闯、敢试、敢冒尖，研究新情况、解决新问题、提出新见解。用一句话概括，要创新就要有敢为天下先的首创精神。敢为天下先的前提是“先”，关键在“敢”。“先”是进行科学探索的出发点，“敢”则是勇于探索，使创新成为可能。

古往今来，真正的探索者无不具有敢为天下先的首创精神。敢碰别人没有碰过甚至不敢去碰的问题，敢提出与客观事物相符但又与前人不同的新观点、新理论。在人类历史发展的长河中，这样的开拓者不胜枚举。比如，为了改变近代中国落后挨打的状况，当时中国的共产主义者继承中华民族的创新精神，创立了中国共产党。中国共产党成立以来，始终把为中国人民谋幸福、为中华民族谋复兴作为初心和使命。在践行初心和使命的过程中，中国共产党展现出一种开天辟地、敢为人先的首创精神。

（三）冒险精神

创新往往是孤独的，还要面对诸多风险，创新的价值有时甚至与风险成正相关。在很多情况下，只有敢于冒险、善于冒险，才能在创新中取得成功。

冒险精神就是勇于创新，敢于开拓；就是敢于挑战风险，与风险较量。患得患失、瞻前顾后，不敢面对任何风险，也就不会有任何创新之举。正如邓小平所说：“没有一点闯的精神，没有一点‘冒’的精神，没有一股气呀、劲呀，就走不出一条好路，走不出一条新路，就干不出新的事业。”

古往今来，许多科学技术成果都是在冒险中取得的。比如15到16世纪的地理大发现，当时的航海家哥伦布、达·伽马、麦哲伦等不畏艰难，在大洋中寻找新大陆。再如飞机的发明，人类自古以来就梦想飞上蓝天，于是一代代发明家不断地冒险尝试，终于在1903年使飞机飞上了蓝天。

冒险意味着要有坚强的毅力和坚定的决心，随时准备献出一切乃至生命。瑞典科学家阿尔弗雷德·贝恩哈德·诺贝尔（Alfred Bernhard Nobel）为了发明炸药，经过了千百次的实验，诺贝尔的弟弟甚至因工厂爆炸去世，但诺贝尔依旧不放弃，最后终于取得了成功。冒险是创新成功的基石，但这里所提倡的冒险绝不是一味蛮干的鲁莽和勇武，而是在科学理论指导下符合客观实际的科学冒险。

（四）牺牲精神

创新存在着独特的、难以控制的风险性和不可预见性，有时完成重大的创新需要依靠崇高的理想和勇于牺牲的精神。

创新往往意味着无休止的实验与摸索，马克思有一段名言：“在科学的入口处，正像在地狱的入口处一样，必须提出这样的要求：这里必须根绝一切犹豫，这里任何怯懦都无济于事。”对于想要征服科学征途上的险隘雄关的科学家来说，不仅需要有超乎常人的勇气和毅力，有时甚至需要为之献身。当我们历数灿若繁星的科学先驱者的名字的时候，就会发现这一座座令后代钦慕的科学丰碑都是用鲜血和生命铸就的。

创新往往意味着与众不同，甚至有悖常理与世俗，因而容易招致误会、诋毁甚至引起众怒；创新往往意味着挑战权威，从而招致打击、陷害甚至丧命。试想：如果达尔文缺乏冒险与牺牲精神，“生物进化论”又如何击败当时被奉若神明的“神创说”而被人们广泛接受？如果欧洲中世纪的思想和文化先行者缺乏冒险与牺牲精神，怎会有荡涤黑暗的文艺复兴？

当然，我们绝不提倡无谓的牺牲，而是要尽量避免。我们所提倡的是为发现真理、掌握真理，为社会提供有价值的创新成果而付出的牺牲精神。

三、创新精神的意义

（一）培养创新精神是建设创新型国家的需要

创新是一个民族进步的灵魂，是一个国家兴旺发达的不竭动力。从人类社会的发展历程来看，懂得创新、敢于创新并善于创新的国家总是会走在时代发展的最前沿，即使在艰难的生存环境中也能占据有利地位、实现自身目标，但那些固守常规、不创新发展的国家，最终将无法跟上时代发展的潮流，甚至不复存在。

国家科技竞争和经济发展由创新主导，提高综合国力的关键就是创新。当前，中国经济水平显著提高，科技发展迅猛，中国已迈入现代化强国的建设征程，中华民族伟大复兴的中国梦正逐步实现。然而，全球局势动荡，局部战争频发，世界经济发展缓慢。只有坚持创新发展，才能抓住机遇，应对困难，才能在当前局势中站稳脚跟。

（二）培养创新精神是实现大学生全面发展的需要

大学生作为时代新人，要勇于在创新中实现自我，不断提升自己的创新能力和发展创新思维，为我国的科研创新发展贡献自己的力量。培养大学生的创新精神是我国高等教育在发展过程中面临的时代课题。人才是创新发展的根本，人才驱动是创新驱动的实质。大学生正处于蓬勃发展的时期，像早晨八九点钟的太阳，应当承担起实现民族复兴的重任，主动迎接困难与挑战。高校要提升大学生对国家创新理念的认识、丰富大学生的创新思维、支持大学生的创新实践。

培养大学生的创新精神，有助于增强大学生的创新意识和行为理念，使大学生在创新实践中巩固基础，增强面对现实的勇气，树立勇于创新的信念。

培养大学生的创新精神，可以拓展思想政治教育的领域。精神文明的发展离不开思想政治教育的引领，随着社会的不断发展和创新，思想政治教育要随时代所需而改变。高校将思想政治教育与大学生创新精神的培养有机结合，并结合实际创新教育模式，使思想政治教育涉面更广，为其他领域的教育发展奠定基础。

第二节　创新精神的培养

一、树立理想与信念

理想与信念是一个人的精神支柱和动力源泉，它能点燃人们的生命之火，激发人们的聪明才智，激励人们奋发向上。培养创新精神，需要树立崇高的创新理想、坚定创新信念。

第一，理想与信念为创新活动提供目标导向。创新目标具有强烈的社会价值导向，为促进人类进步和推动社会发展而创造新事物、新价值是创新的最高目标。具有崇高理想和坚定信念的创新者往往具备完整而正确的价值体系，能够以理想信念为支撑，正确地认识个人与社会的关系，明确自己的社会角色和社会责任，在此基础上形成强烈的社会责任感，能正确地处理创造与享受、奉献与索取、个人与社会等关系，具备较大的抱负。因此，在确立创新目标时，要时刻以理想信念为导向，不断修正、调整创新目标，自觉地把社会发展的状况、方向、需求内化为个人需要，使创新目标建立在正确的社会价值的基础上，使创新活动产生尽可能大的社会价值。

第二，理想与信念为创新活动提供动力。创新活动是推动社会进步、促进人类发展的创造性活动。在创新活动中，一个有崇高理想和坚定信念的人，往往有强烈的社会道德感和社会责任感，往往将社会、集体、大众的需要放在首位。在这种崇高创新理想和坚定创新信念的推动下，创新活动将朝着满足社会需要、促进社会发展的目标前进。

第三，理想与信念为创新活动提供精神支持。创新作为挑战自我、创造未来的艰苦劳动不可能一蹴而就、一帆风顺，往往会遭遇困难的磨炼、挫折的打击和失败的考验。崇高的理想和坚定的信念是创新活动的精神支柱，使创新者更清楚自己的奋斗方向，面对困难永不放弃，面对挫折百折不挠；崇高的理想和坚定的信念能够支撑创新者产生超越自我的奋斗激情，冲破一切艰难险阻，直至创新的实现。

只有树立崇高的创新理想、坚定创新信念，才能把献身发明创造活动、造福人类作为自己的追求，进而努力争取创新的成功，为人类社会创造财富。

一心为国　奋斗终生

郭永怀，出生于山东省荣成市滕家镇西滩郭家村，是我国著名的力学家、应用数学家、空气动力学家，我国近代力学事业的奠基人之一。他是一位在中国核弹、导弹和人造地球卫星领域均作出巨大贡献的科学家。1968年因飞机失事不幸罹难，终年59岁。1999年，郭永怀被党中央、国务院和中央军委授予“两弹一星功勋奖章”。

一、纵横求索　他国扬名

1909年，郭永怀出生在山东荣成一个普通的农村家庭。二十四岁时考入北京大学物理系，师从著名光学家饶毓泰教授。1938年春，北京大学、清华大学、南开大学在昆明组建了西南联合大学，郭永怀闻讯来到西南联大，主动放弃原来的光学专业，转入航空工程系学习流体力学。

1939年夏天，中英庚款留学生委员会举办第七届留学生招生考试，郭永怀报考了航空工程专业。在叶企孙教授和饶毓泰教授的共同推荐下，郭永怀、钱伟长、林家翘三人被一同录取。第二年，郭永怀前往上海，登上出国留学的邮轮。然而，在邮轮将要起航的前一刻，他们发现自己的护照上竟然多出了日本签证，上面赫然写着“允许在横滨停船三日，上岸游览”，郭永怀一行人愤怒地撕毁了手中的护照，拿着行李下了船。

留学之路受阻，郭永怀只能等待再次出发的时刻。1940年8月，他们来到加拿大的多伦多大学，郭永怀与他的同学们成了该校第一批来自中国攻读硕士学位的留学生。从此，郭永怀开始了他的长达16年的海外求学生涯。

功夫不负有心人。经过4年艰苦探索，郭永怀在跨声速流的研究上取得了重大成果，并于1945年完成了有关跨声速流不连续解的出色论文，因而获得了博士学位。提高飞机飞行速度，突破声障是当时航空工程界的攻关目标。胸怀大志的郭永怀和钱学森共同合作，不久就拿出了震惊世界的重要论文，首次提出了上临界马赫数概念，并得到了实验证实，为解决跨声速飞行问题奠定了坚实的理论基础。1949年，郭永怀为解决跨声速气体动力学的一个难题，探索开创了一种计算简便、实用性强的数学方法——奇异摄动理论，在许多学科中得到了广泛的应用。这种方法后来被命名为著名的PLK（Poincare-Lighthill-Kuo，庞加莱-莱特希尔-郭）方法。

二、鞠躬尽瘁　研制“两弹”

1956年10月底，郭永怀终于辗转回国。在只争朝夕的核武器研究进程中，郭永怀既是一线科学家，又是科研活动的组织者。为了加快核武器的研制步伐，1963年，党中央决定将集中在北京的专业科研队伍，陆续迁往新建于青海的核武器研制基地。“两弹”研制基地位于海拔3,800多米的高原地区，气候变化无常，冬季寒气逼人，经常飞沙走石，最低温度零下40多摄氏度。一年中有八九个月要穿棉衣。

由于高原作业，加上要抢时间争速度，会产生缺氧所造成的头晕、胸闷、心悸、厌食，再加上营养跟不上，不少科研人员都出现了不同程度的高原浮肿反应。因工作的特殊性，郭永怀必须经常奔波于北京和青海之间，更加重了他高原反应发作的频率。

爆轰物理试验是突破原子弹技术的重要一环。当时已经年过半百的郭永怀与年轻的科研人员一起，克服了常人难以想象的困难，经常在试验现场风餐露宿。他们在这个不为人知的险恶环境中奋战着，闯过了一道又一道难关，一天一天地把研究试验推向成功。

1964年10月16日下午3时，在西北高原浩瀚的沙漠上发出了一声巨响，中国的第一颗原子弹炸响了！

三、蒙受空难　烈士留魂

1968年12月4日，在青海基地整整待了两个多月的郭永怀，在试验中发现了一个重要线索。他要急着赶回北京，一刻也不等地要人抓紧联系飞机。他匆匆从青海基地赶到兰州，在兰州换乘飞机的间隙里，他还认真地听取了课题组人员的情况汇报。1968年12月5日凌晨6时许，一架飞机在首都机场徐徐下降。当飞机距离地面四百多米的时候，意外发生了。飞机一头扎进了机场附近的玉米地中，前舱碎裂，瞬间大火包围了整架飞机。当搜救人员扒开飞机残骸时，他们发现了惊人一幕，两具紧紧抱在一起的遗体已经烧焦，而夹在两人胸前的公文包却完好无损，打开公文包后，一份热核导弹试验数据文件被完整地保存下来。这两位用生命去守护国家机密的人是中华人民共和国第二机械工业部第九研究院副院长、中国科学院力学所副所长郭永怀和他的警卫员牟方东。1968年12月25日，中华人民共和国内务部授予郭永怀烈士称号。人们将永远记得郭永怀，他在国防、科技、教育领域作出的杰出贡献，鼓舞和激励了几代人。

二、确立自身榜样

榜样的力量是无穷的。习近平总书记在《要善于学典型》一文中写道：“‘学所以益才也，砺所以致刃也。’我们就是要善于向先进典型学习，在一点一滴中完善自己，从小事小节上修炼自己，以自己的实际行动学习先进、保持先进、赶超先进。”榜样引领是指通过对创新名家的典型创新事迹的学习与思考，以其先进思想、先进事迹为范例，引发感情上的共鸣，激发起模仿和追求榜样的愿望，使外在的榜样转化为催己上进的内在力量，从而达到培育创新精神的目的。阅读以下案例，思考屠呦呦的生平事迹体现了什么样的创新精神。

案例分享

屠呦呦：执着科研创新　一生以国家需求为己任

中医药学是中国古代科学的瑰宝，也是打开中华文明宝库的钥匙。一名中国女性，在抗疟药物的中医药研发道路上，默默耕耘，和团队一起，克服重重困难，历经反复实验，最终攻克难关，破解了世界难题，让“小草”青蒿成为举世闻名的“中国神草”。

一、创建低温提取青蒿抗疟有效部位的方法

1967年5月23日，中国人民解放军总后勤部和中华人民共和国国家科学技术委员会在北京召开了抗药性恶性疟疾防治全国协作会议，组织60多家科研单位协力攻关，制定了三年科研规划，称为“523”任务（“523”项目）。

20世纪60年代，抗药性疟疾蔓延，抗疟新药研发在国内外都处于困境。1969年1月，屠呦呦接受了国家“523”抗疟药物研究的艰巨任务，被任命为中医研究院中药抗疟科研组组长。

屠呦呦从本草研究入手，编撰了载有640种药物的《疟疾单秘验方集》等资料，并先后进行300余次筛选实验，确定了以中药青蒿为主的研究方向。

在中医古籍《肘后备急方》中“青蒿一握，以水二升渍，绞取汁，尽服之”治疗寒热诸疟的启迪下，屠呦呦创建了低温提取青蒿抗疟有效部位的方法。1971年10月4日获得了对鼠疟原虫抑制率达100%的青蒿乙醚中性提取物，这是青蒿素发现史上最为关键的一步。

为了加速研发进度并保证患者的用药安全，1972年，屠呦呦及其他两位课题组的同志不顾自身安危，亲自试服该提取物，证明了其安全性。

当年临床评价的有效结果在“523”内部会议上报告，带动了全国对青蒿提取物的抗疟研究。

二、团队率先发现新型抗疟有效单体——青蒿素

在得到了具明确抗疟活性的青蒿乙醚中性提取物后，屠呦呦课题组开始分离有效单体成分。功夫不负有心人，1972年11月8日，屠呦呦课题组从青蒿抗疟有效部位中分离提纯得到抗疟有效单体——青蒿素。青蒿素的发现，改写了只有含氮杂环化合物的抗疟历史，标志着人类抗疟历史步入新纪元。

1973年屠呦呦发现青蒿素的还原衍生物——双氢青蒿素，由双氢青蒿素结构中的羟基得以制备各类青蒿素衍生物，这一发现促使国内外对青蒿素类药物研究不断深入。

屠呦呦负责的科研组经多年努力，得以创制出临床药效高于青蒿素、复燃率低的新一代抗疟药双氢青蒿素，其片剂具有更突出的“高效、速效、安全、剂量小、口服方便、复燃率低”等优点。她主持的双氢青蒿素及其片剂研究被评为“全国十大科技成就”。

时光不会忘记，每一项成就的背后都有沉甸甸的付出。屠呦呦是第一位获得诺贝尔自然科学奖的中国本土科学家、第一位获得诺贝尔生理学或医学奖的华人科学家、第一位获得中国国家最高科学技术奖的女科学家。至今，以青蒿素类药物为基础的联合用药疗法（Artemisinin-based combination therapy，ACT）仍为WHO（World Health Organization，世界卫生组织）推荐的最佳抗疟疗法，挽救了全球特别是发展中国家数百万人的生命，为人类健康和中医药科技创新作出了重要贡献。

三、主动践行创新精神

（一）科学认知

科学认知是大学生创新精神生成的基础。认知包含了不同形式的各种知识，不仅有具体的内容，还有相应的过程，大学生创新精神就是大学生群体认识创新精神并理解创新精神的过程，是大学生（认知主体）对创新精神（认知客体）产生的心理印象，反映了大学生对创新精神的了解程度、理解程度。“认知”是将大学生对创新精神的感性认识进行提升，直至其对创新精神产生理性认识。个体对创新精神的初步感受即感性认识，此时大学生对创新精神的认知处于初级阶段。理性认识以个体的感性认识为基础，通过概括创新精神的核心内容并掌握其核心要义，大学生对创新精神的认知进入高级阶段。与此同时，基于认识论的逻辑，大学生通过创新实践对创新精神的相关特性加以验证，进一步加深对创新精神的认识，也是在这样的认识过程、体会过程、感知过程中逐步形成对创新精神的认知。另外，大学生在校园中学习的时间较多，所以他们对创新精神的认识离不开教育，教育者要创造积极的教育环境，制订科学合理的教育方案，传授有意义的教育内容。

（二）情感认同

在创新精神的养成过程中，情感认同至关重要。大学生创新精神的形成并非简单的认知过程，他们对创新精神产生了理性认识，同时结合自己的思考、心得、体会、感悟等，逐步对创新精神产生一定的心理认同，这个过程融入了大学生的主观思考与考量，加入了所谓的“情”和“意”。“情”主要指大学生的情绪与情感，来自人的身体与心理，是个体知觉产生的一系列反应，“意”主要指为个体创新提供支撑的意志力，“情”和“意”的结合促使大学生形成自己的创新精神。创新离不开精神支撑，更离不开强大的意志力，积极的情绪以及正向的情感能加快养成创新精神，有利于大学生开展正确的创新实践。认同是比认知更为高级的心理活动，是大学生以认知创新精神内涵为前提，发挥自身能动性对创新精神进行全面感知，理解并接纳创新精神，与其产生共鸣，并在今后付之于行动。

（三）躬身实践

大学生创新精神的培育离不开理论教育，但“实践出真知”，要将理论与情感两个维度的认知和创新实践高度结合，才能真正做到知行合一，“行”才是最终目的。这里的“行”主要指大学生在认知过程中自己理解，记于心中，然后在学习或是生活中将创新精神应用于实践。除此之外，“行”还会对大学生的“知”“情”“意”产生一定影响，践行作为创新精神的落脚点，加深大学生对创新精神的认知，提升他们的创新意识，增强他们的创新能力，使他们能在创新型国家建设中大有作为。

四、开展主题活动

（一）科学精神训练

1. 参观科研院所、科技场馆活动

（1）活动目的：以“创新放飞梦想，科技引领未来”为主题，通过参观科研院所、科技场馆的方式，领略科学之美，感受科学的力量，了解科研工作，培养科学精神。

（2）活动准备：提前与相关学科领域的科研院所、科技场馆、新兴科技展示场所等取得联系，预定参观日期与参观内容。

（3）活动内容：在参观中领略科技之美、感受科学力量的同时，了解科研工作的性质与流程、学习科研机构的各项规章制度、感受科研工作的具体要求，从中体会科学精神的内涵。

（4）活动要求：参观时要注意安全，在科技场馆应严格遵守相关制度，在实验室里不能乱摸乱碰，以免造成伤害。遵守公共道德，不在参观场所拥挤喧哗，不乱扔垃圾，举止文明，讲礼貌，守纪律，等等。

（5）活动总结：在参观活动结束后要开展讨论与思考等，可以以文字形式记录参观心得体会，也可以开展一定形式的演讲、讨论、辩论等。

2.“大胆假设、小心求证”主题竞赛活动

（1）活动目的：“大胆假设”说明了创新必须突破旧观念的束缚、挣脱旧思想的牢笼，对未解决的问题提出新的假设或者解决的可能性；“小心求证”则要求人们不能停留在假设的阶段，必须进行论证。通过竞赛活动，体会科学创新必须重视事实和依据，一切科学的判断和结论都要以事实为依据、以事实为准绳，从而培养求真、求实的科学精神。

（2）活动准备：以班级为单位开展活动，活动成员自由分组（3 ~ 5人为一组）。

（3）活动内容：小组成员通过研讨提出一个大胆的假设并进行论证，假设的内容不限，但最好控制在自己熟悉的学科领域。论证前必须广泛搜集资料，论证中必须遵循科学真理、实事求是。可以对假设进行证实，也可以进行证伪，重在论证过程是否科学、论证逻辑是否清晰、论证材料是否足够翔实。

（4）活动要求：科学评定活动成绩，严格按照科学论证的要求设定评分标准，将事实依据作为评分的核心部分。

（5）活动总结：活动结束后参与者进行总结讨论，重申活动主题，使科学精神深入人心。

（二）首创精神训练

1.“求变创新”活动

（1）活动目的：通过大胆破除旧观念，不断提出新观念来培养首创精神。

（2）活动准备：10人左右为一组，场地不限。道具可以是一些对于介绍“首创精神”来说必要的辅助材料，如图纸、资料等。

（3）活动内容：在参与者中随机选出一人作为首创者。假设这位首创者已经创造出一种新产品、提出一种新的观点或者理论，他的任务是向大家介绍这个新产品、新观点或者新理论（如一台新的腕表式计算机，该计算机仅仅和平时所佩戴的防水表一样大）。其他参与者列出他们赞成或者反对该项创新的原因。他们可以向创新者提出相关问题，并要求首创者回答。

将所有反对该创新的原因分为两类，以腕表计算机为例：一类是客观原因，比如硬盘太小了，存储性能不高；另一类是主观原因，比如习惯于使用台式计算机或者笔记本电脑。让所有参与者思考一下，哪些原因是创新者可以采纳并用来改进创新事物的，哪些则是需要使用者去努力适应的。

所有参与者联系自己在学习、生活和工作中可能遇到的各种变化以及自己可能作出的反应，从正反两方面分析影响自己反应的因素，并进一步分析自身消极反应中哪些是合理的，哪些是不合理的。

（4）活动要求：更换首创者，开始新一轮活动，直到所有参与者都扮演过首创者为止。

（5）活动总结：对于首创扮演者来说，思考怎样做才能使人们更快地接受自己的创新。对于活动参与者来说，思考是什么原因导致自己反对变化，怎样才能让自己以一个更为开放的态度来对待变化。

守旧思想是创新最大的敌人，只有乐于接受变化，才能够有所创新，新的事物才能被人们接受。所以，作为一个变化的倡导者（即首创者），一定要事先考虑好可能遇到的各种阻力以及被抵制的各种理由，做到有备无患，灵活应对。

对待新观念和新事物的最好方法就是持一种开放的心态，客观地分析其利弊，真正判断其真伪与可行性。

2.“每日一创想”活动

（1）活动目的：通过“每日一创想”活动，在行动上落实创新，培养首创精神。

（2）活动内容：活动参与者每日记录一个自己的创新设想或者创意点子，坚持做到“每日一设想，每日一观察，每日一创新”。该创新设想没有具体限制，可以是灵光一闪的金点子，也可以是深思熟虑的新方案。通过记录思维的痕迹，播下创新的种子，开拓想象的空间，见证创新的过程。

（3）活动实施：努力让创新成为习惯。行为心理学研究表明，同一个动作，重复21天就会变成习惯性的动作；同样的道理，一个人如果能够坚持每天进行一点创新行动，那么创新就会成为习惯。

持续激发自己的创新欲望。拥有首创精神的人，其思维一定保持在一种活跃的状态，会经常、反复地问自己：“我能改变什么？”“什么东西需要我去改变？”“我怎样进行改变？”只有经常处于这种状态之下，一旦遇到机遇和可能，才能把握住创新的机会。否则即使知识渊博，也很难有什么创新成果。

充分相信自身的创新能力。只有坚定不移地相信自己具有一定的创新能力，并不断地用实际行动去证实，才能在创新实践中越挫越勇，从而形成首创精神。

坚持磨炼自己的创新毅力。创新过程中需要不断坚持、反复尝试来磨炼自己的创新毅力。在磨炼创新毅力的过程中切忌急于求成，虽然活动参与者都希望能够挖掘自身的创新潜力，“见人之未见，思人之未思”，但若短时间内未达到效果也不必否定自我，而是要坚持下去完成活动，在实践中磨炼自己的创新毅力。

（4）活动要求：活动参与者每周将前一周的每日创新成果进行汇总，评选优胜者给予奖励，并继续挖掘创新点子甚至付诸实践。

（5）活动总结：活动结束后，参与者要对自己的“每日一创想”情况进行总结与梳理，检视该活动带给自身的影响，分享自身心得体会，以启发更多的活动参与者养成首创精神。

（三）冒险精神训练

1.“观冒险电影，悟冒险精神”活动

（1）活动目的：通过观看冒险题材电影，体悟冒险精神，憧憬冒险，激发参与者探索未知世界的欲望。

（2）活动内容：观看科幻冒险片，例如《阿凡达》等。

（3）活动要求：以班级为单位进行观影。观影结束后提交以冒险为主题的电影观后感。

2.冒险拓展活动

（1）活动目的：通过冒险拓展活动来体验、感悟生命，挖掘潜能，磨炼意志，增强自信，培养冒险精神。

（2）活动准备：准备素质拓展场馆或专业野外拓展训练场。

（3）活动内容：由学校统一组织，以班级为单位到事先选定的场地开展冒险训练。常见的冒险项目根据冒险活动的具体场景可分为高空冒险、水上冒险、场地冒险等。常见的高空冒险项目有高空独木桥、高空击球、高空抓杠、软梯、高空断桥、高空荡木、空中吊桩、高空荡木、步步登高、高空软梯、高空秋千等；常见的水上冒险项目有攀网过河、水上独木桥、栈道桥、溜索过河、滚筒桥、搭板过河、吊索桥等；常见的场地冒险项目有勇闯栈道桥组合、冒险桥组合、中空五连体、匍匐前进、脚吊环桥等。

（4）活动要求：参与者必须明确参与每一项挑战的目的，在参加各种冒险活动的过程中要用心体会战胜自我、超越自我的乐趣，不断发现和挖掘自身潜能，通过克服困难磨炼意志，做到玩有所获、不断进步。

安全为首要前提。开展此项拓展活动之前，参与者必须接受安全教育；同时拓展指导员要接受安全培训，对拓展场地相关活动设施与活动器材要进行安全考察，所有活动项目要进行安全检视，确保安全工作万无一失方可开展。

（5）活动总结：活动结束后开展一定形式的内省总结，可以是文字形式的文章、日记、心得体会等，也可以是演讲、讨论、辩论等。

（四）牺牲精神训练

1. 活动目的：培养团队成员的牺牲精神和团队合作意识。提高团队成员在面对困难时的坚持和奉献精神。通过实践活动，增强团队成员间的相互信任和依赖。

2. 活动准备：选择一个适合进行团队协作和体能挑战的训练场地。准备相关的训练器材，如绳

子、障碍物、模拟救援设备等。对团队成员进行初步的健康检查和体能评估。制定详细的安全预案，确保训练活动的安全性。

3. 活动内容：团队协作挑战——设置一系列的团队协作任务，要求团队成员共同完成。例如，穿越障碍赛道，模拟紧急情况下的团队协作。模拟救援行动——模拟真实的紧急救援场景，如地震、火灾等，要求团队成员在限定时间内完成救援任务，体现牺牲和奉献精神。心理抗压训练——通过模拟高压环境和紧张情境，锻炼团队成员在压力下作出决策和行动的能力。领导力培训——通过角色扮演和模拟演练，培养团队成员的领导力和团队协作精神。

4. 活动要求：所有团队成员必须全力以赴，积极参与每一项训练活动。在训练过程中，要严格遵守安全规定，确保自身和他人安全。团队成员之间要相互支持，共同面对挑战，体现团队合作精神。训练结束后，要进行自我反思和总结，找出自己的不足，并制订改进计划。

5. 活动总结：在活动结束后，组织团队成员进行总结分享会。每个团队成员都要分享自己在训练过程中的感受、收获以及需要改进的地方。通过总结分享，团队成员可以更加深入地理解牺牲精神的内涵和价值，同时也能够增强团队的凝聚力和合作精神。此外，活动总结还可以为未来的训练活动提供宝贵的经验和参考。

第三节　认识创新意识

一、创新意识的内涵

（一）创新意识

在知识经济时代，知识的转化速度猛增，大学生需要以更积极的态度参与创新，发挥主观能动性，从而更好地掌握创新领域的核心知识，这既是大学生素质教育的核心之一，也是人的综合能力的外在表现。创新意识表现为人进行创新活动的主观趋向性习惯，是创新欲望、动机、兴趣和情感等创新趋向性习惯的总和。它在人类意识活动中是积极的、富有成果性的，是人们进行创新活动的出发点和内在动力。

从哲学角度来说，意识是客观物质世界发展到一定阶段的产物，是人脑特有的机能和属性，是客观存在在人脑中的反映。概括来说是指个体所具有的主观体验和知觉，包括了对外部环境和内部体验的感知、注意力和思维活动等，它是人类思维和意识的核心，反映了人类的个体意识和主观感受。

创新意识是指人们能够主动意识到创新的必要性和重要性，并通过积极寻找、确定创新目标，调整行为方式和思维模式，不断克服各种困难和障碍，达成创新目标的心理过程。这种意识包括了不满足于现有的知识和定论，勇于质疑，敏锐地发现事物发展趋势和规律，同时也注重科学原理和实证证据，准确制定行为目标，并以坚定的信念去实现。创新意识不仅是创新活动过程中的内在动力和出发点，还是创造性思维和创造力的前提。

创新意识具有多维度的内涵，创新意识的内涵之一是主动性思考与探索精神。创新意识的核心是探索和解决问题，需要人们具备主动性和主动思考能力。通过主动思考和探索，人们可以对当前问题有更深入的认识，寻找到根本原因并提供可行的解决方案，不断扩充自己的知识储备和视野。创新意识的内涵之二是创造性思维与创新能力的培养。创新意识要求人们具备敢于冒险与尝试新事物的勇气和信心，能够运用自己的知识和技能开展创新活动，产生更加优秀的创新成果。创新意识的内涵之三是拥有好奇心和求知欲，促使人们从不同角度、不同层面去解析问题，从而发现问题的本质，进而提供新的解决方案。创新意识的内涵之四是对多元文化的敏感，能够从不同文化背景中吸取灵感和启示，将文化因素巧妙地融入创新活动中，创造出新颖、有创造性和有吸引力的创新产品。创新意识具有主动性思考与探索精神、创造性思维与创新能力、强烈的求知欲和好奇心、对多元文化的敏感等多维度的内涵，这些内涵在不同的应用场景中可以相互融合，进而产生新的、有益的成果。

（二）创新意识与创新活动

创新意识对创新活动的作用主要表现在三个方面：第一，创新意识驱使创新行为产生。创新意识是创新行为的触发器，是进行创新活动的基础。第二，创新意识对创新活动具有推动作用。创新意识中的创新兴趣是人们期待探索和认识某一事物时思维和注意力高度集中的一种心理，是积极探索某种事物或某种现象的本质和规律的一种心理特征，能够推动创新活动的进行。第三，创新意识为创新活动提供直接动力。创新意识能够为创新活动提供直接的动力源泉，直接影响创新活动的深入程度，并为创新活动提供动力支持。

二、创新意识的类型

创新意识主要包括问题意识、批判意识和求新意识。

（一）问题意识

一个人碰到令自己感到困惑的问题时，就有可能受到刺激，去进行反省性探究，试图寻求解决策略，从而产生问题意识。

问题意识是指问题成为人感知和思维的对象，从而在其心里形成一种悬而未决但又必须解决的求知状态。问题意识会激发强烈的学习、探究愿望，从而使人的注意力高度集中，积极主动地投入学习，勇于探索、创造和追求真理，直至问题解决。没有强烈的问题意识，就不可能激发探究的冲动性和思维的活跃性，更不可能激发创新行为。

1. 问题意识的含义

（1）问题意识显示的是一种心理状态，其往往表现为强烈的怀疑、困惑、好奇、探究等心理，这种心理状态驱使人们积极思考、不断提出和解决问题，直至有新的发现。

（2）问题意识源于认知不平衡的矛盾冲突。当一个人遇到问题时，首先要检查已有认知结构，将其和当前认知情境进行比较，如果已有认知结构可以解释或解决当前认知任务，问题意识则无法形成。只有认知不平衡时，人们才能意识到问题的出现，并对问题的状态、类型、性质、目标和特征有初步认识，然后调动知识储备等认知资源，比较已解决的问题情境与当前问题情境，形成问题意识。

（3）问题意识是一种动力因素，可以激发探究行为。问题意识可以激发强烈的学习、探究欲望，并促使人们为解决问题而行动。因此，仅仅发现问题但没有激发探究行动的心理状态不能称为问题意识。

（4）问题意识与发现问题直接相关。创新始于问题，问题是萌生新思想、新方法、新知识的种子，不能发现问题，就不会有解释问题和解决问题的思想、方法和知识。

（5）问题意识与提问密切相关。人们以质疑、求索的精神和态度审视认识对象并形成问题后，往往会通过提问的方式去寻求答案。但问题意识不仅仅包括提问，还包括分析问题、解决问题，进而敏锐地察觉新问题。因而会提问并不一定说明具备问题意识，但具有强烈的问题意识必然具有较高的提问能力。

2.问题意识的表现

（1）困惑。困惑是问题意识浅层次的表现。人们在某一情境中出现困惑状态，稍加点拨，就可以提出或解答某一问题。

（2）怀疑。怀疑是问题意识的一种重要表现。只有持批判和怀疑的态度，才能产生质疑进而求异。有提出问题的欲望和冲动，才能提出新的问题，突破传统观念，大胆创立新说。

（3）好奇心。好奇心是问题意识的典型表现。强烈的好奇心将驱使人们对新出现的情况和新发生的变化及时作出反应，发现问题，追根寻源，激起探索欲望，促进创新活动。

培养创新意识，必须重视问题意识。强烈的问题意识体现了人的思维品质的活跃性和深刻性，能够促使人们去发现问题、解决问题，直至产生新的发现。

（二）批判意识

批判意识是人们在一定认识的基础上对事实或者现象持有的大胆怀疑、自觉反思、合理扬弃、勇于挑战和超越等意识的集合体。批判并不是简单地唱反调、不赞成，而是具有审视、反思、超越以及创新等含义。

1.科学批判的要求

（1）批判须在一定标准和价值观指导下进行，具有价值取向性。

（2）批判的主体必须具备思想、人格、精神的独立。

（3）批判的基本含义是运用理性进行实事求是的分析，具有反思性。反思既是批判的必要前提，也是批判的本质特征。

（4）批判的目的是创新。马克思认为，以往的“哲学家们只是用不同的方式解释世界，而问题在于改变世界”。改变世界正是批判的最终目的和意义所在。具有批判意识的人，对既有的观点、学说不是简单地肯定或否定，而是在分析、思考、判断的基础上批判地继承。批判意识不承认任何绝对或者永恒的正确，不崇尚任何所谓终极真理，不满足于已有的结论，它总是立足于历史和现实，实事求是地对观念、事物以及人们的行为发出疑问、进行反思，深入地考察和分析，并力求在此基础上寻找解决问题的最合理途径。

2.批判意识的特征

（1）独立性。独立性是指不依附于他人、不受外界因素影响和干扰地去看待事物和思考问题，自主地作出审慎的判断和决策。独立性是批判意识的前提。

（2）主动性。不管遇到什么样的认知对象，都要坚持发挥主观能动性，积极主动地思考，不能盲从迷信、人云亦云、随波逐流。主动性要求无论在何种情况下都要怀有好奇心，保持质疑的态度，对事物寻根问底，决不放弃对真理和事实的不懈追求。主动性是批判意识的主要特征。

（3）反思性。批判意识还要求主体具备自我改正的精神。某种观点或思想形成后，要有自我批评的勇气，进行自我审视，反思该观点或思想符合事实与否、解释合理与否、应如何修正等。批判意识的反思性有助于使主体的认识、推理和决策更加全面客观。

（4）全面评价性。批判意识对认知对象不是咬文嚼字，而是多角度、全方位和连续性的审视，需要多方面、多角度、多层次去考虑问题，从而避开表象的迷惑，真正把握事物本质。

（5）理性。批判不是立足于个人一般性认识、自身好恶或者利益之上的，也不同于贬低一切、否定一切的否定论，更不是毫无根据的胡思乱想。它是在感性认识基础之上的高级思维，是在掌握完整信息和充分证据的前提下进行的科学分析、归纳，最终作出决策，具有很强的科学性和说服力。

批判意识是人类创新的内在驱动力，能够推动科学创新。有没有批判的态度是前科学和科学的分水岭，任何理论不管获得何等成功，也不管受过何等严格的检验，都是可以被推翻的。科学的最大特性是怀疑和质问一切的精神，对事物进行谨慎而有保留的判断，并对这一判断的界限和适用范围进行系统检验。因此，可以说正是科学的批判意识推动了科学创新的发生。

（三）求新意识

求新意识是指人在创新活动中所体现出来的一种不因循守旧、不墨守成规、不为传统观念所束缚，敢于面对现实，勇于追求新变化、新视角、新方法的心理。

求新意识是对传统的挑战，是对现实的突破，是人类最宝贵的精神财富之一。只有不安于现状，不满足于现成的知识和结论，不畏惧先辈及权威，探索、怀疑、否定、超越，科学才得以进步，人类社会才得以发展。长期以来，“出头椽子先烂”“枪打出头鸟”等观念在一定程度上禁锢着人们的头脑，导致一部分人唯唯诺诺、循规蹈矩，不敢求新求异。这就更需要激励人们敢于求新，不迷信前人，不迷信权威，敢于超越、敢于求新求异便是创新之始。

三、创新意识的意义

（一）为建设科技强国提供动力支持

世界新一轮科技革命和产业变革加速演进和拓展，科技创新正在深刻改变世界发展格局。大学生作为建设科技强国的实践者，其科技创新意识的培育不仅关系到自身的全面发展，更关系到国家的前途命运。建设创新型国家已成为必然趋势，培养创新型人才也成为必然要求。当今社会已经步入了知识经济时代，高层面的知识在经济社会发展中扮演着越来越重要的角色，尖端科技已经成为支配经济社会发展的核心。科技创新正逐渐成为高端产业的支柱力量，它不仅与经济结构关系紧密，对于社会结构而言也具有重要作用。科技创新成果的应用已经成为决定社会发展层次的最关键因素。

科技创新是知识经济的灵魂，尖端科技的发展在很大程度上依赖于人的主观能动性。大学生是国家未来科技建设的储备人才，将直接影响我国未来的科技发展水平，大学生需要积极参与科技创新，培养自己的科技创新意识和能力，以成为我国科技创新事业的中坚力量。无论是从个人价值实现还是国家发展层面来看，培养大学生的科技创新意识都是非常重要的。

（二）为取得国际竞争优势提供人才支持

当今世界呈现多极化格局，国际竞争的各个方面都在不断升级。想要在国际竞争中占据优势，科技领先是至关重要的。高新技术产业在经济中所占比例越来越大，而产业发展与科技发展水平的高低密切相关。面对严峻的国际形势，培养大量高质量的科技创新人才成为迫切的目标，这是中国成为科技强国的关键。

党的二十大报告指出，教育、科技、人才是全面建设社会主义现代化国家的基础性、战略性支撑。必须坚持科技是第一生产力、人才是第一资源、创新是第一动力，我们要坚持教育优先发展、科技自立自强、人才引领驱动，加快建设教育强国、科技强国、人才强国，坚持为党育人、为国育才，全面提高人才自主培养质量，着力造就拔尖创新人才，聚天下英才而用之。

大学生科技创新意识的高低和科技创新能力的强弱不仅关乎个人发展，更关系到国家是否能够在国际科技竞争中取得优势。作为未来科技创新队伍的主力军，大学生科技创新意识的培育是实施科教兴国战略的关键环节。大学生的科技创新意识越强，科技创新人才越多，科技创新水平越高，便能推动建设创新型国家的进程，增强国际竞争力，提升国际地位。

（三）为培养符合时代需求的时代新人提供教育支撑

“时代新人”是指符合时代发展要求、彰显鲜明时代底色、推动时代前行进步、以青年群体为主的社会主体力量。高校育人的使命是培养一批具有良好素质和创新能力的高级人才，以满足社会对时代新人的需求。为了培养大学生的科技创新意识，我们应该注重创新思维和实践能力的提高，这是素质教育的关键。根据高校教育相关法规，培养具备社会实践能力和创新精神的高级人才是高校教育的根本目的，高校承担着培养学生创新精神和培育创新人才的重要使命，不管是培养高校学生还是培训专业技术人才，都需要在创新知识和能力方面进行支持和教育。

各大高校作为传播知识的主阵地，不仅要传授多样化的知识，还担负着培养符合社会需求的时代新人的责任。随着新科技的不断出现和新需求的不断涌现，时代对学生的能力提出了更高的要求。学校应该注重学生综合素质的提升，让学生具备更强的应变能力和科技创新意识，增强自身竞争力，在现实社会中发挥科技创新意识的优势，不断提高专业水平自身能力，创造更多的社会价值。这也是高校育人工作的核心价值。

第四节　创新意识的培养

创新意识是人的主观能动性的表现，是创新主体进行创新活动的出发点和内在动力，是一种善于发现问题并愿意积极探索的心理倾向。创新意识是培养创新精神的重要内容，具有创造性、选择性、主观能动性等特点。训练创新意识，就是训练受教育者在学习、生活、实践中有意识地获取有关创新的知识，培养其渴望创新的激情和态度。

一、培育创新动机

训练创新意识，首先要培育创新动机。人们进行的任何一种创新活动，都必须在对创新活动本身有强烈的主动性的条件下才有可能展开。这是创新活动和非创新活动（如记忆性活动、技能操作训练活动）的一个根本区别。在进行记忆性活动时，即使人们对这一活动本身毫无兴趣，没有求知的欲望，记忆活动本身仍可照常进行，尽管记忆的效果和效率可能会差一些。同样，在进行单调重复的技能操作训练活动时，即使人们对活动本身不感兴趣，却照样可以学会技能，甚至熟练掌握。例如工厂里的操作工人，他们对某种操作技术也许并不具备强烈的兴趣和主动性，也没有要熟练掌握的欲望，但他们或早或晚都能够熟练掌握。创新性活动却截然不同，如果一个人对创新活动缺乏主动性，就不可能产生创新行为，进而取得创新成果。例如，陈景润钻研哥德巴赫猜想，就完全是一种自主的、自觉的行为，正是这种主动性为他最后钻研出“陈氏定理”奠定了坚实的基础。假如我们也像进行技能操作训练一样，强制一个没有任何创造动机的人进行创新活动，结果只会一无所获。

（一）树立远大的目标和理想

创新动机的首要来源是崇高的理想和人生目标。一个人如果具备强烈的社会责任感，就会把造福人类作为自己的崇高理想，会自觉献身创新活动，努力取得创新成果，为人类社会创造财富。

创新动机的形成与坚定的爱国主义信念、强烈的民族责任感和事业心密不可分。钱学森在美国学习工作期间，始终心系祖国，密切关注国内局势变化，决心早日学成归来，报效祖国。回国不久，他怀着对祖国国防事业强烈的责任感，向中共中央、国务院提交了《建立我国国防航空工业的意见书》，并投身我国火箭和导弹技术的建设。

富有创新性的科学家往往怀有为人类服务、为科学献身的理想和精神。有为科学献身的精神，就会主动寻找目标，孜孜不倦地追求和实践；就会产生强烈的好奇心与求知欲，对事物敏感，富于想象力；就会养成很强的独立性，大胆质疑，坚持真理，标新立异；就会敢冒风险、百折不挠，而又一丝不苟、求真务实。

（二）树立正确的创新观

创新观是个人在主观层面和客观层面上对创新的认识与理解，学校开展创新教育离不开正确的创新观，创新精神的培养更是需要以创新观为基础。在正确的创新观的影响下，高校的创新创业教育能更加顺利地进行，学生也能在接受教育后进行理性选择，凭借坚定信念参与创新实践活动并在活动过程中不断成长、不断超越自我。树立正确的创新观需要做到以下两点：首先，学生应当具备正确的价值观念。高校之所以开设创新创业理论课程、积极培育大学生的创新精神，主要是为了让学生在学习中形成基本的社会价值取向。基于此，学生应当认识到创新对于个人成长、社会发展的重要价值，在此过程中学生要积极为社会贡献个人力量、为祖国建设出谋划策。其次，学生应当更加全面地认识自己。如果学生自己不了解自己，不能做到全面认识自己，就会产生“随大流”的想法，无计划、无目标地进行创新，最终只会造成失败的局面，继而对创新失去信心，这无疑会对正确创新观的树立造成阻碍。基于此，学生们应当积极参与不同类型的实践活动以积累丰富的实践经验，在此过程中增强自身创新能力，提高认知能力，正确认识自己，知道自己的优势，从个人实际能力与创新水平出发更好地完成创新目标。

（三）培育强烈的创新欲望

创新欲望与人的好奇心和兴趣密切相关，善于发现并培养自己对事物的好奇心和对创新的浓厚兴趣对创新有重要意义。

第一，激发创新兴趣，即能够扎进某一专业领域并发现其内在的乐趣。居里夫人说，科学的探讨和研究，其本身就含有至美。比如，研究数学，可以使人折服于数学的严密性和条理性；涉足化学，可以使人赞叹化学千变万化而又有规律可循；学习生物学，可以使人为生命的神秘而感慨万千。只要善于挖掘和欣赏科学创新特有的内在魅力，兴趣便会油然而生。

第二，培养优质的心理品质。心理品质直接影响创新意识的产生，好奇心、探索欲等都是培养创新意识过程中必不可少的心理品质，在好奇心的驱使下进行探索，而在探索过程中遇到各种问题继而产生怀疑，如此循环形成了认知新事物的过程。

好奇心是形成和保持创新精神的重要心理前提，是创造性人才的特性，表现为一个人对所见所闻和所接触的事物能饶有兴趣地加以关注，并由此产生强烈的探究愿望。世界上的各种事物尽管表象扑朔迷离，但其内在隐秘的原理总会显露蛛丝马迹，而好奇心则有助于我们捕捉到提示客观规律的线索。比如：水开了壶盖为什么会动？苹果熟了为什么掉在地上而不飞向天外？这些司空见惯的现象和看似幼稚的问题，却成了科学家进行科学发明或发现的最初动因。大学生应维护和发掘自身的好奇心，对复杂、奇特的事物保持新鲜感，对感兴趣的问题要乐于打破砂锅问到底，同时还应积极发展自己的兴趣爱好。

第三，把熟悉的事物陌生化。陌生化处理熟悉的事物是激发兴趣的好办法。教堂里的吊灯摆动，人们习以为常，哪里会想到这其中还存在等时性原理？苹果落地，人们也熟视无睹，有谁会想到其中包含了万有引力定律？一个创新者要想发明创造，就要带着陌生、好奇的眼光去审视世界，这样才能最大限度地激发自己对事物的兴趣，开发自己的想象力和创造力，从而产生新的体会、认识和创见。

第四，培养独立思考的能力。独立思考的能力意味着用自己的思想和观点去观察这个世界，学生需要做到以下三个方面。首先，明确个人主体意识。学生要及时转变自己的观念，意识到自己是学习的主体，掌握着学习的主动权，学会对自己进行严格管理。其次，持续提升学习积极性。学生应以积极的心态面对学习，端正自己的学习态度，养成良好的学习习惯，探索适合自己的学习模式。最后，在面对问题时，一定要勇于提出质疑，勇于说出自己内心的想法，不盲目听从他人的意见，学会从不同方面、不同角度思考问题。

二、善于发现问题

创新活动源于问题意识。爱因斯坦曾说：“提出一个问题往往比解决一个问题更为重要，因为解决一个问题也许只是一个数学上或实验上的技巧问题。而提出新的问题、新的可能性，从新的角度看旧问题，却需要创造性的想象力，而且标志着科学的真正进步。”“学贵知疑，小疑则小进，大疑则大进。”“疑”是人类打开宇宙大门的金钥匙，培养创新意识一定要遇事质疑，善于发现问题，多问为什么，这是一个人树立问题意识的立足点。问题意识是创新思维的源头，增强问题意识主要有以下训练方法。

（一）从四个途径进行“问题意识”的培养和训练

1.抓住经验事实同相关理论的矛盾

每一个新的观察和实验结果以及多数反常现象，都可能与现有的相关理论、概念发生冲突，此时就会产生新的问题。对于创新者来说，从新事物和反常现象中觉察到冲突，从而提出问题是非常重要的。

2.抓住理论内部的逻辑矛盾

如果一个理论的内部出现了逻辑矛盾，就会推出两个相对立的论断。因此，抓住理论的逻辑矛盾往往是发现问题并实现理论突破的关键。比如，爱因斯坦发现电磁学方程在伽利略变换中不具有协变性，而这就意味着电磁理论同经典时空观的矛盾，从而促使爱因斯坦研究狭义相对论。

3.关注学派之间的论争

不同学派、不同学术观点的论争是科学史上的常事，而激烈尖锐的论争总能促进对科学问题进一步的探究。

4.关注不同知识领域的交叉地带

近代以来，科学的发展呈现出既分化又融合的趋势。一些有远见的科学家通过关注科学中的交叉地带，找到了许多有意义的课题，作出了开拓性的贡献。20世纪的许多横断科学（cross science），几乎都产生于一些交叉地带，如系统论、控制论、信息论。科学、技术、社会的交叉，以及经济、政治、文化、教育的交叉，都促进了人们对科学本质认识的不断深化。

（二）从四个角度养成“每事问”的习惯

“每事问”可以是对某事的怀疑，也可以是对某问题的假设和解释等。要通过长期坚持，力争使“为什么”成为自己的口头禅，并内化为思维习惯，可以从以下四个角度进行提问。

1.问原因

事物发展总是有原因的，每每看到一种现象或者事物，都可以问一问产生这种现象或者事物的原因，找到了原因就为解决问题提供了前提条件。

2.问结果

因果总是紧密相连的，在思考问题、认识事物时，要养成想一想“这样做会导致什么结果”的思维习惯。

3.问规律

事物之间的联系预示着事物发展的规律，因此，培养创新意识也可从思考事物变化发展的规律这一角度来着手。阿尔弗雷德·魏格纳（Alfred Lothar Wegener）是一名地质工作者，在第一次世界大战中负伤入院，他长久地观察病房墙壁上的世界地图，发现了一个有趣的问题：为什么大西洋两岸大陆各自的弯曲状态如此相似，有什么规律可循呢？他带着这个问题潜心研究，最终提出了“大陆漂移说”。

4.问发展

在思考问题时设想事物的发展前景或趋势，就有可能催生新的观念、想法或理论。可以尝试提出问题：某一情况发生后，其发展趋势会是什么样的？

（三）奥斯本检核表法训练

美国创造学家亚历克斯·奥斯本（Alex Faickney Osberm）发明的检核表法是指：对被研究的对象提出一系列可能使其发生变化的问题，并朝着每一个提问的方向去思考。采用奥斯本检核表法进行自我训练，可以显著增强问题意识。

奥斯本检核表法是从9个方面对研究对象进行提问，或是选择比较重要的问题进行提问。这种方法可以应用于不同类型的创新活动，有助于拓展思路。具体提问方式如下：

（1）可否应用于其他方面？进行一系列改造后可否应用于其他方面？

例如，灯泡既可用于照明，又能在烤箱内使用，因此对家用电暖气进行改造后可以烤地瓜。

（2）是否从其他方面获得灵感？是否能学习其他发明的原理？

例如，受到飞机起落架的启发而设计了摩托车的前悬挂系统；受方便面的启发研发了方便米饭等速食产品。

（3）经过一系列改造后能否制成新产品？

对产品结构、颜色、形状、气味、声音等方面改造。例如，把电炉改造为空气炸锅。

（4）时间、强度、高度、宽度、长度、厚度等方面能否改变？使用范围能否拓宽？

例如，将特殊的药物成分与普通牙膏相结合，制成药物牙膏，可用于治疗口腔疾病。

（5）能否缩小体积或尺寸、减轻重量等？

例如，从台式电脑到笔记本电脑，再到平板电脑是体积缩小的过程。

（6）可否用其他材料、成分、原理等创造替代产品？

例如，铅字印刷效率低，还会产生有毒物质。王选院士发明电脑汉字激光照排印刷术代替铅字排版印刷。

（7）能否重新安排顺序、布局、关系、程序、位置、因果关系？

例如，最初螺旋桨被安装在飞机头部，改良后将螺旋桨安装在飞机顶部，继而设计出直升机；商店在特殊日子调整营业时间、商品摆放位置、折扣力度等，能够有效提升销售额。

（8）可否利用逆向思维进行思考？

例如，司马光砸缸的典故运用了逆向思维。

（9）是否可以进行组合？

例如，多种金属组合形成合金；几种简单材料组合后形成复合材料。

（四）问题列举法训练

问题列举法是通过列举问题的方式进行思维训练，锻炼发散思维，以获取所需信息。采用问题列举法进行自我训练能够有效提升个体发现问题的能力。按照所列举问题的特点，问题列举法可分为如下三种。

1.缺点列举法

任何事物都不可能十全十美，但人们总是想象着事情能达到完美的地步，这种主观愿望与客观现实之间必然出现矛盾，而矛盾正是推动人们开展一系列创造活动的最大动力。缺点列举法是发掘事物的缺点并将其一一列举出来，再针对这些缺点设想改革方案、进行创造发明，实现变弊为利。任何事物都存在优点和缺点，因此缺点列举法是一种行之有效的创新方法。

案例分享

某体育用品厂家在调查中发现，网球初学者在打球时要么打不到球，要么打出“触框球”，把球打偏。很多人都想，要是球拍大一点，兴许就不会出现上述问题。国际网联规定，球拍面积必须小于710平方厘米。该厂家就生产了一批比标准大30%的初学者球拍，这种球拍一上市果然畅销。后来该厂家又了解到初学者打网球时，手腕容易发生炎症，人们称之为“网球肘”，原因是肘部力量弱的人在运动前没有进行足够的力量练习和采取其他保护措施。于是，该公司又发明了减震球拍，广受欢迎。

2. 希望点列举法

从社会需要或个人愿望出发，提出一个或多个希望，以形成全新的概念、想法、课题。希望点列举法不会受到已有事物的限制，其主动性特征明显，有利于新产品的创造。许多发明都源自人们的希望，例如，人们出于飞上蓝天的希望发明了飞机；人们出于潜入深海的希望发明了潜艇；人们出于避暑的希望发明了空调。

3. 特性列举法

世界上所有事物都具备一定特性。逐一列举事物的特性，将事物进行全面分解，拆解为诸多不同方面与更加详细的细节，运用求异、发散、提问、列举、组合等思维方法分析每一个细节，以求得产品创新改进的新概念、新思路、新设想，这就是特性列举法。人们通常从名词特性、动词特性、形容词特性几个方面进行列举，涉及结构、材料、作用、功能、数量、颜色等诸多方面。列举之前要全面认识需要列举的对象，不能被思维定势所束缚，列举要全面且详细。

【实践训练】

阅读案例，思考如何使用特性列举法，并尝试从“名词特性”“形容词特性”“动词特性”的角度对日常事物进行改造创新。

脸盆是大家熟悉的生活用品，为了便于外出携带，青年工人梁钦元便发明了一种便携式充气盆。从名词特性看，材料应选用塑料，因为塑料有质量小、成本低、易加工、不锈蚀等优点。从形容词特性看，要求轻便、易携带。从动词特性看，要能盛水，并有一定的结构强度。为满足上述要求，新设计的脸盆抛弃了以往的刚性结构而采用柔性结构，在柔性结构中，以充气式结构为最佳方式，充气式结构有收放自如、可折叠存放、携带方便等特点。为了达到充气后呈盆形的要求，采用半圆拱和直线焊压图形设计，既达到了强度的要求，又减少了充气的空间。这种充气脸盆非常适合应用于野外作业、郊游、野营等场合。

三、勇于科学批判

（一）能动思考

批判意识要求批判主体能动地思考而非被动地接受。能动地思考意味着在面对认识对象时能够积极主动地开动脑筋，运用自己的聪明才智有效地处理问题。批判意识排斥只有思想活动而没有具体行动。没有具体行动，就会受境遇的摆布，被动地作出决定。能动思考能力的培养，要求个体对遇到的任何情况都采取积极的态度，主动思考解决问题和达成目标的最佳方式，而不是置身事外、袖手旁观。

【实践训练】

（1）你的车在远离家门的地方抛锚了。路上没有行人和车辆，举目望去不见人烟和建筑物，这时天气寒冷，且夜幕降临。你怎么回家？

① 你可能有哪些选择？

② 你认为哪一种选择最有可能成功？你是怎样想到这个办法的？支持该选择的论据有哪些？

③ 假定你决定拦车求助，你会选择拦什么样的车呢？比如，你会拦一辆挤满了人、塞满了东西的小车吗？你为什么会这样想？支持这一选择的论据是什么？

（2）朋友建议，在你没拿定主意从事什么工作之前，什么也别学。这样一来，你就不会把时间和金钱花在学习你将来不准备从事的行业上了。

① 采纳朋友的建议有什么好处？有什么坏处？

② 即使你拿不定主意将来干什么，现在也要学习或参加某种职业训练。这样有什么好处？

培养批判意识，进行能动思考的重点是克服思考的被动性。随着个体认知的丰富和思想境界的提升，许多因素会促使人们能动地思考，但是也有许多事物和经历会禁锢人们的思维，使人的思维变得被动。

（二）独立思考，敢于质疑

批判意识的独立性要求批判主体克服外界因素对自身的影响，能够独立地作出判断，敢于质疑现有认识，即具有独立思考的能力。通常情况下，人们对各种问题的见解或者来自自身学识与经历，或者受到成长过程中师长、亲友的影响，除此之外还有书本、媒体等的影响。一个人一旦具备了批判意识，也就具备了批判性看待外界观点或他人思维的能力，能够客观判断他人的意见，进行独立思考。

在独立思考的过程中，要做到有理有据地质疑。对某一问题仅仅有看法和主张是不够的，必须能够列举出充分的论据来支撑自己的观点。当有人问你为什么从这个角度看待问题，或者为什么作出这样的决定时，应当提出自己的理由和论据。

【实践训练】

（1）阅读下述三种观点，谈谈你赞成或者反对的论据。

① 有的学生认为，上大学就是为了拿文凭，不如到技术培训机构接受技术训练，可以选择免修不感兴趣的课程。

② 有一位教授认为一个人的穿着打扮与这个人是否精明能干无关，判断一个人要从其为人进行判断，而不是他的衣着。

③ 假设你长期从事某项工作，并能以非常优秀的成绩完成各项任务，在其他同事任务重时还积极帮同事分担工作，你向单位领导提出想要升职，但领导却回复说："为什么要给你升职啊，有些人想做你这个工作还做不上呢，你就知足吧！"

（2）描述自己曾作出的一项决定，检查与审视这个决定的内容、决定的过程和决定带来的结果。

想一想：现在的你如何评价这个决定？这个决定是否需要改动？如果要改动，该如何改动？为什么要改动？

（三）乐于接受新事物和不同观点

批判意识的反思性要求个体在主动思考、独立思考的基础上接受新事物与不同观点，并不断修正自身的认识。每个人的认识都有局限性，不可能面面俱到。如果要更全面地了解情况，除了自身的观点，往往还需要客观地审视更多的观点。

【实践训练】

假期中，父母提前告知你晚上必须在十点之前回家，但你却认为这个“门禁”时间太早，应当稍微向后延长时间。父母表示，你住在家里就应当听父母的话，父母都是为你好，不会害你。

（1）请阐述你会如何解决当下困局。若是你认为没必要硬性规定回家的时间，请说出对应的理由。（举例：我认为完全没必要作出这样的规定。我已经是大人了，我能自己决定回家的时间。）

（2）请从父母的角度进行阐述，说出能为父母的观点提供支持的论据。（举例：我们认为应当给孩子设定晚上回家的时间，因为父母会担心孩子在外的安全，孩子不回家父母心里不踏实。）

（3）你对这一问题有哪些建议？（举例：在出门之前明确地告诉父母我将要和谁一起去哪里，大概几点能回家，说清楚这些内容或许能削减父母心中的不安。）

人们在面对现实问题时都有各自不同的想法与看法，意见产生分歧说明一种观点或一种看法并不能帮我们认清事物的全貌。因此要扩大认识范围，努力了解各种情况、寻求不同的看法，能够运用他人的观点来看问题，这对作出正确的、科学的批判非常重要。

（四）多视角审视

批判绝非不分青红皂白地指责与批评，批判的目的是突破与重建。这就要求批判主体多视角审视认识对象，全面地看待问题。多视角审视要求人们不仅乐于接受新的思想和不同观点，还要把握支撑自己和他人观点的具体论据，了解这些论据是否科学合理，在此基础上才能实现突破与重建。

【实践训练】

试对下列正反方论点分别提出支持的论据，对这些论据进行合理性剖析，阐明理由。

（1）正方：对学生学习成绩的考核应更重视考试效果。反方：对学生学习成绩的考核应更重视学习过程。

（2）正方：与住在城里相比，住在乡下的优点更多。反方：与住在乡下相比，住在城里的优点更多。

（五）有效讨论

探究问题、了解问题的不同方面有助于全面了解认识对象，为此必须乐于接受他人观点并能够与其有效地交换思想，即进行有效讨论。有效讨论要求彼此表达内心最真实的想法，尽管双方意见可能不同，但也会共同进行探索。经常性地开展有效讨论，能够促进批判意识的形成。

四、勇于标新立异

培养创新意识除要有强烈的创新欲望、鲜明的问题意识并善于批判质疑之外，还需要勇于标新立异，为什么哥伦布能坚持向西方航行可以抵达东方，从而发现了新大陆？为什么哥白尼敢于打破居于统治地位的“地心说”，提出“日心说”？正如罗丹所言，所谓大师，就是能够用自己的眼睛去看别人看过的东西，在别人司空见惯的东西上发现出美来。创新就是不断突破思维障碍与藩篱，勇于标新立异，敢于独树一帜，这就需要从如下四个方面进行突破。

（一）摆脱从众心理

从众是指当个人与大多数人的判断发生矛盾时，人们在心理上倾向相信大多数人，跟随多数人来怀疑、修正自己的判断。创新需要求异，而趋同和随大流则不会有创新，因为即使产生了新思想，如果不能克服从众心理，也会屈服于群体压力而最终失败。

克服从众心理必须具备“反潮流”精神，即在认识与思考问题时，能够相信自己的理性判断，顶住来自周围的压力，坚持自己的观点，不轻易附和他人。从人类历史的发展来看，真理往往首先被少数人发现，然后才慢慢得以传播与普及。因此，要克服从众心理，务必做到在创新活动中坚持自己的见解，同时客观听取他人意见，才能真正开阔思路，产生新的观念。

【实践训练】

（1）阅读下面一则案例，体会从众心理对创新活动的危害。

一位名叫福尔顿的物理学家，运用新的测量方法测量出固体氦的热传导度比按传统理论计算的数字高出500倍。福尔顿认为这个差距太大了，一旦公布难免被人视为哗众取宠，所以他就没有声张。没过多久，美国的一位年轻科学家在实验过程中也测出了固体氦的热传导度，结果同福尔顿测出的完全一样。这位年轻科学家公布了自己的测量结果后，很快引起了广泛关注。福尔顿听说后以追悔莫及的心情写道：“如果当时我摘掉名为‘习惯’的帽子，而戴上‘创新’的帽子，那个年轻人就绝不可能抢走我的荣誉。”福尔顿的所谓“习惯的帽子”就是从众心理。

（2）开动脑筋提出一个与众不同的观念。这个观念也许并不高明，也许很难有运用推广的价值，但只要不同于人们的日常习惯即可。然后把自己的新观念介绍给周围的同学朋友，听听他们有什么想法。将他们的观点与自己的观点进行比较，进一步思考各种观点的科学性与合理性。

（二）不惧怕权威

社会需要权威，有人群的地方就会有权威。然而，如果把权威绝对化、神圣化，盲目迷信与崇拜权威，一切以权威的观点为最高准则，不加思考地以权威论是非，不恰当地引用权威的观点，权威就会变为思维枷锁，阻碍人类的创新与进步。因此，勇于标新立异就要敢于挑战权威和科学审视权威。

挑战权威不是毫无根据地藐视和挑衅，而是抱着“真理至上”的信念，不惧怕权威并能够科学审视权威。科学审视权威可以从以下三个方面着手。第一，审视权威的专业性。随着人类社会的发展，社会分工越来越细，现代社会的权威往往专注于某一学科的专业领域，一旦超出本专业领域就不一定能成为权威。因此，审视权威必须警惕“权威泛化”的社会现象，不能把某个专业领域的权威不恰当地扩展到其他领域。第二，审视权威是否具有前沿性。“江山代有才人出，各领风骚数百年”，面对权威必须审视其产生的时代背景，分清其中合理的部分和需要发展的部分，千万不能囫囵吞枣、盲目引用。第三，审视权威的真假。现在的社会中不乏“假”权威，这些权威并不是实质性的重大建树。对假权威千万不要盲目相信，更不能盲目崇拜，而应该大胆揭露，果断抛弃。

【实践训练】

列举历史上或者当代某些名人的观点，试从不同的角度提出理由对其观点加以反驳。要求：反驳务必有理有据、逻辑正确并能够自圆其说。

（三）不迷信经验

经验和书本是人们获得认识的两个主要途径，也是指导人们进行实践活动的重要依据，能够在很大程度上提升实践活动的效率。然而，经验和书本知识在指导实践活动尤其是创新活动时又常常具有较大的局限性。经验往往具有个体差异性、表面性等，若在创新活动时过于依赖经验，可能会错过洞察事物本质的关键时机。书本知识若不能被灵活运用，对于认识事物进而改造事物也并无益处。因此，培养创新意识必须有意识地破除经验、书本的局限，拘泥其中势必极大地限制个人的眼界，不利于创新思维的产生。

1. 运用辩证思维方法科学地认识经验和书本知识

尽信书不如无书。人们初读书时常常对书“尽信”，但是读得多了，随着认知的提升，便会产生“近来始觉古人书，信着全无是处”之感，最后才有可能做到“读书而不为书所累”。

2. 跨出熟悉的领域，广泛涉猎多学科的知识

随着社会发展，专业划分越来越细，这使人们容易局限于自己熟悉的一小块领域里的经验与知识，导致眼界狭隘，创新思维被束缚。因而，人们只有不断涉猎自己不太熟悉的领域，学习本专业之外的知识，才有可能融会贯通，进而实现创新。

3. 将已知经验和书本知识及现实相结合

除了学习书本知识，应多思考其他可能性，“睹一事于句中，反三隅于字外”。书本上所描述的知识、理论或者经验只是作者提供的一种视角，我们应该联系自己的经历和实践，举一反三。

案例分享

蜜蜂发出声音靠的是翅膀振动——这个被列入我国小学教材的生物学“常识”，被一位名叫聂利的12岁小学生用实验推翻。聂利为此撰写的论文《蜜蜂并不是靠翅膀振动发声》荣获全国青少年科技创新大赛银奖和高士其科普奖。

这一科学发现出自一名年仅12岁的小学生之手，确实难能可贵。无数生物学家没有发现的自然奥秘，小聂利发现了；成年人没有怀疑过的来自书本的“定论”，聂利把它推翻了。据《人民日报》报道，聂利的发现过程并不复杂：她先是偶然发现翅膀不振动（或被剪下双翅）的蜜蜂仍然嗡嗡叫个不停，然后用放大镜观察了一个多月，终于找到了蜜蜂的发声器官。

（四）跳出自我中心

在思维活动中，人们往往自觉或者不自觉地按照自己的观点、站在自己的立场去看待别人乃至整个世界。总是从自身的需要、兴趣和利益出发去认识客观世界的现象，就是自我中心。自我中心

常常对创新活动有着严重的阻碍作用。

要标新立异、挑战权威必须跳出自我中心，试着理解自我之外的观念与事物，在从“自我”向“非我”的跨越中开阔视野。第一，跳出自我中心要严于律己，宽以待人。如果习惯用自己的标准去衡量他人，就容易发生误解、偏差、冲突和矛盾，也就谈不上跳出自我中心去审视与自己不同的观念了。第二，跳出自我中心意味着站在他人的角度和立场去思考问题，以开放的心态去理解别人的立场和想法，倾听他人的见解，在意识到自身错误时要有承认和改正错误的勇气。第三，跳出自我中心必须摆脱偏见，树立开放意识。偏见就是对事物的片面认识，而这种片面认识往往是以往的认知造成的。对于创新而言，跳出自我中心、超越已知和摒弃偏见显得尤为重要。

【实践训练】

自觉对习以为常的知识进行多维度思考，对感兴趣的知识开展进一步探究，看看哪些方面与自己以往的认知大相径庭。

【课后练习】

(1) 举例说明“敢为天下先”的首创精神对社会发展的推动作用。

(2) 什么是批判意识？什么样的批判才是科学批判？

(3) 在大众创业万众创新的时代背景下如何培养创新意识？

笔记处

笔记处

第三章 创新思维

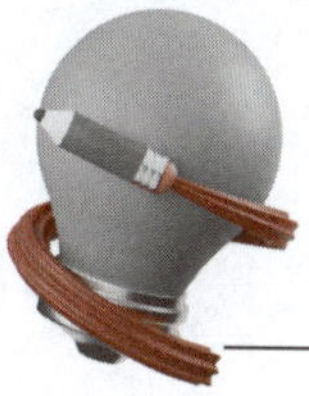

学习目标

1. 认识创新思维的内涵与特征
2. 掌握创新思维的方式与开发工具
3. 开展创新思维的培养和训练

第一节　创新思维的内涵与特征

一、创新思维的内涵

什么是思维？思维是大脑对现实的高级反映，它概括地、间接地呈现出物质世界的本质和规律。它的概括性体现在忽略非本质特性，聚焦共有的本质特征；而它的间接性则表现为通过间接手段——借助已有知识和经验对未知进行推理和预测。简言之，思维是建立在感知之上，又超越感知的对现实世界的深入解析。

英国剑桥大学认知研究基金会主席爱德华·德·波诺（Edward de Bono，1933—2021）根据思维的出发点，将其划分为垂直和水平两种方式。垂直思维，也称为常规思维，是基于固定前提，沿着习惯的路径推进至结论。相反，水平思维不受固定前提限制，它鼓励从新的角度探求答案，这种思维方式体现创新思维的本质。此外，有人根据大脑的生理功能，将思维分为左脑思维和右脑思维，前者注重逻辑和推理，后者侧重直觉和创造力。

事实上，习常性和创新性是人类思维的两个基本属性。习常性思维是指有既定方法可借鉴、利用，存在确定规则可遵循的日常思维。创新性思维是指无有效方法可供直接利用，不存在确定规则可遵循的思维。两种思维既有共性又有差异。两者的差异性体现在以下两个方面。第一，两者性质不同。习常性思维，顾名思义，是一种遵循既定规则、方法和进程的常规性思维模式。而创新性思维则呈现出截然不同的特质，它倾向探索独特且新颖的思路和解决方案。第二，两者思维形态不同。习常性思维表现为一种稳定且连续的思维过程，而创新性思维则往往呈现出间断性和跳跃性的特点。尽管如此，两者之间的联系却不容忽视。它们实际上是同一思维活动的两个不同面向，彼此相辅相成。习常性思维为创新性思维提供了坚实的基础，而创新性思维则是对习常性思维的深化和升华。

在现实生活中，人们的思维活动大多以习常性思维为主，它帮助我们应对日常生活中的各种问题和挑战。然而，正是对习常性思维的不断突破和超越，才孕育出了创新性思维。没有扎实而持久的习常性思维训练，就很难激发出真正的创新性思维。

此外，创新性思维还有广义和狭义之分。广义的创新思维广泛存在于人们的日常思维活动中，只要我们在思考问题时能够打破陈规、更新观念、改进方法，都可以视为一种创新。这种创新可能表现为技术上的革新、工作思路的改进、产品的完善，或者是新观念、新点子的涌现。而狭义的创新思维则更为高级和尖端，它追求的是前所未有的突破和具有重大社会价值的创新成果。这种创新思维往往需要更高的智力水平和更丰富的知识储备，因此只有少数人能够具备。

二、创新思维的基本特征

创新思维的核心是追求"新颖性"，缺失了"新颖"，便无法称之为创意或创新。它与其他思维形式的区别在于其对"独特"和"不同寻常"的追求，这是人类智能的精髓所在。创新思维的基本特征包括追求差异性、整合性和灵活性。

差异性指的是创新思维与常规思维有明显区别，体现在思考问题的方法、过程乃至结果的独创性上。换言之，无论是处理问题的角度还是思考的成果，创新思维都展现出与传统思维不同的新颖角度。这一特性是创新过程不可或缺的，也是被学者和实践者所广泛认可的。

整体性在创新思维中体现为结构的多层次性，这包括了生理结构、心理构架、要素结构、能力框架和形式体现。生理结构作为创新思维的物质基础，确保了思维活动的可能性。没有完整健康的大脑结构，思维活动，尤其是复杂的创新思维就无从谈起。心理构架则为创新思维提供了精神层面的支撑，创新思维不仅仅是表层的、简单的思考过程，它建立在深层心理活动之上，是比普通心理活动更为复杂和自主的一种高级思维模式。创新思维基于健全的生理和心理基础，由问题识别、观念创造、知识应用、语言表达和思维成果等基础要素构成。这些要素在思维能力的推动下互相连接、互动并协同作用，共同构建出创新思维的功能。要素结构是创新思维的核心，是创新成果生长的土壤。能力框架则是推动和调节这些思维要素互动的动态层级，它反映了创新思维的内在动力。最后，形式体现是创新思维结构的外在表现，展示了在内在能力支配下各思维要素如何形成具体的思维活动状态。

灵活性是创新思维不可或缺的特征。区别于传统思维，创新思维永远在变化之中，不断地适应和探索。创新思维的灵活性主要表现在三个方面：首先，创新思维能够灵活调整思考的角度和方向，通过类比和联想，从一种思考模式跳转到另一种，实现多角度和多方向的思考模式；其次，创新思维能够及时舍弃过时的思维模式和观念，转而采纳新的方法和理念，更新思考的方向和焦点；最后，创新思维主动摈弃无效的方法和材料，引入新的工具和资源以促进思维的发展。

强调创新思维是马克思主义的一个重要特征，马克思与恩格斯极为注重创新的力量，认为人类的思维应当致力于改造世界的探索，从而推动思维的创新。自党的十八大以来，以习近平同志为核心的党中央持续强调创新思维的重要性，推动了理论、实践和制度的创新。习近平总书记明确提出，问题是创新的起点，也是创新的动力源。创新思维需要围绕问题进行，展现出深刻的"问题意识"。习近平新时代中国特色社会主义思想作为马克思主义在中国发展的最新成果，深刻展示了创新思维的实践应用。

三、思维定势及其类型

创新思维是用创新且独特的方式来解决问题的思考过程。这种思维打破了传统思维的限制，采用非传统乃至逆向的方法和视角来审视问题，提出独特的解决策略，进而产出创新、独特且有价值的思考成果。创新思维的核心是把创新的感性愿望上升为理性的探究，实现从直观认知到逻辑思维的跃进。创新思维的应用旨在让人们拥有“新视角”，突破固有的思维模式，打破旧有的技术体系限制。对一些表面看起来难以解决的问题，如果能够用“新视角”审视，站在更高的视点，从不同的角度出发，便可能找到意想不到的答案。

人们的思维模式各异，而有些固定的思维模式往往不利于创新，限制了新思维、新理念、新技术和新形态的生成。因此，在追求创新的过程中，打破这些固有的思维模式显得尤为重要。常见的思维定势包括群体追随型、书本依赖型、经验主义型和权威依赖型。

1.群体追随型思维定势

群体追随型思维定势表现为缺乏个人主见，易于遵循多数人的意见，这是一种普遍的心理行为。例如，在日常生活中，即便是在交通信号灯前，红灯亮时应当停止前进，但若看到众人都在过马路，个体也往往会随大流。虽然这种思维定势在日常生活和工作中可能是可接受的，但在创新的领域里，人们需要警惕和克服这种思维定势。因为创新往往源于独到的新思维和创造，这些很难被大众所立即理解和接受，所以突破群体追随型思维定势有其必要性。可具体采取以下策略：

（1）在科学研究和发明领域，应培养独立思考的意识，避免无理由的盲从。在科学和技术的探索中，真理常常掌握在少数人手中；

（2）勇于维护真理，具备面对失败和挑战时的心理承受能力。

2.书本依赖型思维定势

书籍知识无疑对人类发展起到了重要作用。它是人类认知世界和改变世界的经验与教训的汇编，通过书籍代代相传，成为不可估量的精神财富。我们需要认真学习和继承这些知识，这样我们才能在前人的基础上继续探索科学的高峰。然而，对书籍知识的学习不应死记硬背，而应理解其深层意义并灵活应用，但不能将其视为永恒的真理，落入书本依赖型思维定势的困境。

书本依赖型思维定势是将书籍中的知识视为不可质疑的真理，忽视了知识随着时间推移而更新的必要性，从而导致书籍知识与现实之间的脱节。如果我们盲目遵循书籍，将限制创新思维的展现。我们可以采取以下策略破除书本依赖型思维定势：

（1）认识到现有的科学、技术、文学艺术等领域的书籍知识并非绝对真理，而是人类在一定历史阶段的认知成果，具有时代的局限性；

（2）认识到所有科学规律和定理并不都是普遍原则，需要根据具体情况灵活应用，通过实际操作检验其有效性；

（3）在学习和理解专业知识的同时，也要能够跳出具体知识，从更高视角审视其在现代科技体系中的位置和作用，避免形成狭隘的观点；

（4）面对任何问题时，应考虑多种相关观点，通过比较鉴别来得到全面的理解和结论。

3.经验主义型思维定势

经验是人们通过实践活动积累的个人感知和理解，它基于对具体事件的直观观察和对外在联系的了解，代表了从感性认识到理性认识的转变。这种认识在人们分析事物的本质和规律时起到了基础作用，但依赖于经验的思考习惯也可能限制创新思维的展开。经验主义型思维定势是指在面对问题时习惯性地依赖过往经验进行决策，这实质上是对经验的机械复制，忽视了经验的局限性和片面性。

虽然运用经验主义型思维在处理日常事务时能够提升效率，避免重复错误，但在创新过程中却可能成为障碍。为了突破经验主义型思维定势，可以采取以下措施：

（1）提升对经验主义型思维定势的认识，明确经验本身与固守经验的区别。经验是有价值的，但过分依赖经验则可能抑制创新思维；

（2）研究因固守经验而限制创新的典型案例，通过深入理解科学研究的规律性，逐步识别经验的局限，为摆脱经验束缚积累知识；

（3）学习和掌握创新思维技巧，提升思维的灵活性和适应性，在分析和解决问题时积极运用创新思维。

4. 权威依赖型思维定势

在思考问题时，许多人倾向于引用权威观点，甚至把权威意见视为判断对错的绝对准则。遇到与权威意见相悖的观点时，往往会怀疑自己的判断，这种思维模式称为权威依赖型思维定势。它是思维惰性的一种体现，反映了对权威的盲目崇拜和过分依赖，是一种权威观点过度泛化的现象。要在科学探索中摆脱权威依赖型思维定势，可以采取以下策略：

（1）明确认识到过度依赖权威对于创新和创新思维的限制；

（2）理解权威观点的相对性，意识到权威通常是特定领域、特定时期的产物，应对新理论、新观点持开放态度，鼓励多样性和创新；

（3）坚持实践是检验真理的唯一标准。

第二节　创新思维方式

创新思维方式是从创新活动中抽象出的指导性、系统性的思考方式，它指导着创新的方向。下面论述发散思维与收敛思维、正向思维与逆向思维、横向思维与纵向思维、求同思维与求异思维四组看似对立但又辩证统一的思维方式，它们在创意活动中相互作用、相互融合，共同发挥作用。

一、发散思维与收敛思维

发散思维与收敛思维是一组对立统一的创新思维方法。发散思维涉及将问题分解，从多个维度、视角、方向进行全面探索，旨在创造出新的架构、创意、方案或产生新的发现。相反，收敛思维重在利用现有知识与经验，对收集到的信息进行精细的重组与整合，通过多样的视角和层次，将广泛的信息有序地归纳为逻辑严密的序列，以找到共通的目标或解决方案。思想家托马斯·库恩（Thomas Kuhn）认为，科学革命时期发散思维占优势，常规科学时期收敛思维占优势，一个好的探索者要在发散思维和收敛思维之间保持必要的平衡。

（一）发散思维

发散思维是由美国心理学家乔伊·保罗·吉尔福特（Joy Paul Guilford）提出的，是一种与创造性有密切关系的思考方法。它具有流畅性、灵活性和独特性的特点。图3-1是发散思维示意图。

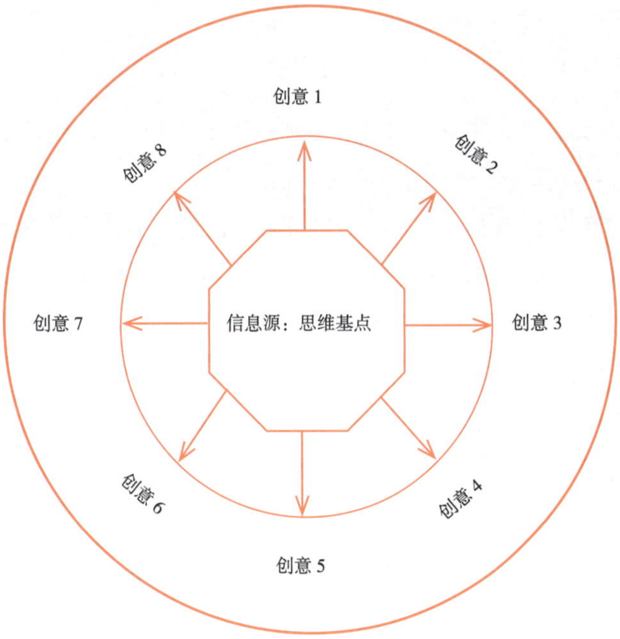

图 3-1　发散思维示意图

流畅性代表了思维的自由流动，在最短时间内产生并表达最多的想法，并迅速适应和吸收新的概念，这是衡量发散思维广度的标准。比如，在考虑“取暖”的不同方式时，可以从多个角度思考，如晒太阳、生火、使用空调、使用电暖器、使用电热毯、进行剧烈运动、增加衣物等，这反映了在特定主题下思考角度的增加。

灵活性强调打破思维中的固定模式，从新的角度探索问题。通过类比、跨领域应用、相关联的思维跳跃等方式，促使思维在多个维度和方向上扩展，展现出丰富性、多变性和全面性。它代表了更深层次的发散思维能力，体现思维的广度和深度。

独特性即通过全新的视角看待问题，提出非常规的创新想法，从而达到生成创造性成果的目的。

发散思维的具体形式包括用途发散、功能发散、结构发散和因果发散等。

用途发散是以特定物品作为出发点，广泛列举该物品的潜在用途。以回形针为例，可以探索其多样化用途：固定纸张和文件；稍加改动，可用于在软质表面上刻画；掰直后变作织针；改造为小型挂钩；等等。

功能发散是以特定功能为核心，探讨实现该功能的多种方式。例如，在探讨“分离物质”的功能时，可以想到过滤、蒸发、结晶等多种分离方法；在“照明”功能的探索中，可能的方案包括使用电灯，点燃蜡烛、火把，打开手电筒或利用镜子反射阳光等。

结构发散是围绕某一特定结构进行的创意扩散，旨在发现与该结构相关的各种应用。以三角形为例，通过结构想象，可以联想到三角尺、三角形窗户、三角旗帜、三角屋顶结构、金字塔等。

因果发散是根据特定事物的结果来追溯可能的原因，或由特定原因出发预测可能的效果。以玻璃杯破裂为例，造成这一结果可能的原因包括在手中滑脱导致落地破碎、被硬物击碎、温度急变引起的破裂或水分结冰造成的胀裂等。

案例分享

关于“容器”的发散思维拓展

“容器”结构在日常生活和科技领域中有着广泛的应用，通过发散思维，可以用“容器”结构解决多种问题，具体案例如下。

（1）在环保设计中，多功能的可折叠容器可以减小物流过程中占用的体积，节省运输成本，同时降低碳排放。这种容器可用作购物篮、储物箱等，使用后可折叠收纳，节省空间。

（2）在食品工业中，使用可变形的容器包装，如通过容器的压缩或扩展来适应食品体积的变化，减少空气接触面积，保持食物的新鲜度。

（3）在智能家居设计中，开发具有环境感应能力的容器，能根据室内温度和湿度变化自动调整开合，用于衣物或食品的保鲜。

（4）在医疗器械设计中，开发带有微孔的药物释放容器，能够根据患者体内的化学反应逐渐释放药物，实现精准治疗。

（5）在教育玩具设计中，创造可互换部件的容器玩具，孩子们可以通过组合不同的容器部件来构建新的玩具形状，激发创造力和空间想象力。

（6）在户外装备设计中，开发带有太阳能板的水壶容器，能够利用太阳能为小型电子设备充电，适合远足和野营时使用。

（7）在建筑设计中，把旧船舱或集装箱改造成为移动办公室或临时住宅，实现资源的再利用，同时提供快速布置的灵活性。

通过这些例子可以看出，“容器”的概念不仅限于存放物品，其应用范围可以通过发散思维不断拓展，解决多种生活和技术难题。

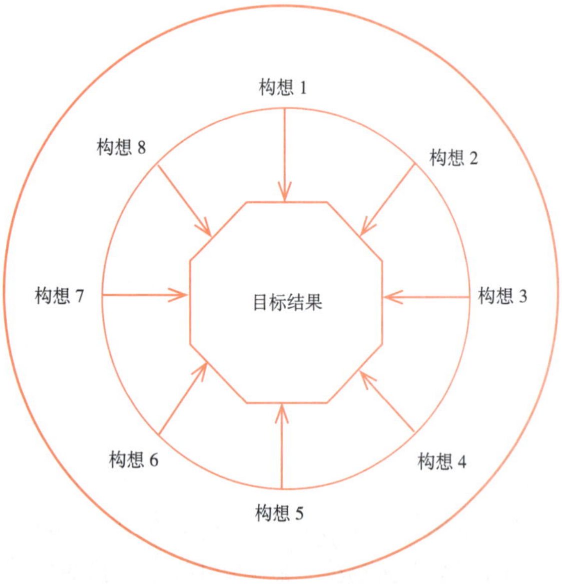

图 3-2　收敛思维示意图

通过运用发散思维，我们能够提出解决问题的多种方案，最后再进行收敛，通过分析和验证各个解决方案的实用性，最终筛选出最优的解决策略。

（二）收敛思维

收敛思维是将各种信息从不同的角度和层面聚集在一起，进行信息的组织和整合，实现从开放的自由状态向封闭的思维基点的思考，以产生新的想法，形成一个合理的方案，如图3-2所示。收敛思维具有封闭性、综合性和合理性的特征。

在进行收敛思维活动时，为了精确地识别

出最优解决策略或方案，关键在于全面分析和综合考量各种由发散思维产生的创意，并对这些创意进行整理、比较和合成。这种收敛过程不仅仅是简单的组合，而是以创新的方式进行整合，即围绕目标，对现有知识进行目的性的评估、筛选和重新构建，从内容到结构上实现创新性整合。

由于发散思维可能产生大量未成熟或不切实际的想法，利用收敛思维对这些成果进行精选是必需的。这一过程依赖于对各个方案的实用性和可行性进行严格评价，以识别出最合理和可实施的方案。

收敛思维的实施策略包括目标定位法、逐层深入法、聚焦策略等。

目标定位法：通过明确搜索的目标，进行观察和判断，识别关键因素，以目标导向的方式进行思考。目标越明确，结果越有效。

逐层深入法：处理问题时，从表层逐渐深入到核心，一步步揭示问题的本质，去除非关键的复杂因素，达到了解问题深层本质的目的。

聚焦策略：在思考过程中，有意识地将思维聚焦于特定领域，通过集中和浓缩思维领域来增强判断和审视的效率。通过训练，这种方法能够培养人们的定向思维习惯，增强思维的深度和穿透力，同时聚焦策略还有助于积累对特定信息或问题的深刻洞察力，从而有效解决问题。

案例分享

现代环境科学中的污水处理技术创新

在21世纪初，水污染问题日益严重。当时，大量的工业和生活污水排放不仅威胁到了人类的健康，还对生态系统造成了严重破坏。科学家们知道，传统的物理和化学处理方法虽然在一定程度上能够去除水中的污染物，但往往成本高昂，且对某些有机污染物的处理效率不高。因此，环境科学家们开始寻求更高效、经济的污水处理方法。

在这一背景下，一位环境科学家在研究中发现，某些特定类型的微生物能够吸收并分解水中的有机污染物，将其转化为无害的物质。这一发现给了科学家们极大的启发，即利用生物处理技术来净化污水。然而，如何在实际应用中有效地利用这些微生物成为了一个挑战。

沿着这个思路，科学家们开始探索不同的微生物种类和组合，以及最适宜的环境条件（如氧气浓度、温度、pH值等），以优化微生物的分解效率。他们尝试了多种配置和条件，通过反复实验，最终开发出了一种新型生物反应器，该反应器能够在控制条件下大量培养特定的微生物，有效地分解水中的有机污染物，同时将处理成本降到了最低。

这种新型生物反应器的成功开发，不仅大大提高了污水处理的效率和经济性，还为后续的环境保护和水资源管理提供了新的技术路径。环境科学家通过收敛思维，将初始的生物降解概念具体化为高效的污水处理技术，为解决全球水污染问题作出了重要贡献。

案例分享

这个案例通过以下四个视角体现了收敛思维的应用。

（1）问题的明确化：环境科学家首先明确核心问题是寻找一种高效、经济的污水处理方法。这体现了收敛思维的第一步是明确问题的本质，即如何有效利用已有的资源或新发现解决特定的问题。

（2）综合分析和筛选：在发现特定类型的微生物可以分解水中有机污染物后，环境科学家们并没有立即采取行动，而是开始了对不同微生物种类、组合及环境条件的系统分析和实验，这一过程体现了收敛思维中对多个可能方案的综合考虑和比较。

（3）目标导向的解决方案开发：通过不断的试验和改进，环境科学家们最终开发出了一种新型生物反应器，这显示了收敛思维在解决问题过程中的目标导向性，即以最终的实际应用为目的，对原始发现进行有目的的评估、筛选和重新构建。

（4）从广泛到具体的思维过程：从广泛的发散思维（识别微生物在污水处理中的潜在应用）到具体的收敛思维（开发特定的生物反应器技术），环境科学家们经历了从广泛探索到针对性解决问题的思维过程。这不仅体现了收敛思维具有创新性的整合能力，还展示了以实际问题为中心进行科学研究和技术开发的过程。

二、正向思维与逆向思维

正向思维遵循传统路径，根据时间的自然顺序和事物的常规属性或趋势进行思考，是一种基于现有知识向未知领域探索的逻辑过程。这是一种基于已知信息推断未知领域，揭示事物本质的途径。逆向思维则与之相对，采取非传统路径，在创新目标的引导下，打破常规思考模式，通过调整思考对象的逻辑结构，从相反方向探求解决策略。正向思维与逆向思维互为补充和转换，二者在问题解决过程中的结合运用往往能够起到事半功倍的作用。

（一）正向思维

正向思维基于对事物发展轨迹的观察而形成，是日常生活中广泛应用的思考方式。通过全面分析事物的历史和现状，正向思维能够预见其未来可能的发展，从而提出相应的解决方案。这种思维方式不仅在领导决策和科学探索中不容忽视，也是理解和推动事物发展的重要方法（图3-3）。

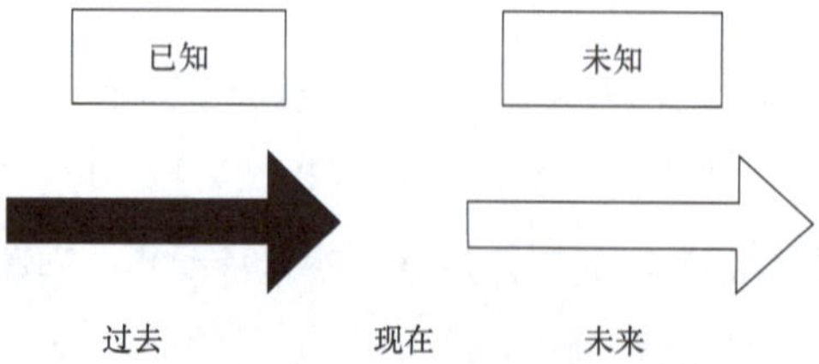

图3-3　正向思维示意图

正向思维的核心特征包括：与时间流动的方向保持一致，在认知过程中顺应事物的自然成长和人类对事物理解的深化；能够掌握和识别遵循统计规律的现象并揭示新现象及其本质；在处理日常生活和生产中遇到的典型问题时，正向思维展现出高效率和显著成效。

在实践中，正向思维的常见应用方法包括缺点分析法和属性分析法等。

缺点分析法通过系统地列出问题或对象的不足之处，进而针对这些具体缺点提出改进措施，以达到解决问题的目的。

属性分析法则采取分而治之的策略，将复杂事物拆分为更小、可管理的部分，逐一解决，以促进创新和问题解决。

案例分享

废水处理装置改进

一家化工企业面临废水处理成本高昂的问题，需要对生产过程中产生的废水进行有效回收利用。该企业原有的废水处理装置使用的是传统的沉淀法，通过化学药剂处理废水中的悬浮物和部分有害物质，然而这种方法处理效率不高，且化学药剂的使用增加了处理成本。

企业通过“缺点列举法”，列出了现有废水处理装置的主要不足：

（1）处理效率低，无法满足日益增长的废水处理需求；

（2）使用化学药剂成本高，且对环境有一定的污染风险；

（3）沉淀池占地面积大，增加了设施成本；

（4）无法有效去除废水中的所有有害物质，处理后的水质仍不达标；

（5）废水处理周期长，影响生产效率；

（6）操作复杂，需要大量的人力维护。

针对以上问题，企业进行了技术改进和设备升级，主要创新点包括：

（1）引入生物处理技术，使用微生物降解废水中的有机物质，提高处理效率，降低化学药剂的使用；

（2）采用膜分离技术，有效去除废水中的悬浮物和部分可溶解有害物质，提升水质；

（3）设计紧凑型处理单元，减少设备占地面积，降低建设成本；

（4）采用自动化控制系统，简化操作流程，减少人力需求；

（5）引入回收利用系统，将处理后的水回用于生产过程，实现资源循环利用；

（6）在关键部件上使用耐腐蚀材料，延长设备使用寿命，减少维护成本。

通过这一系列的技术改进和创新，企业不仅大幅度提高了废水处理的效率和水质，而且降低了处理成本，实现了经济效益与环境保护的双赢。

（二）逆向思维

逆向思维利用了事物的可逆性，从反方向进行推断，寻找常规的岔道，并沿着岔道继续思考，运用逻辑推理去寻找新的方法和方案，如图3-4所示。逆向思维的特点主要有普遍性、批判性和新颖性。

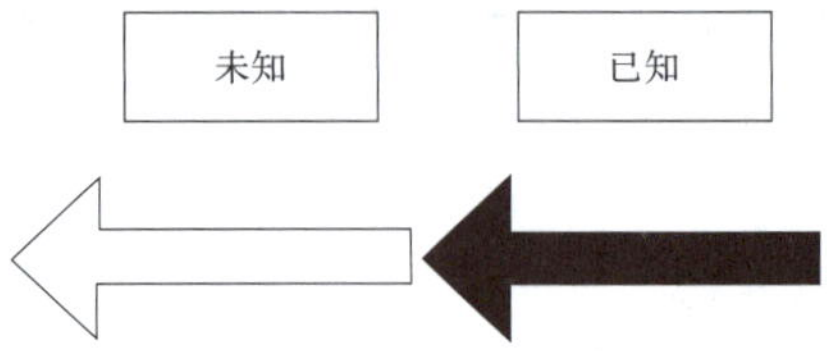

图 3-4　逆向思维示意图

逆向思维适用于多个领域和活动，具体体现为不同的方式。这包括属性上的对立转换（例如软硬、高低的转换）、结构或位置的交换（如上下颠倒、左右互换）以及过程的正逆（比如气态与液态的转换或电磁转换）。逆向思维的精髓在于，通过综合考虑某一事物与其对立面，激发出新的思考和创意。

逆向思维的方法主要分为三种：反转型逆向思维、转换型逆向思维和缺点逆向思维法。反转型逆向思维是指从一个事物已知的相反方面进行思考，以此作为发明创造的出发点。所谓的“相反方面”，主要指的是从事物的功能、结构和因果关系等方面的反向考虑。例如，吸尘器的发明就运用了功能反转型的逆向思维方法。转换型逆向思维是指在探讨问题时，改变解决问题的方法或思考的角度，从而使得问题得以顺利解决。而缺点逆向思维法则是一种通过发掘事物的缺点，并将其转化为优势的思维方式，这种方式不是旨在克服缺点，而是利用这些缺点来找到解决问题的方法。举个例子，金属的腐蚀性可能会对材料造成巨大的损害，但通过利用金属腐蚀的原理，人们能够进行金属粉末的生产或将其应用于电镀等领域，这正是缺点逆向思维法的典型应用。

案例分享

孙膑智胜魏惠王

孙膑是战国时期著名兵法家，至魏国谋求出路，魏惠王心胸狭窄，忌其才华，故意刁难，对孙膑说：“听说你挺有才能，如你能使我从座位上走下来，就任用你为将军。”魏惠王心想：我就是不起来，你又奈我何！孙膑想：魏惠王赖在座位上，我不能强行把他拉下来，把皇帝拉下王座是死罪。怎么办呢？只有用逆向思维法，让他自动走下来。于是，孙膑对魏惠王说：“我确实没有办法使大王从宝座上走下来，但是我却有办法使您坐到宝座上。”魏惠王心想：这还不是一回事，我就是不坐下，你又奈我何！于是他便乐呵呵地从座位上走下来，孙膑马上说：“我现在虽然没有办法使您坐回去，但我已经使您从座位上走下来了。”魏惠王方知上当，只好任用他为将军。

（三）横向思维与纵向思维

横向思维是一种分析同一时间点上、不同环境下事物的发展情况的思维方式。它通过捕捉历史的一个特定横切面，对比并研究相同事物在不同背景下的表现，通过与周遭事物的关联和比较，识别出在各种环境中事物的共性与差异。而纵向思维则专注于事物在时间线上的变化，通过分析一个事物过去、现在以及未来的状态，揭示其在不同时间段的特征和连续性，进而深入理解事物的本质。将横向思维和纵向思维结合运用，可以实现对事物的全面洞察和评估，这是创新思考技巧中的一个重要组成部分。

1. 横向思维

横向思维是由爱德华·德·波诺于1967年在其著作中提出的。横向思维从多个角度入手，改变解决问题的常规思路，拓宽解决问题的视野，从而使难题得到解决，在创造活动中发挥着巨大作用，如图3-5所示。

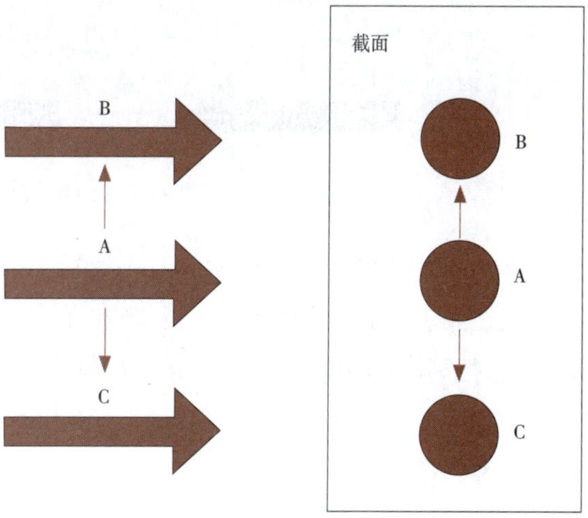

图3-5　横向思维示意图

横向思维特别强调同步性、截断性和开放性。其过程首先是设定一个时间上的研究范围，然后在这个时间框架内探索事物之间的相互作用。同步性这一特点让横向思维在分析和研究中更具目的性。通过横向比较，即将研究对象置于相互关联的环境中考察，能够全面地考虑事物之间的相互影响，揭示出一些不容易发现的问题。它打破了传统思考的边界，是一种能够将事物放置于广泛的联系和比较中研究的开放式思维方式。

爱德华·德·波诺提出了促进横向思维发展的几种方法，包括：创造多个解决方案以增强思维的发散性；突破常规，提出具有挑战性的新假设；保持对突发想法的开放态度，避免立即作出判断；采取反向思考，以一种与既定模式完全不同的方法来思考问题，从而激发新的想法；对别人的意见保持开放，让一个人的想法激发另一个人的创意，实现思想的互相促进；扩展知识和经验的范围，通过接触不同的信息来获取灵感和启示，如随机阅读或参与非本专业的活动等。

案例分享

华佗与横向思维

我国东汉名医华佗，在一次乘凉时，突然发现一只马蜂撞到蛛网上，被缠住了，蜘蛛爬了过来，不料却被马蜂狠狠蛰了一口，身体肿了起来，蜘蛛很快体力不支，掉在屋檐下的一块绿苔上，只见它在那片绿苔上打了两个滚，肿很快消了。

蜘蛛爬上去又和马蜂斗，很快又被蛰了下来，然而掉到绿苔上后肿又消了。

如此，几个回合下来，马蜂终于筋疲力尽，被吃掉了。

事后不久，华佗在外出行医路上，遇到一个妇人被马蜂蜇了，脸肿得又红又大，他联想到蛛蜂相斗的情景，马上到背阴处找到了一些绿苔给她敷上。两天后妇女脸上的肿全消了，后来妇女逢人便夸华佗是神医。

让现有的创造成果脱离原有的应用领域，推广到别的领域以产生新的应用效果，这就是华佗思维方式中的横向思维。

2. 纵向思维

纵向思维被广泛应用于科学和实践之中。事物发展的过程性是纵向思维得以形成的客观基础，任何一个事物都要经历萌芽、成长、壮大、发展、衰退和消亡的过程，在这个发展过程中可以捕捉到事物发展的规律，纵向思维就是对事物发展过程规律的反映（图3-6）。

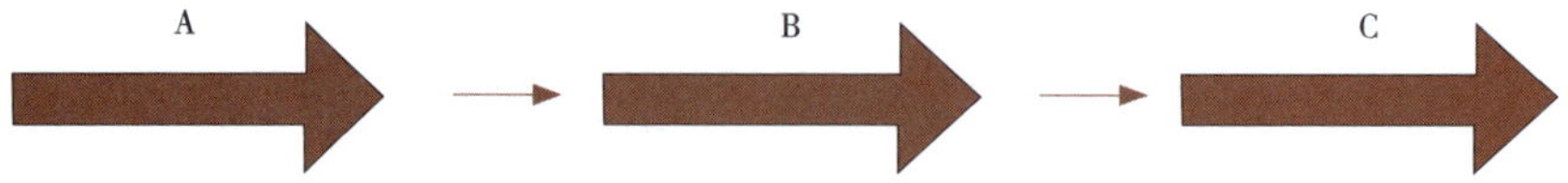

图3-6　纵向思维示意图

纵向思维展现出历史连续性、一致性和预见性的特质。这种思维方式是指遵循从过去到现在、再从现在到未来的时间序列来审视事物。纵向思维因其历史连续性特征而能够揭露事物发展变化的轨迹，对于分析事物的起源和变化历程具有至关重要的意义。这种思维特性被广泛应用于现代学科中，例如人类学、认知科学和思维科学等领域。对于具有周期性特征的事物，采用纵向的分析方法尤为关键。

在探讨事物的纵向发展时，必须确保研究对象的一致性和稳定性，避免将某一阶段的独特属性错误地纳入分析，这种一致性保证了纵向思维分析的准确性。纵向思维的预见性则使得基于对事物过去和现状分析的未来趋势预测成为可能。这种思维特性在许多领域都有应用，如气象预报和地质灾害预测，对人们的生活、决策和规划产生了重大影响。

纵向思维的核心在于深层次的纵向探索，包括深入挖掘和升级抽象两个基本过程。深入挖掘是指对特定层面上的关键要素进行广泛的思考和联想，从新的方向和视角出发进行综合分析，以揭示该要素的新属性和新联系。例如，约翰·冯·诺依曼（John von Neumann）提出的"存储程序"概念，就是对传统存储方式的一种创新性突破，从存储内容的新角度出发，重新界定了数据存储和程序存储。升级抽象则是针对一系列现象的已知属性，从新的方向和角度进行概括，以挖掘出与这些现象相关的新要素。冯·诺依曼将程序存储器纳入中央处理器的构想，正是一个将现象属性升级抽象，从而识别出新要素的例证。

苏联发明家根里奇·阿奇舒勒（Genrich Altshuler）通过分析大量专利，发现所有系统或产品的演化遵循类似生物进化的模式，经历从婴儿期到成长期、成熟期再到衰退期的不同阶段，据此提出了产品演化的分段S曲线模型，如图3-7所示。

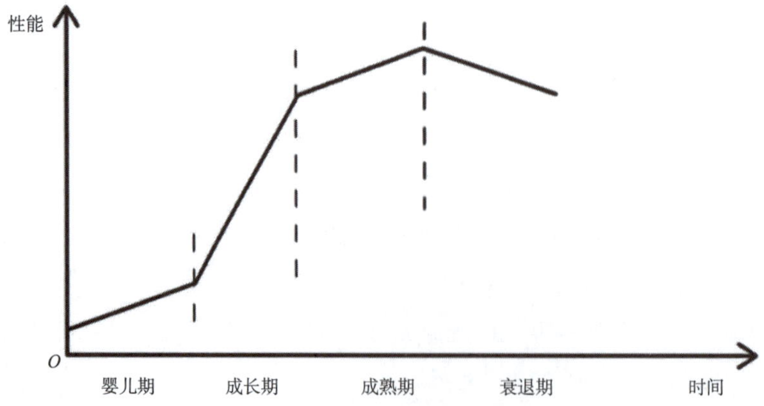

图3-7　产品演化的分段S曲线

通过分析产品在S曲线模型中的定位，也就是对产品技术成熟度的预测，可以为企业提供决策支持，指导其未来的发展策略：对于处于婴儿期和成长期的产品，企业应集中资源对其结构和性能参数进行改进，促使产品快速达到成熟阶段，从而为企业创造收益；而对于那些已经进入成熟期或衰退期的产品，企业在获取利润的同时，还需要着手研发创新的核心技术，及时推出替代旧产品的新一代产品，确保企业能在激烈的市场竞争中保持优势。

（四）求同思维与求异思维

1.求同思维

求同思维涉及在创新过程中，将两个或更多的元素根据需要结合在一起进行思考，以发现它们之间的共通之处，并基于这些共性创造新的概念。这种思维模式起始于对已知事实或命题的深入理解，并通过逐步推理，寻找满意的解决方案。它基于对事物固有的共性和规律的认识，这种认识通常通过归纳法获取，并通过演绎法加以应用和扩展。在这个过程中，肯定性的推理用于寻找共性，而否定性的推理则帮助排除非共性因素。

求同思维注重单向性和有序性，强调依据客观事实和真理进行严密、逻辑连贯的思考。它要求在揭示事物本质规律和内在联系的同时，通过广泛的实验和实践活动来验证和检验得出的结论。

应用求同思维的过程可以分为以下三个步骤：

（1）从多样化的环境中识别出至少两个事物；

（2）探索这些事物之间共有的特性或连接点；

（3）基于实际需求，以这些共性为起点，进行创意性的“求同”操作，以催生全新的想法。

求同思维的核心在于在差异中寻找相似之处，一旦发现事物之间的连接点，便能激发出超乎预期的创新成果。这种思维方式下结合的事物，其产生的新功能和效益通常超出单个元素简单叠加的结果，呈现出全新的特性和功能。

案例分享

杨振宁与李政道提出的宇称不守恒定律

在20世纪50年代，中国物理学家杨振宁与李政道在研究基本粒子物理学时，面对一个长期未解的难题：弱相互作用过程中是否遵循宇称守恒定律。当时的物理学界普遍认为，自然界的所有基本物理过程都应遵循宇称守恒，即物理定律对于镜像过程应当是不变的。

然而，杨振宁和李政道采用了“求同思维”，他们仔细分析了实验数据和理论模型，在对比电磁相互作用和弱相互作用的行为时，他们发现弱相互作用过程中可能存在宇称不守恒的情况。这一直觉引导他们提出了宇称不守恒的假设，这在当时是一个极具争议的观点。

为了验证这一假设，他们建议进行一系列实验来检验弱相互作用过程中的宇称守恒性。结果，1956年的实验确实证明了在某些弱相互作用过程中宇称不守恒，

案例分享

即自然界的物理定律并不总是对镜像过程保持不变。

这一发现颠覆了物理学界对宇称守恒定律的传统认识，为理解基本粒子的性质和相互作用提供了新的视角，同时也为杨振宁和李政道赢得了1957年的诺贝尔物理学奖。通过对不同物理过程的对比和分析，他们的求同思维过程不仅解决了一个物理学上的重大难题，还推动了粒子物理学领域的重大进展。

2. 求异思维

求异思维是对司空见惯的似乎已成定论的事物或观点反过来思考的一种思维方式。敢于“反其道而行之”，让思维向对立面的方向发展，从问题的相反面深入地进行探索，树立新思想，创立新形象。求异思维涉及从多个起点、方向、角度、原则、层次和可能的结果出发，对特定现象或问题进行综合分析和思考。这种思维方式旨在发现事物内在的对立和矛盾，通过深入挖掘事物的本质，提出具有创新性的见解和解决方案。在面对复杂挑战时，求异思维能帮助人们打破常规思维模式，找到全新的解决路径。它在经济、军事、创新发明以及日常生活等多个领域都有广泛的应用。求异思维的基础是认识到每个事物都具有其独特的本质和规律，这种独特性体现在事物的特殊矛盾和差异上。应用求异思维时，需要动用人的认知能力和社会经验，以产生新奇、原创且具有社会价值的思维成果。

求异思维的核心特征包括：思维主体保持开放性，思维过程非连续，采用的思维方式往往遵循非传统逻辑。通过这种方式，可以探索未知领域，挑战现有观念，从而提出创新的解决方案。

在实践求异思维时，常见的策略包括寻找新的视角、变换要素、转换问题等方法。通过从新角度审视问题，可以获得对事物更深层次的理解，激发解决问题的新思路。变换要素指的是根据需要改变事物组成要素的方式，引导事物向有利于解决问题的方向变化。问题转换则意味着将难以解决的问题转化为易于处理的问题，或将复杂问题简化，从而以更高效的方法找到解决方案。

案例分享

司马光砸缸与求异思维

司马光砸缸是著名历史故事，讲述司马光用大石砸破水缸并救出掉在大水缸里的同伴的故事。

原文：光生七岁，凛然如成人，闻讲《左氏春秋》，爱之，退为家人讲，即了其大旨。自是手不释书，至不知饥渴寒暑。群儿戏于庭，一儿登瓮，足跌没水中，众皆弃去，光持石击瓮，破之，水迸，儿得活。

译文：司马光长到七岁，神态严肃庄重，像成年人，听到别人讲《左氏春

案例分享

秋》，很喜爱它，回来给家里人讲述，就能懂得书的主要意思。从此他手不离开书，到了不知道饥渴冷暖的地步。有一天，一群小孩子在庭院里嬉戏，一个孩子攀上大水缸，一脚踏空掉下去淹没在水缸里。孩子们都抛下他跑走了，司马光拿起石头撞击水缸，撞破了它，水喷涌出来，那孩子就得救了。

司马光砸缸的故事体现了求异思维的运用。面对一个小孩掉进大缸的紧急情况，司马光没有采用常规的救援方法，如寻找梯子或绳子，而是迅速采取了一个创新的解决方案——用石头砸破大缸，让水流出，从而快速救出小孩。这种思维模式突破了传统思维的局限，展现了在紧急情况下快速反应和结果导向的创新能力，有效地解决了问题。

（五）转换问题思维

在实践中遇到的问题虽多且杂，但它们之间往往存在某些共性。面对一些棘手的难题，不必一味固守原有思路，转换思考角度往往能开辟新天地。

（1）将复杂问题简化。面对错综复杂的问题时，简化处理可以带来全新的理解和解决方案。

（2）将陌生问题转化为熟悉问题。面对初次遇见的问题，将其转化为自己所熟悉的领域的问题，这样更容易找到解决之道。例如，钢筋混凝土的发明者，并非建筑领域的专家，而是一位法国园艺师约瑟夫·莫尼哀（Joseph Monier）。他通过将花坛想象为植物根系，并将此概念进一步抽象为钢筋被水泥包裹的结构，创造了新型花坛。这一思维转换不仅成功实现了花坛的构建，还促成了钢筋混凝土技术的诞生，为建筑材料的发展带来了变革。

（3）将直接方法转为间接方法。当直接攻克问题遇到重重障碍时，改变策略，采用间接或迂回的方式可能更加高效。这就意味着先解决一个更简单的问题，或通过更宽广的思考视角来逐步接近最终目标。

第三节　创新思维的培养与训练

创新思维的形成不仅受智力因素的制约，还深受个体的情感、愿望、性格和潜意识等多种内在因素的影响。在培育创新思维的过程中，必须建立理论基础，扩展思维视野，并对发散思维、想象力、联想能力以及直觉进行系统的训练和提升，以增强个体的创新能力。

一、培养创新思维的基础

创新思维是多个思维元素在创新个体的意志、兴趣及外部环境的共同作用下形成的综合结果。

（一）创新思维的心理基础

人的创新活动与其心理活动紧密相联，创新思维的产生和发展依赖于心理活动的支持。创新过程本质上是一种心理活动的过程。个体的目标、意志和兴趣等心理因素构成了创新思维的心理基础。

1. 目标

作为创新思维的核心动力，目标驱使一切创新行为朝既定的方向发展。创新者通常拥有长期的间接目标和短期的直接目标。长期目标与社会需求相结合，具有持久性和稳定性，能长期激励人们进行创新。短期目标与具体思维活动紧密相关，受即时兴趣影响较大，具体而直接，但可能随环境变化而快速变动。两者相辅相成，不可偏废。选择目标时需结合个人实际，确保目标既切实可行又具有挑战性，以激发创新潜能。

2. 意志

意志是推动创新思维的另一关键因素，体现在人们为实现目标而自觉地动用智力和体力，主动面对挑战，控制自我行为的能力上。在创新过程中，意志的作用表现为自觉性、坚韧性、决断力和自制力。

3. 兴趣

兴趣是人对某一事物或活动的个性化偏好。浓厚而高尚的兴趣可使人在研究和工作中保持持续的热情和投入。兴趣不仅能激发个体的积极性和坚持性，还能强烈吸引人去探索和创新。创新所需的兴趣特征包括：广泛性，使人能接触多样化的知识和视角；深入性，基于广泛兴趣的基础上，深耕特定领域，形成强大的创新动力；持久性，创新依赖于长期的努力和实践，没有持续的兴趣和决心，难以坚持至成功。

（二）创新思维的环境基础

创新思维的发展不仅与人脑的生理状态和个体健康状况有关，同时也受到所处的外部环境的影响和约束，这些环境可以分为宏观和微观两个层面。

1. 宏观环境

宏观环境涵盖了社会价值观、制度、国家政策和社会风气等因素。支持创新的政策和法律环境能够激发人们的积极性，提高创新能力，还促使人们深化对创新的理解，形成鼓励和重视创新的社会氛围。

2. 微观环境

微观环境指创新者在创新过程中直接接触到的社会、文化和经济条件。针对文化环境如何影响创新思维的研究较为广泛，例如埃弗雷斯·罗杰斯（Everett Rogers）认为文化环境的开放性和进取性对创新至关重要；西尔瓦诺·阿列蒂（Silvano Arieti）则将文化环境看作“创新基因”，认为只有将这种文化与拥有创新潜力的个体结合起来，才能激发创新力。

环境是影响创新的一个外部因素，它可以对创新思维产生积极或消极的影响。在一个促进创新的环境中，创新者可以自由地思考和创造，易于释放其创新潜能。尽管良好的环境和条件可以增强社会创新的动力，但也可能导致一些人满足现状，不愿投入创新活动的劳动，从而成为创新思维的障碍。因此，分析创新思维环境对创新活动的影响时，需要认识到其双重性，既要利用良好的外部环境促进创新思维的应用，也要将逆境中的压力转化为推动创新的动力。

二、打开泛化思维视角

思维定势束缚了创新思维的发挥，它使大脑忽略了思维定势之外的事物和观念。而根据社会学、心理学和脑科学的研究成果来看，思维定势又是难以避免的，解开思维定势常见的方法是尽量多地增加头脑中的思维视角，拓宽思维的广度，学会从多种角度观察同一个问题，即扩展思维视角。

创新者须具备深刻的洞察力，这种能力常表现为一种非凡的视角，通过这样的视角观察普通事物，可能揭示出其不平凡的特性。这些特性往往长期存在于事物之中，仅因大多数人习惯于常规的观察方式而未被发现。历史上，许多重要的发明和发现正是源自这种独特的视角。因此，扩展思维视角的训练显得尤为关键。

（一）改变思维方向

人们常常习惯于按照常规的思维路径思考问题，这虽然有助于快速找到问题的解决方法，但也容易限制创新。因此，转变原有的思考路径，探索更多的思维角度变得必要。

常用的转变思维方向的方法包括：

（1）由顺向思维转为逆向思维。当传统的顺向解决方法不奏效时，可以尝试用逆向思考开辟新径；

（2）考虑事物的对立面。因为事物的对立面往往包含在其内部，换一个角度思考可能找到新的解决方案；

（3）换位思考。改变自身的思考立场，从不同的角度审视问题。

（二）转换问题以寻求新视角

面对复杂问题时，不应固守原点，而应尝试将问题转换，以寻找新的解决路径。

（1）将复杂问题简化。例如，爱迪生面对测量不规则形状灯泡容积的难题，通过将问题转换为测量水的体积的简单问题，快速解决了问题。

（2）将陌生问题转化为熟悉问题。通过将不熟悉的问题转换为熟悉的问题，有助于问题的有效解决。

（三）由直接方法转为间接方法

解决复杂或困难问题时，采用直接方法可能遭遇阻碍。此时，需要拓宽思维视野，退后一步或采用迂回策略，设定简单问题，将其作为解决复杂问题的铺垫。

案例分享

海尔集团的“无霜冰箱”

在20世纪90年代，冰箱行业普遍面临着冰箱结霜问题，这不仅影响冰箱的制冷效果，还给用户带来了定期手动除霜的麻烦。当时，大多数冰箱制造商采用的是传统的直冷技术，这种技术容易导致冰箱内部产生霜冻。

面对这一行业普遍问题，海尔集团通过创新思维，转变了解决问题的方式。他们不是简单地寻求改善传统直冷技术，而是转向研究和开发全新的无霜冷藏技术。海尔的研发团队深入分析了冰箱结霜的根本原因，并采用了一种先进的风冷循环系统，通过持续均匀地分配冷空气来避免冰箱内部的霜冻现象。

海尔的这一创新不仅彻底解决了冰箱结霜问题，还极大地提高了冰箱的用户体验和能效表现。这种无霜冰箱很快成为市场上的热门产品，并帮助海尔巩固了在家电行业的领导地位。通过将传统问题转换为创新机会，海尔展示了如何通过创新思维和技术创新来解决行业难题，并引领市场发展方向。

海尔集团的创新，体现了通过创新思维，改变思维方向来解决长期存在的问题，并开创新的市场机会这一过程。

三、发散思维训练

在我们的日常生活中，我们经常观察到人们在发散思维方面存在明显的差异。从创造性思维的视角出发，可以通过多种途径来增强和培育发散思维。重视并加强发散思维的训练至关重要，其目的是不断提升我们的思维拓展能力。

（一）发散思维的模式

发散思维的模式包含个人发散思维、团队发散思维和基于假设的推理等。

1. 个人发散思维

个人发散思维的方式主要有材料发散、功能发散、结构发散和形态发散等，这些都是建立在多角度思维、跨界思维和反向思维等发散思维策略上的创新思维方式。它们从各自的角度出发，帮助创新者打破常规思维模式，激发创新思路。

2. 团队发散思维

除了个人努力之外，发散思维的实现往往还需要团队的协作和智慧的汇聚。通过像“头脑风暴”这样的团队讨论方法，鼓励每个成员自由表达观点，发挥集体智慧找到最佳的解决策略。

3. 基于假设的推理

采用“如果……那么……”的思维模式，提出的假设可以与现实相悖，甚至是目前不可能或不存在的情况。虽然所得结论可能并不现实，但这种方法能够催生创新的思路，一些经过转换的观点也许能够转化为可行的解决方案。

（二）发散思维训练注意事项

在开展发散思维训练前，创新者应当明确以下训练的关键点：

（1）在运用发散思维时，应努力摆脱传统逻辑的限制，勇于幻想，不需过分担忧其合理性或实用性；

（2）在运用发散思维的初期，应力求扩大思维范围，从多个角度和层面提出创意方案，超越逻辑思维的边界，产生众多创意性结果；

（3）合理安排训练的节奏和时长，对于每个训练题目，建议用时2至3分钟，以培养快速的发散思维能力；

（4）训练过程中，应充分利用想象、联想和逻辑推理等多种思维模式，但主要以培养发散思维为核心。

（三）发散思维的训练方法

在进行发散思维的训练期间，应通过开放式的想象活动，对大脑内现有的知识和概念进行反复的重构和修改，目的是激发尽可能多的新想法。训练可以围绕以下五个重点进行。

1. 提倡多种解决方案

在面对常规问题时，我们往往倾向于寻找到一个满意的解决办法就止步。训练时可以尝试挑战传统的思维方式，从不同的视角和方向进行思考和探索，以找到问题的多元解决路径。

2. 鼓励开放式问题

提出问题的目的是激发思考者的创新意识，鼓励他们从多维度、多视角、多层面进行思考，并自主地提出、分析并解决问题。典型的问题形式包括“是否有其他见解”“还有其他选择吗”“如果……会如何”等。

3. 鼓励批判性思维

培养一种敢于挑战权威和常识、勇于提出疑问的态度。在训练中，积极提出问题，并筛选那些能够点燃创新思维火花的问题，以激发想象和联想，进而分析并解决问题。

4. 激活形象思维

形象思维是利用大脑中存储的具体事物的形象来进行思考的方法，这种思维方式广泛存在于日常生活中。在训练时，应利用训练的主题，抓住机会使问题具体化和形象化，通过语言、表情、动作、图像和多媒体等多种手段来引导形象思维。

5. 及时捕捉灵感

灵感往往基于长期而集中的思考，并与放松的状态密切相关。训练时，可以学习并运用各种捕捉灵感的技巧，创造有利于灵感涌现的环境，以促进创新思维的突破，激发更多创新想法的产生。

四、想象思维训练

想象思维是人们创新的一种关键思维模式，是对大脑中存储的记忆和形象的加工、改造或重构的综合活动，是对内在表象进行操作的主要方式。

（一）影响想象力的因素

影响想象力的因素主要表现在以下两个方面。

1. 知识和经验是想象力发展的基石

广泛的知识和丰富的经验为想象提供了充足的素材。知识越广泛，经验越丰富，人脑中的形象和联系就越多，进而增加了创造性组合新事物的可能性。相反，缺乏知识和经验会限制想象力的展开。同时，知识和经验的层次与数量直接影响想象结果的质量。

2. 形象思维对想象力的激发

想象力往往依赖于具体形象的刺激，它是对大脑中现有形象的综合和加工过程，许多创新想法都是受到特定形象的启发。例如，爱因斯坦在构思相对论时，就使用了“火车”和“电梯”等生动的日常形象来辅助思考；莱特兄弟观察到老鹰飞翔的姿态后，想到模仿鹰的翼尖来设计飞机翼尖，以实现转向功能。

案例分享

潘建伟与“墨子号”

在量子物理学领域，中国科学家潘建伟领导的团队致力于量子通信技术的研究。量子通信被认为是未来通信的一种安全形式，因为它基于量子力学原理，使信息在传输中近乎不可能被窃听。然而，将量子通信技术从理论应用到实践中，面临着巨大的技术挑战。

潘建伟团队的想象力和创新思维在这一过程中起到了关键作用。他们想到利用卫星作为量子通信的中继站，这是一个大胆的想法，因为之前从未有过量子信息通过卫星传输的实践。这一想法的实现需要解决多项技术难题，包括如何在卫星和地面站之间稳定传输量子态，以及如何在卫星轨道上实现精确的量子态控制等。

通过不懈努力和持续的创新，潘建伟和他的团队最终成功发射了“墨子号”量子通信卫星，并实现了地球两点之间的量子纠缠分发和量子密钥分发，为全球量子通信网络的建设奠定了基础。这一成就不仅展示了中国在量子通信领域的领先地位，也是想象力和创新思维在科学研究中应用的典范。

（二）想象思维的训练

培养想象思维，旨在短时期内通过大量专门的想象力训练活动，强化想象思维能力。这一过程通常需要教师指导或团体相互协作。

1. 主动想象力练习

主动想象力练习依赖于个体的主观意愿来控制训练过程，主要采用的方法有形象思维法、设问法和联想法等。形象思维法，利用形象思维来拓展想象，即将思维内容具体化、形象化，并根据“主动想象”要求进行思考，以探索不同对象间的关联，并构建新的形象。设问法则通过提出“如果”类型的问题来促进想象的发展。具体而言，它将与事实不符的情形、现象或观点转化为疑问句，然后进行“推理”。联想法要求扩大联想的范围，进行“天马行空”式的联想，以产生多样化的想象成果。

2. 被动想象力练习

由于被动想象是不受个人意识控制的心理活动，因此通过有意的意志控制来实现训练目的较为困难。只有完全放松自己，才能在一定程度上达到被动想象的状态，如在梦境中或半清醒状态下，被动想象的效果通常较好。其操作步骤包括精神放松、注意力集中和记录结果三个阶段。

第一阶段，进行精神放松。坐定于椅上，手掌轻放于双腿上，轻闭双眼，身体全面放松。然后，再次进行全身放松。具体做法是：首先将注意力集中在脚趾上，告诉自己“脚趾完全放松了，无需用力”；其次，注意力转移到脚腕，告诉自己“脚腕也完全放松了，无需用力”；再次，依次从腿部到腰部、胸部、肩膀、颈部；最后直至头部，逐步放松。

第二阶段，集中注意力。在彻底放松之后，将注意力集中到丹田区域，慢慢进行腹式呼吸，大约10次后，将注意力定位于下腹部，持续想象“全身已经放松，感觉非常舒适”，经过一段时间后，身体产生飘忽感，此刻即进入了被动想象状态。

第三阶段，记录结果。在进入被动想象状态几分钟后，停止，回归常态，并迅速用笔记录下脑海中闪现的形象、事物，填入表3-1中。在进入被动想象状态后，尝试将待解决的问题与所想象的内容联系起来，即便当下不能立即解决实际问题。

表3-1　想象记录表

想象内容	
统计数量	

3. 重构性想象训练

重构性想象涉及利用外部信息激发想象，对内在已存储的记忆进行检索，并对这些记忆进行改编与重新组合的思维过程。这种想象力在日常作业、考试和工作场景中被频繁调用，因此这一训练侧重于缩短思考时间、提升想象速度和优化质量。

4. 创新性想象训练

创新性想象与重构性想象的主要不同在于，尽管创新性想象同样基于现有的记忆模式，但它的发展不仅仅局限于现有的记忆水平。它涉及对这些记忆的处理、改编和重组，以创造全新的形象。其核心在于产生新颖的形象；若无新形象产生，则不能视为创新性想象。创新性想象的产出应具备新颖性和实用性。由于所有创新活动都离不开创新性想象，因此对其进行有效训练显得尤为关键。

5. 幻想性想象训练

幻想性想象可以被视为创新性想象的一种极端形式，其特点是想象的结果大大超越了现实的界限，有时甚至显得非常荒诞。然而，这中间同样蕴含着创新元素和创新思维。进行幻想性想象训练时，应自由放飞思维，无需拘泥于想象成果是否可实现。

五、联想思维训练

联想思维是基于当前所观察到的物体、观念或事件，引发对相关物体、观念或事件的思考过程。这种思维模式能迅速地从记忆中提取所需信息，并将其串联起来，借助事物间的比较和融合等机制，实现对多个事物的综合思考。联想思维有助于扩展思维范围并加深对事物的了解。

（一）联想思维的类型

根据联想的重点差异，联想思维活动可以分为以下四种类型。

1. 关系联想

关系联想的进行需要依据物体在时间、地点、形状或特性、功能等方面的内部联系。比如，从一本书可以联想到写字的工具，再进一步联想到笔记本，以及使用笔记本进行记录的行为，这些都是关系联想的例子。

2. 类似联想

类似联想通过物体间的相似性进行，这种相似性可能体现在外观或本质属性上。要根据一个物体和另一个物体在形状或性质上具有的共通或相似之处展开联想。

例如，由适度而有节奏的声响能催人入眠展开联想，可以在蜂鸣器中增设延时开关，使其发出有节奏的声音，从而发明了“电子催眠器”；由鹞垂直起落的翅膀结构功能进行类似联想，发明了鹞式垂直起降飞机。

3. 对照联想

对照联想发生在两个可比较的事物之间，通过比较展现出它们各自的特征。如古今、新旧、冷热等对立面，它们构成了对照，通过一方可以引发对另一方的思考，这种基于特征对照的思维方式称为对照联想。

以造纸术为例，东汉时期的蔡伦受到了前人使用的竹简和丝绢作为书写材料的局限性的启发。这些材料要么过于昂贵，要么不够便于保存和携带，对于普及文化和知识传播构成了障碍。蔡伦观察到这一点后，开始思考如何利用更加经济、更易获取的材料来制作书写载体。他的联想和创新思维促使他展开对各种不同材料的试验，包括树皮、破布、鱼网等，这些都是当时容易获得且成本较低的资源。蔡伦的这种思维方式，即从现有问题的局限性出发，反思和对照，寻找全新的解决方案，最终促成了造纸术的革新。这项发明不仅极大地降低了书写材料的成本，而且还促进了知识的传播和文化的发展，对后世产生了深远的影响。

4. 因果联想

因果联想是基于事物的原因和结果之间的关系开展的思维过程，或是将一个事物的因果关系引申到另一事物的因果关系，这种通过识别事物间因果联系的思维方法称为因果联想。

案例分享

早在东汉时期，中国人就发现了磁石能够吸引铁并且磁石的一端总是指向南方的现象。这种对自然现象的观察和理解，促使古代的中国人联想到可以利用这一特性进行导航。最初，中国人发明了“司南”，它是一种利用磁石的指向性来确定方向的工具，主要用于占卜和风水测量。随着时间的推移，这种基于磁性原理的方向指示工具进一步发展和完善，最终演变成了指南针。指南针的发明，不仅极大地改善了海上和远距离旅行的导航技术，还促进了世界各地的文化和商品交流。通过观察磁石自然属性和效果的因果关系，古代中国人展开因果联想，不仅解决了方向定位的问题，还开创了海洋探索的新时代，其影响深远而广泛。

（二）联想思维的方法

在科学和技术领域内，许多创新的发明和创造都是源于人类的联想能力。在应用联想思维的过程中，一般会融合多种联想技巧，其中自由联想和强制联想是最为常见的方法。

1. 自由联想法

自由联想允许思维在没有任何约束的情况下游走，从多个角度和可能性中探求问题的解答。虽然这种方式的成功率可能不高，但它能够引发许多创新的思考，带来意料之外的成果。

案例分享

著名的天文学家、数学家和发明家张衡通过自由联想发明了地动仪，这是世界上最早的地震检测仪器之一。公元132年，张衡观察到地震往往在毫无预兆的情况下突然发生，造成巨大的损失。他思考着如何在地震发生之初就能察觉到，以便提前作出预警。

在深入研究地震的原理和现象后，张衡自由联想到了一个构想：如果有一种装置能够感知地面的微小震动并指出震源方向，那么就能在地震波传播到较远地区之前给予警告。基于这一思路，张衡发明了地动仪。地动仪的外形是一个铜制的圆形容器，外围装饰有八条龙，每条龙的口中各持一个铜球。容器内部有一个悬挂的摆装置，当地面震动时，摆动的方向会触发相应方向龙口中的铜球落下，从而准确指示出地震的方向。

张衡的这一发明，不仅体现了他对自然界现象深入观察后的自由联想能力，也展现了古代中国科学家在科技发明方面的非凡创意和贡献。地动仪的发明为后世的地震学研究和预警技术奠定了重要的基础。

2. 强制联想法

与自由联想相比，强制联想是一种有目的地将两个或多个看似无关的事物联系起来的思维方式，用以促进创造性的思考，获取新的视角、新的理解和新的想法。这种方法适用于解决特定的问题或有目的地创造新产品，在产品设计、广告创意、市场营销策略以及艺术创作等领域有广泛的应用。

案例分享

“机枪播种技术”就是通过强制联想而产生的。众所周知，机枪用于战斗，而播种机用于耕作，两者看似完全不相干。但是，一位来自加利福尼亚州的生物学家通过将机枪和播种机的概念结合起来，发明了机枪播种技术。这项技术与航空播种相结合，有效地解决了传统航空播种仅能将种子撒布在土壤表面的问题，通过机枪的作用，“种子弹丸”能够被直接射入土壤中，从而提高了播种效率和播种效果。

（三）联想思维的训练

联想思维可以在日常生活中进行培养和自我训练，训练可按照以下步骤进行：

（1）从给定信息出发，尽可能地应用各种类型的联想，形成多种多样的综合联想链；

（2）寻找任意两个事物的联系，建立两个事物间有价值的联系，并由此形成创造性设想。例如，一名工人将自行车和电线杆联系起来，经强制联想，发明了一种能爬电线杆的自行车，代替了用脚钩爬杆，实现了电工爬杆机械化。

六、直觉思维训练

直觉思维是一种基于个人知识和经验，能够在未经逐步推敲分析的情况下，对新现象或问题进行快速而准确的识别、理解及判断的思维方式。

（一）直觉思维能力培养

直觉，常被形容为一种无法用言语传达的预感，可以从以下四个方面培养直觉思维。

1. 积累丰富的知识和经验

直觉往往偏爱那些拥有广泛知识和丰富经验的人。因此，广泛学习和积累生活经验是强化直觉的基础。

案例分享

据传，针灸的起源可以追溯到战国时期的名医扁鹊。扁鹊在外游历时偶然观察到一些士兵在战斗中受伤后，不仅特定位置的伤口得到了快速的恢复，而且他们长期患有的其他身体疾病也痊愈了。这个发现激发了扁鹊对人体特定穴位影响健康的深入思考和研究。他对伤口位置与士兵康复情况的关系进行了长期观察和实践，最终形成了一套系统的理论，认为人体存在着通过刺激特定穴位来治疗疾病的可能性。这种直觉不仅基于他深厚的医学知识，更是源自他对自然现象和人体反应的敏锐观察。

扁鹊的这种创新思维，最终促成了针灸这一独特的治疗方法的发明，针灸不仅在中国被广泛应用，还传播到世界各地，成为传统中医的重要组成部分。这个例子充分展示了如何通过积累丰富的知识和经验，利用直觉来进行创新。

2. 增强观察力和敏锐性

洞察力和敏锐性是直觉的显著特质，有意识地培养观察力，特别是提升对隐蔽、非显著的“软事实”——如感受、印象、趋势等无形要素的注意力，有利于直觉思维的形成。例如，中国古代地理学家张衡在观察地震时，敏锐地意识到地面的微小震动可能预示着远方大地震的发生。他的这种直觉最终促成了地动仪的发明，这一装置能够指示地震的方向，是世界上最早的地震监测工具。

3. 学习聆听直觉的声音

直觉体现为一种“直接的感受”，它需要人们仔细体验、理解，并聆听其提供的信息。当直觉浮现时，人们需要作出相应的判断和结论。

案例分享

墨子是著名的思想家、科学家，同时也是杰出的工程师。据传，墨子在研究光和影的关系时，通过敏锐的观察和直觉，发现了光线透过小孔时成像的现象，这个基于直觉的发现后来被称为“暗箱成像”原理，是摄影技术的雏形。墨子观察到，当光线从一小孔进入暗室时，外部景物的倒立像会投射在对面的墙上。他深入思考这一现象，认为这不仅是光线直线传播的证明，还暗含着通过控制光线可以复制现实景象的可能性。墨子的这种洞察力和创新思维，虽然在当时未能直接应用于实际的成像技术中，但他的发现为后世的摄影术和光学研究奠定了理论基础。这个例子展现了墨子如何通过对自然现象的敏锐观察和直觉思考，提出了影响深远的科学原理。他的这种创新不仅体现了中国古代科学技术的先进性，也证明了直觉在科学发现和技术创新中的重要作用。

4. 客观评估直觉

直觉可能会受到外部环境和个人情绪的干扰。因此，面对直觉时，应保持真诚和客观，尽量排除干扰因素。在直觉出现后，还需要冷静地进行客观分析，以确保决策的正确性。

案例分享

对于生病住院的人来说，天天都要打吊针，这是一个既让患者痛苦，又让护士烦恼的问题。尤其是有的人静脉不好找，可能要反复扎，让患者倍感痛苦。一位大学生见此情景，便产生了一个想法：干脆把针头留在静脉里，就用不着天天找、天天扎了。很多人听到这一想法后，都认为是异想天开，这位大学生也在别人的怀疑中放弃了最初的想法。然而如今，人们已设计出用高分子塑料制成的"封闭型静脉液软针"，也称留置针，它可以插入人体血管内保持几天，每次输液只要将软管接上即可。这一软针的发明使那位大学生的想法变成了现实，大大减轻了患者的痛苦，如图3-8所示。

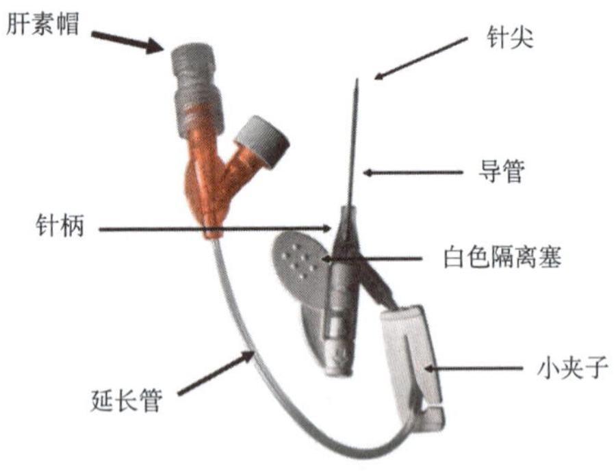

图3-8 留置针示意图

（二）直觉思维的训练

直觉思维能力是一项可以通过练习和培养而增强的技能。可以通过以下五种方法来锻炼和提升直觉思维能力。

1. 放松思维

每日安排一段时间让思维自由放松，可以通过听音乐、深呼吸练习、沐浴或慢跑等活动，在适宜的环境中进行轻松且有节奏的活动，以此来转移注意力并触发直觉的反应。

2. 区分情绪和偏见

要明白直觉、情绪和偏见是三个不同的概念，应当学会辨别它们。必须识别出哪些是个人的情绪反应，哪些是受到先入之见的影响而作出的判断。

3. 简化信息

对接收到的信息进行筛选和简化，剔除冗余部分，只保留核心和有用的信息。信息过载会使潜意识处理不过来，影响直觉的准确性。为了维护一瞬间的直觉判断，进行信息简化是必要的。

4. 练习迅速决策

通过不断练习快速作出决定来提高应急反应能力。向需要经常在高压环境下迅速作出决策的职业人士如消防员、紧急医疗服务人员等学习，他们能够迅速作出决策，很大程度上依赖于丰富的经验和直觉。

5. 掌握"快速扫描"技巧

潜意识有能力在极短的时间内，仅依靠少量的经验片段收集关键信息，并作出复杂的判断。这种能力被美国作家马尔科姆·格拉德威尔（Malcolm Gladwell）称为"快速扫描"。通过练习这种技巧，可以在面对复杂情况时快速准确地作出判断。

第四节　创新思维开发工具

我们每个人的大脑深处都隐藏着创新意识和思维，只是很多人并不善于去开发它、利用它。创新思维要求我们打破常规思维的桎梏，发散思维，寻找新的角度来联想、探索、思考问题，提出与众不同的解决方法。可以说创新思维的开发在我们的日常生活、学习和工作中都非常重要，可以提高我们的创造力、创新能力，帮助我们另辟蹊径地解决难题，是提高学习和工作效率的重要手段。

创新思维的开发方法有很多种，传统的方法包括思维导图法、六顶思考帽法等，近几年涌现出很多新的方法，如九屏幕法、金鱼法等。

一、思维导图法

从出生那刻起，人类就开始构建一个庞大而复杂的知识库，得益于大脑惊人的存储容量，我们积累了海量的信息。通过思维导图进行辐射式思考，我们不仅能加速信息的积累，还能将信息按照相互之间的联系进行分层和分类，优化信息的存储、管理和应用，从而提升大脑处理信息的效率。思维导图的一大优势是它能够充分利用大脑的左右半球，运用颜色、图形和符号来辅助记忆、激发创造力，使得学习过程不仅高效而且富有乐趣，同时也能体现出人的特色和多样性。

（一）思维导图的概念

思维导图通过整合、扩散和有序的方法，来帮助人们学习和整理信息，使得学习过程更加高效。它体现了辐射式思考方式，帮助人们实现从具体到抽象的思考跃迁，以及由一处联想扩展到多处的思维模式。

思维导图可以应用于生活的各个方面，能够显著提升学习效率和思考的条理性，从而改善个人的行为和表现。思维导图起始于一个核心主题，从该主题扩展出的每一个词语或图像都可以视作一个子节点或联想点，形成一个连续扩展的分支结构，汇聚于中心或发散出无限可能（图3-9）。思维导图具有四个核心特性：首先，聚焦于中心图像；其次，从中心图像向外扩展主题分支；再次，分支由关键图像或标注在相关连线上的关键词构成，较次要的话题以子分支形式展现；最后，所有分支形成一个网络状的互联结构。思维导图的显著特点是，作为一种图形化的笔记方法，与传统的线性笔记形式不同。思维导图通过使用色彩、图形、符号和多维视角进行装饰，不仅使记录过程更富有趣味，增加视觉吸引力，同时有效激发右脑的图像处理能力，提高学习效率和创造力，尤其有助于信息的回忆。

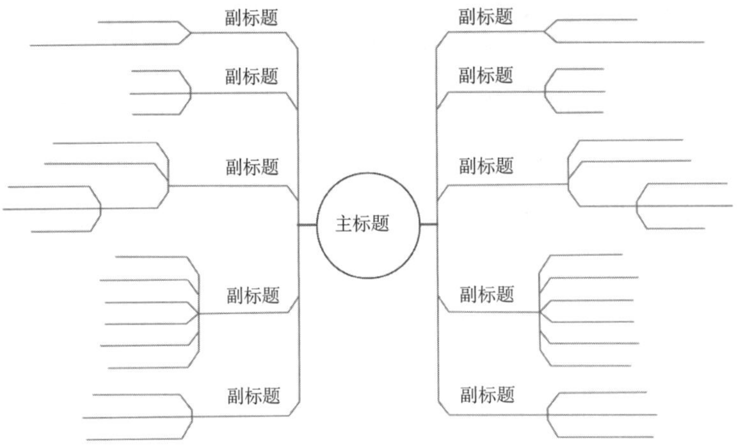

图 3-9　思维导图结构

（二）绘制思维导图的过程

1. 绘制中心主题——以图为始

在白纸的中央绘制一个与主题相关且独特的图形。因为颜色与图像都能够激发大脑的活跃性，所以可以使用多种颜色和独特的图形来突出重点。

2. 扩展分支——层层展开

思维导图的分支通常是以放射状的层级展开的，重要内容靠近中心，由内向外逐渐扩展。绘制分支时，通常从时钟2点钟的位置开始，按顺时针方向绘制。阅读思维导图也应自然地从这个位置开始。

3. 关注关键词——收获智慧之果

关键词通常是名词，相较于传统的笔记，使用思维导图可以大幅减少所需的词汇量，这意味着无论是在记忆还是阅读时，都能够节省大量时间。关键词使用正楷字书写，便于辨认和记忆，同时通过想象帮助大脑将词汇“图形化”。

关键词写在线条的上方，每条线上使用一个单词或短语，这样可以激发更多的联想。字体和字形可以根据需要作出适当的变化，有助于读者按照一定的视觉节奏进行阅读，同时也有助于理解和记忆。

4. 连接线条——记忆与联想的桥梁

连线的长度应与所写的关键词或绘制的图形相当。过短会显得拥挤且不美观，而过长则会浪费空间。确保每条连线都与前一条连线的末端相接，并自中心向外扩散。如果连线之间没有连接起来，在回想时思维也会“断链”，导致记忆的中断。

连线应从中心向边缘逐渐变细，如同一棵树的树干与树枝。从中心展开的主干最好不要超过7个，因为主干过多不利于记忆，同时也难以理解。

连接线可采用自然的波浪状曲线，这样可以引导我们向外阅读。同时，采用曲线还可以更有效地利用纸张空间，使眼睛感受到线条或内容的视觉节奏，减少视觉疲劳。

5. 增加色彩——丰富视觉感受

仅靠白纸黑笔绘制的思维导图过于单调，可以选择水彩笔或彩色铅笔进行创作。不同颜色，不同粗细的字体、线条都能够触发大脑记忆，可以用不同类型的笔来标注关键词，绘制不同类型的线条。

6. 使用箭头和符号

思维导图是一种能够增强我们对事物理解的方法，使我们认识到信息是如何相互关联的。

当一个词语出现在两个或更多的分支上时，说明这个词语是贯穿我们笔记的一个新主题。如果采用传统的线性笔记方式，很难发现这一点。当我们发现一个词语出现在不同分支上时，用箭头将它们连接起来，这样我们的记忆也会随之连接起来。

（三）思维导图法与创新思维

思维导图是基于放射性思考模式的一种灵活的思维组织方式，不仅是一种有效的学习工具，而且在创意联想、项目规划、问题解决与分析、会议管理等方面常常带来令人惊喜的效果。思维导图可以发挥个人智力潜能，提升思维技巧，大幅增进记忆力、组织力与创造力。与传统的笔记法和学习法相比，思维导图是符合脑神经生理学机制的学习互动模式，同时发挥了人类天生具备的放射性思考能力和多感官学习特性。

思维导图为人类提供了一种有效的思维图形工具，运用图文并茂的技巧，开启了人类大脑的无限潜能。思维导图充分利用了左右脑的功能，有助于人们在科学与艺术、逻辑与想象之间实现平衡发展。近年来，思维导图运用到的完整逻辑架构和全脑思考方法在中国乃至全世界得到了广泛应用，使人们在学习和工作中取得了显著的成效。

二、六顶思考帽法

人们习惯于从过去的经验中创造出各种标准，在对新情况作出判断后将其划入相应的标准。这种思维模式在一个静止不变的环境下似乎有效，但在一个持续变化的环境中，这种传统方法便无法奏效。我们应该探索事物“可能成为的样子”，而不仅仅是“它是什么”。六顶思考帽法为我们提供了解决问题的新途径。

（一）六顶思考帽法的概念

六顶思考帽是一个象征性的概念，它通过帽子的形象来引导人们按照特定的规则进行思考。这种方法的独到之处在于，每顶帽子都可以轻松地戴上或取下，这不仅方便了思考者自身，也使周围的人能够清晰地识别思考的模式。正是基于这些特性，使用不同颜色的帽子来代表不同思考路径成为一种有效的方法。我们有六种颜色的帽子，分别代表六种不同的思考维度，这些颜色包括白色、红色、黑色、黄色、绿色和蓝色。

（1）白色思考帽象征的是中性和客观的思考方式。当人们戴上白色帽子时，他们专注于分析事实和数据。

（2）红色思考帽代表情感、直觉和感受，它让人们更多地从情感角度进行思考。

（3）黑色思考帽象征审慎和警觉，它让人们从悲观的角度审视问题，考虑潜在的风险和挑战。

（4）黄色思考帽代表乐观和积极，它鼓励人们看到机遇和可能的积极结果。

（5）绿色思考帽象征创新和创造性，代表新思维和新想法的产生。

（6）蓝色思考帽代表控制和组织，它用于思考过程本身，帮助整理其他帽子象征的思考活动。

（二）六顶思考帽法的实施步骤

六顶思考帽法在团队会议中的应用遵循一系列明确的步骤，旨在高效地探讨和解决问题。这些步骤依次是：

（1）问题阐述（使用白色帽子）——客观分析问题，收集相关的事实和数据；

（2）提出解决方案（使用绿色帽子）——鼓励创新思维，提出多种可能的解决方案；

（3）评估方案优点（使用黄色帽子）——积极寻找并讨论解决方案的潜在优势；

（4）考量方案缺点（使用黑色帽子）——审慎地识别并讨论可能的风险和挑战；

（5）直觉判断（使用红色帽子）——分享个人的直觉感受和情绪反应；

（6）决策总结（使用蓝色帽子）——概括讨论内容，并作出最终的决策。

在实践六顶思考帽法时，需遵守以下原则以确保这些步骤的有效实施。

1. 纪律

团队成员需遵循指定的帽子颜色进行思考，不能随意变换，避免回到无目的的争论。仅有团队领导或会议主持人有权决定何时更换思考帽，确保思考方向的一致性。

2. 计时

限定讨论时间有助于集中注意力，提高讨论效率。一般情况下，每人每轮讨论时间控制在一分钟左右。使用红色帽子的阶段关注直觉和感受，可能只需要较短的时间。

3. 灵活性

六顶帽子的使用序列并不固定，可根据实际情况灵活调整。通常，蓝色帽子用于讨论的开头和结尾，确保讨论有序进行。红色帽子的使用时机取决于团队成员对问题的初始感受，在起始阶段使用有助于明确个人立场，但在某些情况下可能不宜过早引入。在评估阶段，建议先用黄色帽子寻找价值，再用黑色帽子识别问题，以激发解决问题的动力。

（三）六顶思考帽法与创新思维

六顶思考帽法能有效激发个体及团队的创新能力，具体体现在以下四个方面。

1. 多样化的思维培养

人们的思维往往受到先入为主的观念和固定模式的限制。六顶思考帽法的一大优势是帮助人们跳出这些思维定势，促进多样化思维的发展。例如，一些人天生谨慎，习惯于从最不利的角度出发考虑问题，这种固定的思维方式可能导致他们的观点总是偏向悲观。通过六顶思考帽法的训练，可以激发更加积极和创新的思维模式，这种模式是通过学习而非天生获得的。

2. 集中思维方向

不同个体的思考角度各不相同，六顶帽思考法通过集体参与的方式，有效地将所有参与者的注意力和思考方向统一到同一个议题上，从而增强了思考的集中性和目标性。

3. 思考和交流的便捷性

当所有参与者都围绕同一个议题进行思考时，思考过程更加流畅，思想交流也更为高效。思考方向的一致性有助于深入探讨问题，实现对问题的全面理解和洞察。

4. 主动和计划性思考

与仅在问题出现时才作出反应的被动思考不同，六顶思考帽法鼓励主动和有计划的思考模式。

这种方式特别适用于需要集体协作解决的问题，通过提前规划和组织思考过程，可以更有效地应对和解决问题。

六顶思考帽法不仅提升了个人和团队从不同角度审视问题的能力，还通过其独特的结构化思考模式为集体创新提供了有力的工具和平台。

三、九屏幕法

传统的创新方法往往忽视了跨领域知识的重要性，缺乏结构化的工具支持，这使得其应用效果很大程度上依赖于使用者的个人经验、技巧和知识水平。这种方法的一个主要弱点是它过度依赖直觉和非逻辑思维，导致其成果具有不确定性，在广泛应用时可能会降低效率。相对而言，基于TRIZ（萃智）理论的创新方法则提供了更为系统和科学的解决方案，帮助解决复杂的创新难题和矛盾。TRIZ理论集成了多种系统化、科学化的创新工具和问题分析方法，经过多年发展，已成为一套成熟的理论体系，旨在解决新产品开发中的实际问题。与传统创新方法相比，TRIZ的主要优势在于其基于技术进化的规律，研究产品开发过程中的内在规律和原则，有效地识别并解决系统内部的矛盾，从而显著提升创新效率和产品创新质量。基于TRIZ理论的创新工具之一就是九屏幕法。

（一）九屏幕法的概念

九屏幕法，作为TRIZ理论中的一种创新思维工具，通过系统化的视角分析问题。它强调考察系统的整体性、层次性、目的性及其元素间的动态关系和相互依赖性。九屏幕法利用空间和时间两个维度来分析系统，空间纵轴代表系统的不同层级：当前系统、子系统和超系统；时间横轴代表这些系统的过去、现在和未来状态，以此探讨技术或工艺的演变。

（1）技术系统：由多个子系统构成的整体，通过这些子系统的互动实现特定功能。

（2）子系统：位于技术系统内部的低层级系统，每个技术系统都由一个或多个子系统组成。子系统在上级系统的约束下运作，其变化能够影响到整个技术系统。

（3）超系统：位于技术系统外部的更高层级系统。

（4）当前系统：目前存在问题的系统或者是当前被广泛应用的系统。

九屏幕法通过这种分析框架，使得研究者能够在更宽广的视角下理解和解决问题，无论是针对汽车这样的复杂系统，还是更简单的子系统如车轮，都能在不同层级中探索解决方案，提供创新的思路和决策依据。

（二）九屏幕法的实施过程

九屏幕法利用一个系统化的框架来分析和解决技术问题，通过考虑系统的时间发展和层级结构，帮助人们深入理解问题的本质，其基本框架如图3-10所示。这一方法的核心在于认识到任何技术系统都遵循着某些客观的进化规律，应在此基础上进行问题分析和解决方案的探索。九屏幕法通过将问题放置于一个由三个时间维度（过去、现在、未来）和三个系统层级（子系统、当前系统、超系统）构成的九宫格模型中，来促进全面和深入的思考。

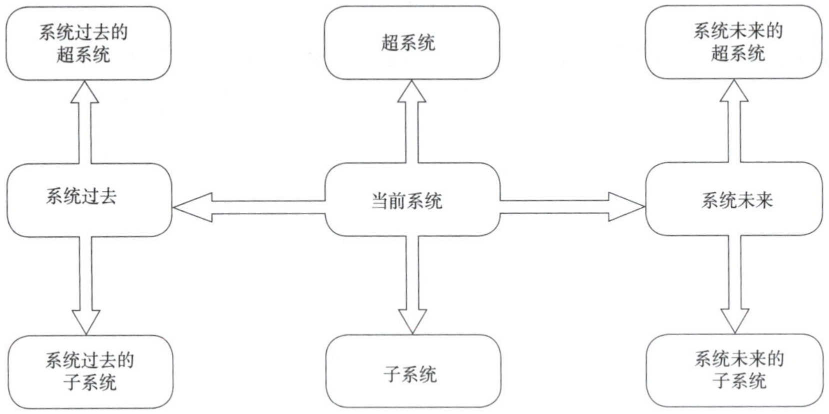

图 3-10　九屏幕法基本框架

九屏幕法的实施步骤如下，参见表3-2。

（1）绘制一个由三行三列组成的九宫格，把待解决的问题定位于中心格子，作为当前系统的状态。将要研究问题作为系统填入格1。

（2）确定并记录系统的子系统和超系统，分别填入格2和格3。

（3）分析并填写系统的历史状态（过去）和潜在发展（未来），分别填入格4和格5。

（4）对于子系统和超系统，也要考虑它们的过去与未来状态，并填入对应的九宫格中。

（5）针对九宫格中的每个单元，分析可能调动的资源，这些资源可以是物理、技术、信息等方面的。

（6）根据分析得出的资源和规律，制定解决问题的技术策略。

表3-2　九屏幕法实施步骤

超系统		3	
系统	4	1	5
子系统		2	
	过去	现在	未来

（三）九屏幕法与创新思维

九屏幕法作为TRIZ理论中关键的创新工具之一，通过系统化、时空化的分析框架，促进思维的拓展，打破常规思维限制，寻找创新的解决方案。这种方法不仅关注问题的当前状态，也深入探究了其历史背景和未来可能，同时考虑了问题的宏观和微观层面，为产品开发、技术创新以及商业模式创新提供了深刻的洞察。

九屏幕法的灵活性和广泛的适用性使其不仅在机械、制药、化工、冶金、材料等传统领域得到应用，也逐渐扩展到社会科学和管理科学等非传统领域。这种方法的开放性和灵活性，结合TRIZ理论的不断完善和发展，使得九屏幕法在促进创新思维和解决复杂问题方面的潜力得到持续挖掘和扩大。

四、金鱼法

基于TRIZ理论的另一个创新工具是金鱼法。

（一）金鱼法的概念

金鱼法是一种创新方法论，它根植于TRIZ理论的原则和技巧。这种方法的名称灵感来源于俄国诗人普希金的经典童话《渔夫与金鱼的故事》，在这则故事中，一条神奇的金鱼实现了渔夫的各种愿望，金鱼法寓意着“梦想成为现实”的可能性。

在创新和问题解决过程中，金鱼法特别强调将初始想法细分为现实可行部分和幻想部分。接着，在这些看似天马行空的幻想中，进一步筛选，区分出哪些是有潜力变为现实的想法。这一分析和筛选过程循环进行，直至剩余部分无任何实现可能，从而确立哪些想法能够被转化为实际解决方案。

（二）金鱼法的实施过程

金鱼法是面对复杂系统、多参数问题，基于现状进行分解的思维方法。金鱼法有助于将幻想式的解决构想转变成切实可行的构想。“思考—排除—质疑—迭代”为金鱼法的核心，在不断的迭代中明晰问题的解决方法，化繁为简，具体的步骤如图3-11所示。

步骤1：将问题的解决方案分为两个部分——现实部分与幻想部分。

步骤2：解释为什么幻想部分是不现实的。

步骤3：找出在哪些条件下想法的非现实部分可以变为现实的部分。

步骤4：检查系统、超系统或子系统中的资源能否提供条件。

步骤5：如果能，则可定义相关想法，从可利用的资源出发，思考怎样改变情境，提出可能的解决方案。

步骤6：如果不能，则退回到第一步，将“看起来不现实的部分”分解为现实与非现实部分，然后重复以上步骤。

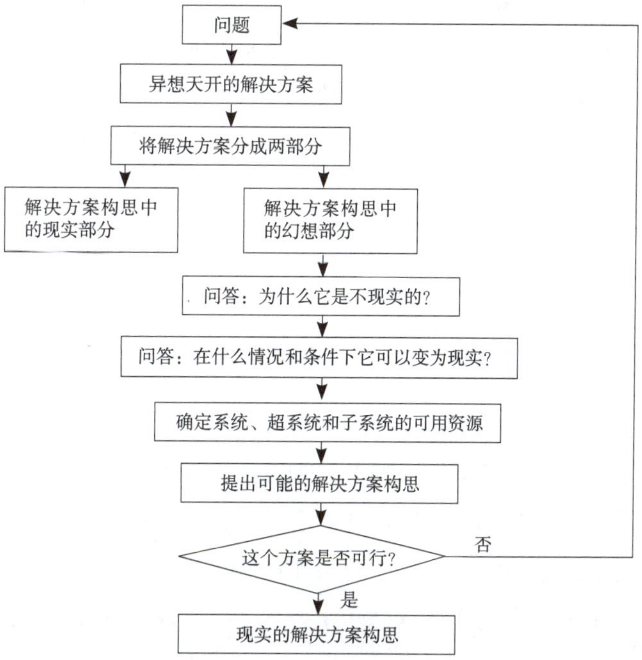

图3-11　金鱼法的实施过程

案例分享

用太阳能赚钱

问题描述：思考如何利用太阳能赚钱。

步骤1：将问题分解为现实部分和幻想部分。

（1）现实：利用太阳能寻找赚钱的机会，以此获利。

（2）幻想：直接从太阳光中提取金钱。

步骤2：回答为什么直接从太阳光中提取金钱是不现实的。

因为金钱不能直接从太阳光中产生，太阳能必须通过转换才能变得有价值。

步骤3：回答在什么条件下人们要从太阳能中赚钱。

（1）能源需求增加，而传统能源不足或环境受到污染。

（2）太阳能技术变得经济高效，安装和维护成本降低。

（3）政府和机构提供太阳能投资的激励措施，如补贴、税收优惠等。

（4）公众的环境保护意识增强。

步骤4：确定系统、超系统和子系统的可用资源。

（1）超系统：自然环境、全球能源市场、政策和法规环境。

（2）系统：太阳能收集和转换技术（如太阳能板）。

（3）子系统：太阳能电池板的材料（如硅）、太阳能转换设备（如逆变器）和存储设备（如电池）。

步骤5：可行的解决方案构想。

（1）建立太阳能农场，向电网出售过剩电力。

（2）开发便携式太阳能充电器，面向户外活动爱好者和旅行者。

（3）提供太阳能屋顶安装服务，为家庭和企业降低电力成本。

（4）开发太阳能驱动的水净化系统，服务于缺乏干净饮用水的地区。

（5）利用太阳能技术进行海水淡化，为干旱地区提供淡水资源。

通过这个案例，我们可以看到，金鱼法不仅可以应用于探索利用自然资源赚钱的想法，还能促进创新思维，帮助我们从不同角度思考问题，并找到将幻想转化为现实的可行途径。

（三）金鱼法与创新思维

金鱼法的核心在于把那些初看不切实际的解决方案转变为实际可行的方案。这一转变过程通常不是一蹴而就的，需要通过反复的否定和重新构思，逐步逼近那些真正有效的方法。应用金鱼法重新评估和思考因思维惯性而产生的想法，对于开拓和培育创新思维具有深远的意义，它鼓励人们勇于突破传统思维的限制，将那些幻想中的构想转化为具体而有效的解决策略，这对于实际问题的解决具有极大的价值。

第五节　创新思维实践训练

一、批判性思维训练

联合国教科文组织认为“培育批判性思维与独立精神”是高等教育、专业培训及研究活动的核心任务。批判性思维不仅能够在工作和日常生活中激发创新思维，而且对于识别问题、设计解决方案、综合评估、变革与调整、增强个人创造力以及建构理性的公共讨论环境至关重要。

批判性思维训练的常规方法涵盖四个主要方面：①识别并质疑根本假设（批判性思维的核心）；②验证事实的精确性和逻辑连贯性；③考虑独特的背景和具体情境；④探索其他可能性和方案。

二、正向思维训练

正向思维基于从因到果的逻辑推理，强调预测未知的能力。例如，踢足球预期它会飞，按下开关预期灯会熄灭。精通正向思维的人实质上是“因果逻辑的搜集者”，他们在大脑中积累了丰富的因果逻辑关系，随时准备调用。

正向思维训练的常用方法包括：

（1）成为一个“因果逻辑搜集者”：例如，了解为何有人愿意购买价值千万元的车辆却不愿支付50元购买矿泉水，就是收集了一个名为“心理账户”的因果逻辑，放入心理逻辑库；观察到众多管理失误，就是收集了一个名为“责权利心法”的因果逻辑，归入管理逻辑库。

（2）阅读侦探与科幻小说：积累大量“因果逻辑”后，通过归因和预测来调用这些逻辑。回顾过去是归因的过程，期待未来则是预测的过程。阅读侦探小说有助于培养归因能力，而阅读科幻小说则有助于提高预测能力。

三、全局思维训练

世界上的一切均以“系统”的形式存在。系统中可见的部分是要素；不可见的、要素间相互作用的规律是关系。能够同时看到要素、要素间的关系及其背后的规律，这种能力称为“全局视角”。

商业领域的专业人士都明白选址的重要性。为什么选址至关重要呢？答案在于更佳的地理位置能吸引更多的人流。因此，人流实际上是“旺”和“铺”之间的关系，代表了选址背后的运作规律。

运用全局思维，学习从关联、整体和动态的角度来全面分析问题，能够提高全局性解题能力。

1.关联视角

事物并非孤立存在，它们之间的相互作用构成了关联。需要通过关联视角来清晰识别事物间的相互作用。例如，探究“旺”与“铺”之间的关系、热点话题与网络效应之间的关系、企业文化与人性之间的关系、个体理性与群体感性之间的关系等。

2.整体视角

要素及其相互关联构建了系统，形成了“输入—黑盒—输出”的模型。这个黑盒子内部的精密运作，无论是已知还是未知的机制，都需要通过整体视角来洞察。例如，探究价格策略如何影响消费者购买行为，风险投资如何促进公司创新等。

3. 动态视角

在商业环境变化缓慢时，思维容易变得僵化。对于一些人来说，复杂多维的“系统论”可能退化为简单的“因果论”：只需做好这件事，就能获得那个结果。在某些情况下，“因果论”甚至可能进一步简化为“经验论”。

但系统的要素及其相互关系并非静止不变，加入时间维度就能观察到变化的场景。拥有全局视角，意味着要通过动态视角透视时间的流转。例如，探究十年后人类的生活方式将如何变化，今天领先的公司能维持多久的领先地位等。

四、思维导图绘制训练

思维导图以一个中心关键词或概念为核心，围绕其构建和分类想法，采用辐射状的线条连接所有代表性的词汇、思想、任务或其他相关项目。这种方法简单且高效，代表了一种革命性的思维方式。

目前，市面上存在多种思维导图绘制软件，此处作简要介绍。

1. MindMaster 思维导图软件

MindMaster 是由深圳市亿图软件有限公司开发的一款基于云技术的跨平台思维导图软件，可在 Windows、macOS、Linux、iOS、Android（安卓）等操作系统中使用。该软件提供智能布局、多样的幻灯片展示模式、丰富的设计元素、预设的主题样式、手绘效果思维导图、甘特图视图等多种功能。

2. MindManager 思维导图软件

MindManager 是由美国 Mindjet 公司开发的思维导图软件，其最大优势在于与 Microsoft 软件的无缝集成，支持快速地将数据导入或导出至 Word、PowerPoint、Excel、Outlook、Project 和 Visio 中，因此在职场上具有广泛的适用性。MindManager 也是许多思维导图培训机构的首选工具。

3. XMind 思维导图软件

XMind 是一款功能强大的思维导图软件，用户可以随时利用它进行头脑风暴，快速梳理思路。通过 XMind，用户可以创建思维导图、鱼骨图、二维图、树图、逻辑图、组织结构图等，以结构化的方式展示具体内容。

除了上述软件外，还有 iMindMap、FreeMind、MindMapper、Novamind、百度脑图等多款思维导图软件，供学生选择和使用。

【课后练习】

（1）选择一个你熟悉的行业或领域，分析在该领域内哪种创新思维方式最为常见且有效。请具体说明该创新思维方式的应用实例，并评价其对行业或领域发展的贡献。

（2）假设你是一名教师，要为学生设计一个为期一周的“创新思维挑战营”活动。请规划该挑战营的日程，包括每天的主题活动、目标和大致的执行方案。请确保这些活动能够涵盖创新思维的不同方面，如提升学生运用创新思维解决问题的能力等。

（3）请以小组为单位，围绕一项新兴技术（如人工智能、区块链或物联网），设计一个创新应用方案，解决一个具体的行业问题，如“利用人工智能优化医疗诊断流程”。小组成员须探索技术方面的潜力，设计应用方案，并评估其对行业的潜在影响、挑战和实施难度。

第四章

创新能力

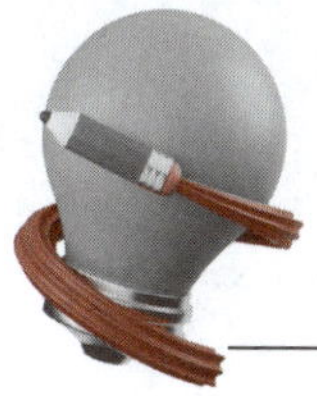

学习目标

1. 理解创新能力的内涵、构成与特征
2. 掌握创新能力各个方面的培养方法和测评方法
3. 开展创新能力实践训练

第一节　创新能力的内涵、构成与特征

一、创新能力的内涵

创新能力，又名创造力、创造力商数（创商），主要指人的能力智商，是人类的三大“商数”之一。创新能力通常涉及创新的意识、思维、知识、人格等诸多方面，主要表现为“当面对未知的问题、工作、领域时，有敢于尝试以及勇于尝试的想法，有坚持探索、不轻易言弃、努力思考、主动发现问题并积极找出解决办法的主动性”。

创新能力是指人们在创新活动中表现出来的潜能，是在具备了一定的基础知识、创新思维能力、发现问题的能力等多方面特点的前提下，在继承前人的知识、经验等成果的基础上，提出新的见解、新的方法、新的技术理论等并应用于实践的一种能力。创新能力离不开智力活动，但创新能力绝不仅仅是智力活动，更是一种创新的意识，是积极探索问题的心理取向。创新能力不仅是一种智力特征，更是一种人格特征，一种精神状态，综合了智力因素与非智力因素。只要是在知识学习过程中，能够对前人和已有知识及经验作出新的转变和更新；在运用知识的过程中，能够运用新的方式去解决问题；在知识发展过程中，运用新的学习方法、新的知识运用方式去提高个人对知识的理解和运用，这些都属于创新能力。

实际上每一个独立的个体都具备创新能力，这也是个体较为显著的特征之一。《创造学》一书中明确表示每一个个体都具备创新能力，属于潜在的自然属性，同时具有隐形的特点，这就需要个体去独立开发。近代学者陶行知在研究中表示“处处是创造之地，天天是创造之时，人人是创造之人”。个体可以通过后天的不断学习与探索，从而实现将隐性的创新能力转化为显性的创造力，并不断提高。

二、创新能力的构成

创新能力是通过个体大脑与综合实践表现出来的。换句话讲，创新能力实际上是个体表现出的创造性心智能力与个人素质的综合表现。我国众多专家学者针对创新能力展开了大量的研究，提出了创新能力要素构成，如图4-1所示。

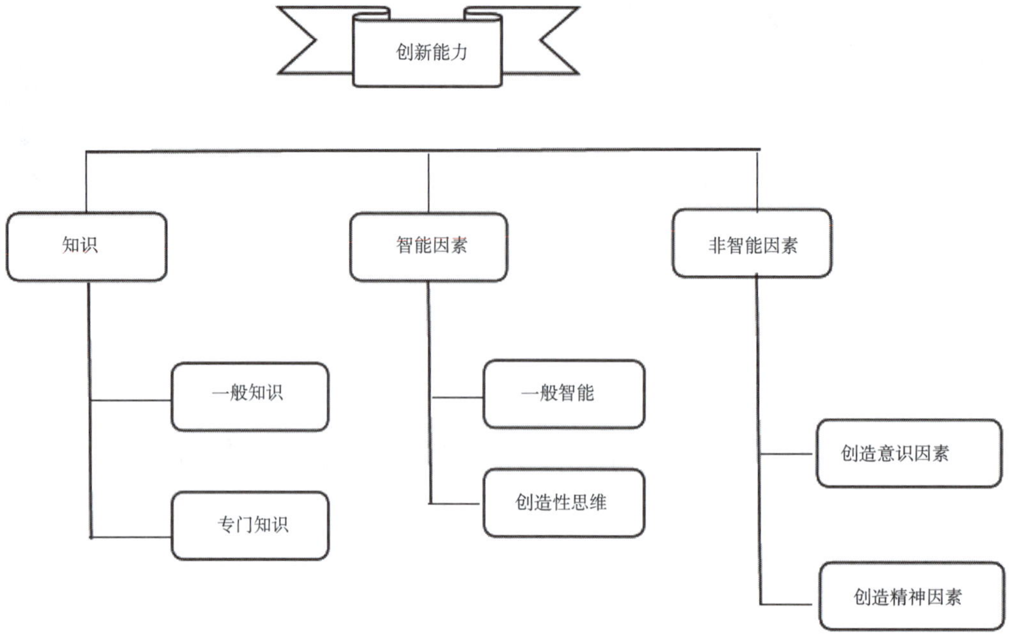

图4-1 创新能力要素构成

著名心理学家格林在研究中表示创新能力具体包括知识、自学能力、好奇心、观察力、记忆力、客观性等。学者进藤隆夫等认为活力、扩力、结力与个性共同组成了个体的创新能力。随后又对其进一步细化，精力、魄力都属于活力的范畴，个体产生的行为、思考都属于扩力的范畴，个体的组合水平、联想能力都属于结力的范畴。

我国的专家学者们在研究中还提出了：

$$创新能力 = K \times 创造性 \times 知识量^2。$$

式中，K为常量，具体表现为个体还未开发的创新能力；创造性指个体的创新思维、批判性思维、创新人格和创新方法等。经过整合后，创新能力的公式为：

$$创新能力 = K \times（创新人格 + 创新思维 + 批判性思维 + 创新方法）\times 知识量^2。$$

此外，一些专家学者们在研究中表示智力因素与非智力因素共同组成创新能力。视觉能力、感知能力、想象力、选择力、逻辑能力都属于智力因素，而个体的意志力、创造欲、自信心等都属于非智力因素。

个体创新能力进一步挖掘与开发的一般过程是：在拥有大量知识储备与经验的前提下，对个体的人格、思维能力进一步开发，培养批判性思维，掌握新的创新方法，更好地解决实际问题。

三、创新能力的特征

（一）创新能力的自主性

创新能力自主性指个体在探索新事物的过程中能够按照某个正确的方向展开一系列活动，在自身的不断努力下实现目标的创新活动。其中又包括个体自主创新能力与群体自主创新能力两类。

社会的发展离不开个体的创新活动。每个个体在不断思考的过程中，就一定会为社会作出贡献，并且社会想要向上发展同样也离不开具备一定独立思考能力和创新能力的人才。人失去了思考，就如同社会发展失去了养料。因此提高个体的自主创新能力是个人素质培养过程中的一项首要任务。

群体在社会创新活动中不断提高创新价值，并且超越团队现有的智力与非智力的整合能力被称为群体自主创新能力。同样，社会想要快速发展也离不开群体自主创新能力。

（二）创新能力的心智性

个体通过不断探索与创新实现心力、智力的提高被称为创新能力的心智性，个体的创新能力的挖掘与开发是对个体心力与智力的一种整合。只有抽象思维能力或只有形象思维能力都不能称之为创新能力，创新能力集抽象思维能力、形象思维能力与想象力为一体。创新能力最重要的一个表现就是创新能力的心智性水平，创新能力开发实际上就是对个体心智力量的开发。

（三）创新能力的首创性

任何个体的创新活动产生的新事物或具备的新能力都是首次出现的，因此创新能力具备首创性特点。

第一，在逻辑思维活动中形成的具备首创性的创新能力。逻辑思维指在遵循一定规律或规则的前提下对某一事物的认知与思考方式。在通过逻辑思维对某一事件进行分析与综合辩证的过程中，对整体进行细化认识的过程称为分析过程，再把部分整合成整体的过程称为综合辩证。这是个体在创新能力的开发过程中的首要能力。

第二，在形象思维活动中形成的具备首创性的创新能力。个体在通过典型形象认识事物的思维过程中，要把对现有问题的认识进行理论转化，以此来进一步看清事物本质规律。

第三，通过创造思维方式产生的创造活动具备一定的首创性。创造思维并不是无时无刻存在的，它是在某种特定的条件下产生的，以灵感、顿悟等思维形式体现出来。这种思维方法的过程一般为“有序—无序—有序，意识—无意识—意识”，是从逻辑思维到非逻辑思维再到逻辑辩证的过程。在探索全新领域的过程中，无法用常规思维来解决问题时，灵感思维方法或顿悟思维方法有助于研究事物的本质与规律，从而实现问题的解决。

第四，整合上述三种思维活动形成的新的创新活动，其具备一定的首创性，是一种全脑思维活动，形成的创新能力也更全面更深入。由于逻辑思维是左脑的功能，非逻辑性思维是右脑的功能，可以说逻辑思维与非逻辑思维的统一就是对全面逻辑能力的一种整合。因此，对逻辑思维、形象思维以及创造思维进行有效整合后，利用全脑思维活动实施的创新活动更具首创性。

（四）创新能力的超越性

在创新活动过程中，打破固定思维，实现思维跳跃并完成创新活动的过程被称为创新能力的超越性，具体表现在以下两方面。

1. 对现有的知识成果进行重新组合从而实现创新

“阿波罗”计划的成功标志着人类航天事业进入到一个全新阶段，也是个体创新能力超越性的体现。这项登月计划的成功体现了重新组合现有知识成果实现创新的可行性。

2. 突破常规思维方式实现新的创新

著名物理学家牛顿提出的牛顿力学是在静力学的基础上实现的创新，后期众多科学成果都借助了牛顿力学。爱因斯坦提出的相对论力学则打破了牛顿力学的常规思维定势，可以说从牛顿力学到相对论力学是创新能力超越性的直接体现。

（五）创新能力的整合性

通常来说，创新能力的整合性体现在创新能力与创新思维的交互关系中，假设创新主体的整合能力与创新思维的关系是按照特定的路线进行的，就能体现出整合性，反之则会出现整合负效应。

第二节　创新能力的培养

创新能力的培养包括学习能力、记忆能力、分析能力、想象能力、实践能力等方面的培养。

一、学习能力的培养

（一）树立坚定的学习信心

坚定的信心是取得成功的关键因素。学习能力是每个人与生俱来的素质，只是发展水平存在差异。学习的本领是在实践过程中逐步培养、逐步提高的，在恰当的方法引导下，通过训练，任何人都可以提高自己的学习能力，因此，要建立起牢固的自信，才能够在学习与成才的路上大踏步地前行。

（二）锻炼顽强的学习毅力

学习的历程是满布了困难与挫折的探究过程，只有具有强大意志力的人才能战胜学习道路上的各种艰难险阻，将学习活动进行下去。坚持不懈的学习毅力是在实践中逐渐形成的，而非一朝一夕之功。创新者要把坚持不懈的学习作为一项重要使命，自觉地加以磨练。

（三）善于独立思考的学习习惯

创新者要养成敢于、善于探究，擅长自主思考的习惯。在学习时，尤其要注重自行发问，独立剖析问题，独立完成问题。碰到困难的时候，首先要开动脑筋努力思考，争取独立解决问题。

（四）掌握科学的学习方法

在学习中，掌握科学的学习方式，可以让我们少走很多弯路，节约时间，提高效率，取得事半功倍的效果。创新者应当积极地探索科学的学习方式，将别人的优秀的学习经验和成功实践的经验应用到自己的学习中去。以下是科学学习方法的基本步骤。

1. 选择学习对象

在选择学习对象时，应该从四个方面入手。

（1）普通情境下的学习对象。通用环境就是一个“大仓库”，用于挑选学习对象。要拓宽自己的眼界，关注社会发展的实际情况，善于利用社会环境中丰富的资源，实现自我革新。

（2）产业背景下的学习对象。产业大环境是创意的源泉，对产业变迁进行研究，不但可以掌握企业发展的方向，也可以为企业的创新行为提供一些启发。

（3）把竞争者当作自己的榜样。竞争者在战略上的每一次变动，都会影响到企业的整体利益，因此必须给予足够的重视，这也是获取学习对象的一个重要源泉。

（4）把周围的人当成自己的榜样。周围的人，包括同学、家人、朋友，都是我们最亲近的人，所以我们要注意他们的行动，从中寻找灵感，激发自我的创造力。

2. 观察分析处理

要取得创造性的结果，就必须仔细地观察、记忆、思考、分析和处理。对于学习目标的优秀之处进行研究、抽象、比较与归纳；抽取学习目标共同的特性和属性，使其成为一个完整的学习目标。

（五）培养稳定的学习情绪

优秀的学习能力离不开稳定的心态。有的人对知识有强烈的好奇心，情绪高涨时学习动力很强；在遭遇挫折的时候，却很容易灰心丧气，情绪低落，失去学习的动力。创新者一定要有稳定的心境，才能以饱满的精力投入学习。

二、记忆能力的培养

人的记忆是能够在后期的练习中得到提高和强化的。在这一过程中，要想使记忆凸显出来，就必须培养记忆力，养成记忆习惯，学习并掌握记忆技巧。

（一）锻炼记忆能力

记忆训练的基本要点包括：目标清晰、集中注意力、培养强烈的兴趣、力求理解和反复练习。

1. 目标清晰

记忆主要依赖于识记任务，只有明确识记任务后，学生才能熟练运用学习方法，掌握学习内容。如果不分清轻重缓急，试图把所有的东西都记住，既浪费时间，又没有结果。

2. 集中注意力

注意力是通向学习的大门，没有注意力，就不会有记忆的进程。在专注的时候，大脑皮质的兴奋中枢得到强烈刺激，很容易建立起短暂的神经连接，记忆会更加深刻和持久。

3. 培养强烈的兴趣

兴趣与记忆力的联系也非常紧密。有趣的东西，很容易被人记得，并能长久地保存下来；不感兴趣的知识则很难记住，即使短时记住了也会很快忘掉。因此，要想提高记忆力，就必须从培养兴趣开始，让记忆活动向着一个良性的方向发展。

4. 力求理解

所谓理解，一般来讲，就是既要“知其然”，又要“知其所以然”。

5. 反复练习

不断地重复有助于记忆的加深。重复对于加强记忆和防止遗忘十分重要。

（二）讲究记忆习惯

要想训练出出色的记忆力，也要注意记忆的习惯，基本要点包括：平时多用脑，善于用脑；把握好时间，增强效果；劳逸结合，放松身心；稳定情绪，增强信心；合理补充营养，健康饮食；保持良好的空气和环境；勤于思维上的练习，发展自身的脑力。

1. 勤用脑，善用脑

首先，要经常用脑。脑科学的相关研究表明，人脑对信息的接受、储存以及复杂处理都能加快脑细胞的分化，人脑的使用频率越高，越有利于脑细胞的发育。生理学家们提到频繁使用人脑能延缓脑细胞的老化。可见，经常用脑不会对大脑产生负担，反倒能有效增强大脑功能和脑部活力。

2. 把握时间，增强效果

在不同的时间段，个体的记忆水平和记忆表现也会有所差别，相对于一天中其他时间段，大脑会在某一段时间内表现较好。通过调查分析发现，个体在一天中有四个时间段记忆能力最强。第一个阶段是早上的六点到七点，经过一晚上的休息，大脑已经完成了对过去的经历和所接收信息的整理工作，因此大脑较为清醒，记忆表现也较好；第二个阶段是上午的八点到十点，个体在起床后经过一段时间的活动，精力较为旺盛，对于材料文字的处理和记忆效率也较高；第三个阶段是晚上的六点至八点，相比于其他三个阶段，这个阶段可以被称为记忆的高峰期；第四个阶段是睡觉前的两个小时，因为此阶段记忆的信息将会伴随人进入睡眠状态，不会再受到其他信息的影响，而且在睡眠中，大脑还会对睡前输入的信息进行整理分析，让碎片化的记忆变得逻辑化，所以对于输入的信息印象更加深刻，之后调取时也会更加便捷。所以，我们在开展记忆工作时，要尊重身体的生理规律，抓住重点记忆时间，以取得事半功倍的效果。

3. 劳逸结合，身心放松

大脑作为人体的重要器官，日常承担了大量的信息输入、整理工作，为了保证其工作效率，进行必要的休息和保养意义重大，而睡眠就是最好的保养方式，同时合理的运动也有利于大脑的休养，提升其表现水平。个体处于身心愉悦的状态，大脑的记忆能力就更好。

4. 稳定情绪，提高信心

个体想要培养稳定的心理状态，保持良好的情绪，需要时间的积累，这不是一蹴而就的过程。提高个人身心状态可以采取建立自我认知、加强情绪管理、寻求社交支持等方法。

维系心理状态的稳定是一项需要长期坚持的工作，我们要在日常生活中保持一个强大的内心，通过持续不断的自我关注、自我鼓励，展现生命的活力和精彩。

5. 合理补充营养，健康饮食

从生理学的角度来看，人的记忆能力与神经递质——乙酰胆碱等因素有关，脑系统受血糖的影响，血糖中的营养主要来源于人们的日常饮食，如蛋黄中就含有大量的卵磷脂和甘油三酯，经过胃肠消化吸收后，转化为乙酰胆碱，进而增强大脑功能，所以要注重日常饮食营养摄取，以确保大脑的健康。

6. 空气清新，环境良好

良好的学习环境更能激发大脑的活力，例如图书馆、阅览室等，有利于提高学习效率。积极的学习氛围，有利于带动学习的主动性。当我们置身于浓郁的学习氛围之中，不知不觉地就会对学习产生兴趣，从而激发起学习的动力。

7. **思维锻炼，开发脑力**

思维是一个既复杂又简单的事物。我们每次哼一首熟悉的歌曲，解决一个问题都是对思维的锻炼。借助科学已经证实了的思维工具，如联想、连接、思维导图等，我们能够记住更多的歌曲，解决更大的难题。

（1）联想：在一个关键词的影响和作用下，建立与其他关键词的联系，联想也是记忆的重要形式之一。

（2）连接：将一个关键词与其他关键词结合起来，由一到二，逐次类推，呈现水平联系结构。

（3）思维导图：人们在思考时，思考的过程是线性的，具有逻辑条理，大脑输入的各种信息、感觉和思想都可以由一个中心发散出来，思维导图就是这种射线结构的载体。

下面是七种常见的智力训练方法，可以帮助人们拓展思维：

（1）空间智力：让个体在白纸上进行城市设计，做到布局合理、设施健全。

（2）音乐智力：往七个瓶子里面注入不同体积的水，通过敲打瓶子，得到不同的声音，不同的音调构成不同的旋律。

（3）运动智力：用“人体计算器”来进行数据计算，例如一只手代表什么数字，两只手相碰代表什么运算方式等，游戏规则不是固定的，可以根据自身的需要和实际情况进行调整。

（4）自我认识：根据以下分类，对自身作出客观的评价，内容越丰富，对于自身的了解也会越全面，最后帮助个体熟悉自身的优势和不足。

- 个人描述（过去、现在、将来）：________________________________
- 长处：________________________________
- 弱点：________________________________
- 喜欢的事物：________________________________
- 不喜欢的事物：________________________________
- 长远目标：________________________________
- 家庭、朋友：________________________________
- 成就、爱好：________________________________

（5）逻辑智力：通过阅读悬疑侦探小说来培养逻辑思维能力。

（6）语言智力：对着镜子进行演讲和交流，需要长期坚持。

（7）人际交往：试着与不同性格、背景的人沟通交流。

以上方法可以参考借鉴，也可以根据自己的实际情况，选择更加具有针对性的训练方法，提升自己的心智能力。

（三）掌握记忆技巧

熟悉记忆规律，掌握科学的方法，可以大幅提升记忆效率，让记忆的东西更加牢靠。对于记忆者来说，要结合自身实际情况，培育相应的记忆习惯，有些内容严谨性较强，需要准确记忆，例如公式、数据等，要做到记忆分毫不差。随着社会的发展和技术的进步，计算机的诞生为存储和调取信息提供了新的载体，而且相比传统的字典等形式，计算机进行信息调取的效率更高，存储的信息更加海量。对于可以随时在网络上查询的资料，可以采取模糊记忆的方式进行信息输入和查找。

1. 理解记忆法

理解记忆法是在充分理解记忆内容的内涵和特点的基础上，实现对知识的记忆，这些知识多半涉及规律、历史事件等。在基本理解的基础上，进行整体把握和记忆，更容易加深对此类知识的印象，熟悉其内在逻辑结构后，将其纳入自己已有的知识体系中，在之后调取知识时效率更高，能够取得事半功倍的效果。

2. 协同记忆法

在记忆信息前，首先要进行信息输入，信息输入的渠道是多种多样的，包括视觉、听觉等方式。这些信息通过人体不同的感官输入到大脑中，个体在记忆时，可以尽量调动多个感官的参与，实现多器官记忆的协同效应，提升记忆效果。

3. 口诀记忆法

口诀记忆法是指在记忆中可以充分发挥自身的主观能动性，将记忆材料进行梳理分析，例如可以将其用口诀的方式进行呈现。口诀具有通俗易懂的特点，可以帮助个体进行记忆，同时个体在处理材料，编撰口诀的过程中也是对材料内容进行编排的过程。这种方式让原本枯燥乏味的记忆过程变得生动有趣，提升记忆效率。

4. 联想记忆法

联想记忆法就是将原本没有关联的事物通过讲故事的方式联系起来，通过联想的方式，将不同的知识点连缀起来，提升记忆效率。

5. 规律记忆法

事物的发展有其客观规律，个体在记忆的过程中要尊重规律，遵循个体认知事物的过程和规律，有计划、有步骤、有目的地进行记忆，同时对已经背诵过的事物，也要经常回忆和巩固，避免遗漏。

除了运用上述方法之外，还可以从自身的实际情况出发，丰富记忆方式。在选择记忆方法时，要重点发挥自身的优势，避开自身的不足，以提升记忆的效率。

三、分析能力的培养

在分析问题时，也要确保研究方法的准确，继而为分析工作提供方法上的指导，确保其沿着正确的轨道进行，以得到理想的分析效果。

（一）分析的内涵特征

当面对问题时，不应该盲目行动，而要进行充分的分析和判断，了解问题的性质和内涵，有针对性地开展工作，同时要结合实际情况，不断创新工作方法和解决思路，在对问题充分了解的基础上，有的放矢地进行解决，提升解决问题的效率和效果。

分析是在思维中把认识对象分解为各个部分、方面、要素，分别加以研究。与分析的思维方法相对应的就是综合。综合是在思维中把认识对象的各部分、各组成因素按其内在联系有机地结合成一个整体进行研究。分析与综合的实质是建立在调查研究基础上的矛盾分析方法。分析是综合的基础，综合是分析的完成，只有把两者结合在一起，才能对认识对象的整体及其每个部分都形成完整、科学的认识。分析与综合是客观事物的辩证联系和发展过程在思维中的再现，涉及整体与部分的关系，是事物和概念的内部关系。分析和综合是认识事物的高级思维形式，是创新的必备思维条件。

（二）分析能力培养的理论基础

1. 唯物辩证法

唯物辩证法是认识客观世界和改造客观世界的科学、合理的方法，也是对事物进行正确分析的方法依据和基础。要提高分析能力，首先应努力学习和掌握唯物辩证法。

2. 矛盾分析法

矛盾分析法是指观察和分析各种事物的矛盾运动，进而解决矛盾的一种方法。这是人们分析问题、解决问题的一种普遍的、根本的方法。要找到问题的关键，然后运用重点论和两点论的方法解决问题。

3. 数学分析法

数学分析法是指在抛开研究对象的其他一切特性的情况下，用数学工具对研究对象进行一系列量的处理，从而作出正确的判断，得到以数字形式表述的成果。客观事物的任何一种物质形态和运动形式都有一定的空间形式和数量关系，而数学正是对客观世界的空间形式和数量关系进行研究的科学。随着近代电子计算机的出现及其突飞猛进的发展，以及各种科学技术的日趋成熟，许多事物已由最初的定性认识深入到定量表达，为应用数学方法进行事物分析打下了良好的基础。

（三）分析能力的培养方法

1. 掌握问题分析原则

在分析问题时，管理者要做到全面具体，包括充分考虑所涉及问题的各类因素，并运用系统思维对涉及的问题进行整合分析，让问题的性质和内涵更加明确具体，具体来说可以运用“4W1H”（What表示何物，Why表示何因，Where表示何处，Who表示何人，How表示如何）原则来帮助个体梳理问题的特点。

（1）What（何物）：不同问题的性质也会有所差异，要想高效、准确地解决问题，必然要清楚了解问题的内涵，主要包括以下几个方面，即：①问题是什么？②这一问题由哪些部分组成，可以进一步分类吗？③问题的每个组成部分与其他部分之间是否存在联系？④这一问题是独立产生的，还是由其他问题衍生而来的？⑤这一问题诞生在何种条件下？⑥这一问题将带来多大的影响？⑦如果无法解决问题，会造成哪些不利后果？⑧如果选择的办法不适用于解决该问题或者无法及时解决该问题，会造成什么后果？

（2）Why（何因）：遇到问题时需要深入分析导致这些问题的原因。通过深入分析问题的起因，找到最具针对性的解决办法，即：①哪些因素会导致这些问题的出现？②过去是否出现过类似的问题，如果出现了为什么没有及时察觉和解决？③为什么该问题一直存在？④需要多少时间解决该问题？⑤该问题持续的时间有多长，是否会受到季节等因素的影响，该问题表现的形式是怎样的？⑥该问题解决的时限是多长？⑦解决这一问题要遵循何种计划？

（3）Where（何处）：不同的问题发生的地点是不同的，所以在解决问题时，不能眉毛胡子一把抓，要找到问题的关键地点所在，即：①问题发生的地点在哪里？②问题是否主要集中在某一个区域？③问题发生的地点是否会对问题的性质和特点带来影响？④问题发生的地点是局部的还是普遍存在的？⑤该问题是否在别的区域出现过？

（4）Who（何人）：工作任务必须做好分工协调，由不同的主体各司其职，才能确保问题得到及时有效的解决，即责任必须追溯至个人：①谁导致这一问题的发生？②谁第一个发现了该问题？③这一问题的出现应该是谁的过错？④谁可以解决这一问题？⑤谁会受到该问题的影响？⑥出现该问题能给谁带来好处？⑦为了解决该问题，可以听取谁的建议？⑧谁可以决定采取何种方式解决问题？

（5）How（如何）：处理问题的方法是解决问题的关键，管理者要在充分分析问题、了解问题的基础上提出合理的应对措施，即：①问题如何对其他工作造成不利影响？②以前面对这些问题时，采取了哪些解决方案？③目前可以采取哪些措施解决这类问题？

2. 把握问题分析要领

问题分析过程遵循了解问题性质，提出合理假设，通过分析验证消除不合理的假设，提出具有合理性、科学性的假设这些步骤。

（1）描述问题。对问题性质和内容剖析得越全面、越具体，提出的解决方式就越具有针对性，可遵循“4M2S”原则（图4-2）。

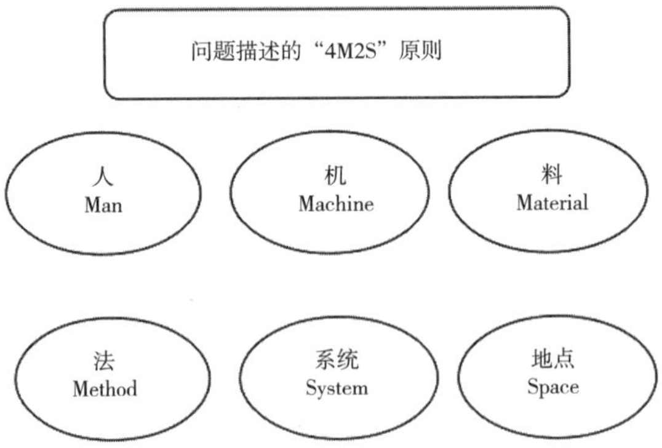

图4-2　问题描述的“4M2S”原则

在描述问题时，需要重点把握问题的影响范围、问题发生的次数，以及问题主体。

（2）列举假设。从所有导致问题出现的原因出发，提出合理的假设，这些假设不一定完全正确，但是都可以作为分析问题的参考因素。在提出假设时，还要考虑到假设的性质和层级，分类列举，避免出现重复。

（3）排除假设。在提出假设的基础上，收集信息和数据，进行分析并排除一些不合理的假设，确保问题分析的客观性、准确性。

收集所有与假设相关的信息和数据，通过分析数据，来验证假设的正确性，还可以通过实地走访的方式，听取相关人员的意见和看法，查阅第一手操作资料，逐步得出客观结论。

（4）修订假设。假设需要经过事实的验证后才能成为客观结论。管理者在分析问题的过程中，要时刻关注到外部情况的变化，及时调整假设和分析方向。

（四）充分利用分析工具

1. 鱼骨图分析法

鱼骨图是帮助我们寻找问题原因的重要工具，如图4-3所示。鱼骨图可以使分析问题的过程变得条理化，不容易遗漏重要因素，确保分析的准确性。

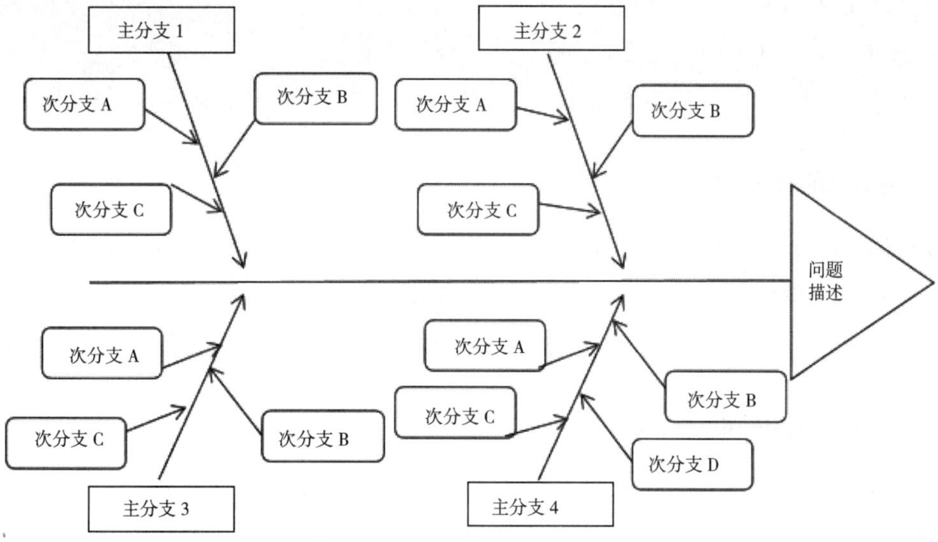

图 4-3　鱼骨图分析法

运用鱼骨图分析问题时，应注意检查逻辑、内容和形式三个要点。

（1）逻辑。分析问题要按照从主到次的顺序，通过反复验证，确保结论的严谨性和逻辑性。

（2）内容。确保主次各分支的内容都要全面准确，不同分支的层次结构要统一。

（3）形式。利用各分支在进行问题分析时，要确保剖析深入准确，不能停留在表面。

2. 名义群体法

参与问题剖析的各个成员通过互动交流的方式，提出自己对于问题的看法和建议，具体实施步骤如图4-4所示。

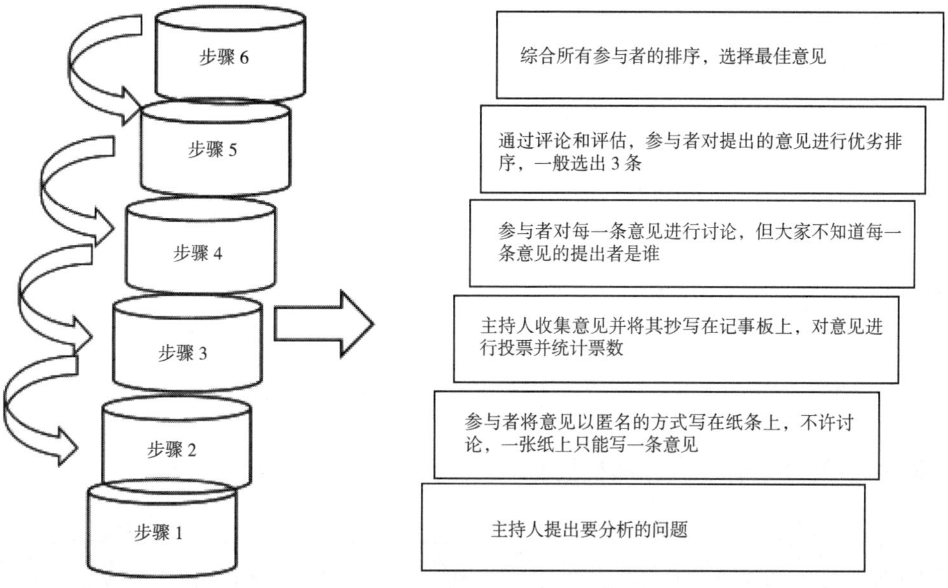

图 4-4　名义群体法的实施步骤

四、想象能力的培养

（一）积累丰富的知识和经验

大脑输入的信息，经过合理的想象，可以转化为具有创新性的知识。知识的发展和创造，大部分是建立在前人积累的基础上，如果没有足够的科学知识作为支撑和指导，想象力必然也是苍白的，甚至是没有根据的胡乱猜想，无法指导实践工作的开展。创造者在广泛输入各学科知识的基础上，展开合理的想象，为创造力插上腾飞的翅膀，从某种程度上来说，个体的想象力的高低与拥有的知识和经验的多少成正比关系，只有不断汲取多元化的知识，个体的想象力才会越来越丰富。

（二）培养强烈的兴趣和好奇心

一个拥有探索欲，对万事万物充满好奇心，且具有研究兴趣的个体，其想象能力就会强。而且在这种好奇心和探索欲的鼓励和引导下，个体会具有很强的自主学习能力和自主思考能力，可以很快地接受新事物，主动对事物的发展规律进行追根溯源，这些都是想象力发展的源泉。

（三）激发饱满的热情和态度

想象力与人们的心理状态和情绪体验联系较为紧密，当个体处于舒缓放松、乐观向上的情绪状态时，个体的想象力将得到充分释放，可以自由地设想未来的发展趋势和光明前景；但是当个体处于较为低迷的情绪状态时，看待事物的角度往往比较悲观，无法提出具有指导意义和进步作用的设想，想象力也无从谈起。

创新者必须将自己的热情和积极性毫无保留地投入到创造之中，才能取得突出的成绩，创新离不开想象力的加持，积极乐观的情绪是激发想象力的基础。因此，创新者的主观能动性对于创新创造来说十分重要。

（四）锻炼敏捷的反应和思维

人的灵感往往是转瞬即逝的，需要人在第一时间进行察觉和捕捉，有时候个体的创新观念很容易受到其他因素的影响，表现形式并不稳定，个体需要将这些想法及时记录下来，并且通过深入思考赋予其逻辑价值和理论作用，运用到实践当中，带来新事物、新成果。

五、实践能力的培养

（一）激发实践动机

在培养实践能力的过程中，首要任务是激发实践动机，这也是个体从事任何事情的前提，能够帮助个体完成从任务目标认识到积极实施的过程。实践动机的出现能够帮助个体完成实践活动，而个体在实践过程中能够不断积累和培养实践能力，因此没有实践动机的实践活动可以说是毫无意义的。

（二）掌握实践能力的专业知识和专门技能

任何实践活动都是建立在一定理论知识、实践技能的基础上实施的。如果说知识储备不充分，专业技能不达标，那么将无法保证实践过程的安全性、计划性、规范性。对于专业化水平较高的领域，实践活动项目往往要求实践者具备更高的技能与专业知识作为基础。同时也要求实践者们在实践活动之前进行一系列的专业知识培养，并制订科学的实施计划等。

（三）强调增强实践能力的思考

大脑是指挥个体完成所有活动的基础。个体需要不断地思考，树立正确的心态，才能培养自身实践能力，更有效地去思考与解决问题。在一定程度上，个体的大脑使用程度决定了实践能力的高低，从而影响最终的实践结果。不动脑筋，不积极思考问题，实践能力将始终无法得到提升。

（四）形成提高实践能力的良好习惯

实践能力的培养与提升是在现有知识储备的基础上通过不断的反复训练来实现的。但要注意一点，对相关知识的理解不等同于具备相关的实践能力。举个例子，某个体已经掌握了握笔和绘画的技巧，但他不一定会绘画。因为绘画这一项技能需要反复不断的练习才能掌握。一个行为往往是由一系列动作组成的，动作的熟练程度决定了动作的完成效率，个体通过反复练习来保证动作的熟练度，从而提高实践能力。

第三节　创新能力测评

一、大学生创新能力的评价指标体系

20世纪50年代，乔伊·保罗·吉尔福特（Joy Paul Guilford）等心理学家发现，智力测验不能测量人的创新能力，创新能力测评需要独立的测试方法。创新能力的测评就是为了确定一个人创新能力的高低，采用科学方法对人们的创新能力进行测量和评价的过程。

创新能力测验的典型方法有南加利福尼亚大学发散性思维测验、托兰斯创造性思维测验、芝加哥大学创新能力测验和普林斯顿法等。

1. 南加利福尼亚大学发散性思维测验

美国南加利福尼亚大学的吉尔福特和他的同事编制了一套发散性思维测验。测验的项目有：词语流畅性、观念流畅性、联想流畅性、表达流畅性、非常用途、解释比喻、用途测验、故事命题、事件后果的估计、职业象征、组成对象、绘画、火柴问题、装饰。前十项检测言语反应，后四项检测图形内容反应。

该测验适用于中学水平以上的人，主要从流畅性、变通性和独特性三个方面评分。

例如，“组成对象”项目是要求使用一些简单的图形（如圆形、长方形、三角形、梯形）画出指定的事物。在画物体时，可以重复使用任何一个图形，也可以改变其大小，但不能添加其他图形或线条。“火柴问题”是要求移动指定数目的火柴，形成特定数目的正方形或三角形。

2. 托兰斯创造性思维测验（Torrance Tests of Creative Thinking，TTCT）

在20世纪50年代初，这一类测验由美国心理学家托兰斯（E. P. Torrance）在明尼苏达大学首创，故亦称明尼苏达创造力测验。测验对象涵盖了从幼儿园到研究生的各年龄层。根据托兰斯的理论，创新思维是创造力的核心，包含着若干方面的特征，主要为流畅性、灵活性、独特性、周密性等。因此，对创造力的测验可集中表现为对上述创新思维特征的考核。

托兰斯创造性思维测验通常由三套试卷、十二种测试题型或分测验组成。

第一套为词语（文字）测验，有七类试题（或分测验）。第一至三类为提问和猜测，第四类为物体改进，第五类为用途变通，第六类为非常问题，第七类为假设推断。

第二套为图形测验，划分为三类试题（或分测验）。第一类是在特定的图形基础上引入有趣的故事；第二类是在特定的线条或图形上进行绘图；第三类是在特定的平行线或图形上进行创作。

第三套为有声语言的刺激测验，具体划分为两类试题（或分测验）。此种测试须向试验者提供声音或录像。第一类是音响想象，第二类是象声词想象。

3. 芝加哥大学创新能力测验

美国著名学者盖泽尔斯（J. W. Getzels）和杰克逊（P. W. Jackson）等在吉尔福特的研究基础上，展开了对青少年创新能力的测试与培养研究，并于20世纪60年代提出了创新能力测验。该测验具体包括词语联想测验、用途测验、隐蔽图形测验、组成问题测验以及完成语言测验。

关于智商与创新能力的大量研究表明，两者之间的关联性较低，但智商越高的个体往往创新能力越突出。同时也有相关研究表明，创新能力的性质决定了个体的智商与创新能力之间的关系，比方说一些创新能力本身对个体的要求偏高，这就需要具备较高的智商。虽然说学者们通过大量的研究与分析，并没有统一智力与创新能力之间的关联性，但都明确表示高智商的个体不一定能够实施较高水平的创新活动，但低智商个体的创新能力普遍偏低。

4. 普林斯顿法

美国著名学者尤金·劳德塞选择科学家、工程师以及企业家作为研究对象开展了对于个性品质的研究，测试名称叫“你的创新能力有多大”。试题中共有50个句子，每个句子都比较简单。答题的方式为选择形式，每道题目都有三个选项，即A表示同意，B表示不清楚，C表示反对。答题完成后收回问卷，并进行综合统计。测试者需要10分钟左右的时间，通过最终的整合分析，来判断该被测者是否具备创新才能。如果被测者答题比较慎重，那么也可以适当延长测验时间，测验时间不会影响到最终的测试效果。

总的来讲，通过创新能力测验的方法能在一定程度上分析出个体的创造性水平与行为特征，从而更好地反应该个体的创新能力与特质；另外，测验成绩不同代表创新能力也不同。在教学过程中实施创新能力的综合性测评，能够更真实地反应出个体某阶段的创新能力水平。

二、大学生创新能力测评等级划分

随着高校双创教育不断发展，相关的评价研究工作逐步开展。培养创新型大学生的过程具体划分为三个阶段，每个阶段选择的创新方法并不一致，因此评价指标也存在区别。根据不同的阶段选择适当的测评方法，能让学生清晰准确地认识自己。

1. 启蒙阶段

启蒙阶段的培养对象主要是低年级个体，比方说学生对创业存在较为浓厚的兴趣，同时有想法参与到创业活动中，但对于自身的认识程度还不够，那么进行相关的性格与能力测试是极其重要的。

通过迈尔斯－布里格斯类型指标（Myers-Briggs Type Indicator，MBTI）测评工具对于启蒙阶段的个体展开测验可以帮助被测者认识自身。MBTI人格类型是根据迈尔斯等人在研究中提出的心理学理论设置的人格量表，该表涵盖了“内倾—外倾维度”“实感—直觉维度”“思维—情感维度”和“判断—感知维度”，通过排列组合的方式，组合出了16种人格类型，不同类型所对应的个体性格特点也不一致，具体见表4-1。

表4-1　MBTI各维度功能及偏好特点

（1）你通常将注意力集中到哪个方向上？你的力量来自哪里？——内倾—外倾维度	
内倾（Introvert）	外倾（Extrovert）
喜欢将注意力放在自身，会定期地反思自己，认识到自己的不足，并能够及时做出改正，通过自身情感、记忆来获取能量	喜欢将注意力放在外部世界并对于相关活动或人进行观察的，能量来自互动过程，属于外倾的人
● 独处在自己的世界里 ● 文字是最好的表达方式 ● 通过不断的反思来提升自己 ● 专注力较强 ● 性格比较内敛	● 善于交谈 ● 在交谈中探索“新大陆” ● 在交谈与讨论中学习 ● 兴趣爱好众多 ● 不会“社恐” ● 工作与活动的提出者
（2）你倾向于如何收集信息？——实感—直觉维度	
实感（Sensing）	直觉（Intuition）
个体通过对实际事物的观察来获取相关信息，注重细节的把控和事情的真实性。这类个体属于感觉型人群	个体通过观察图像来获取事实，属于直觉型人群，他们能够有效地将感觉到的信息变成实际有用的东西，并归入理论结构
● 更注重现实的发展 ● 倾向于事实 ● 关注真实具体的事物 ● 观察和记忆个别事物 ● 通过科学的方式得出结果 ● 在实践中学习知识 ● 实践大于灵感	● 更注重未来的发展 ● 想象力丰富 ● 关注事物的意义和模式 ● 记忆整体模式 ● 依靠预感得出结论 ● 明确观点与理论 ● 灵感大于经验
（3）你如何作出决定？——思维—情感维度	
思维（Thinking）	情感（Feeling）
个体通过一定的思维方式，做任何事情之前都会对其进行分析，判断事情的结果，从而获取普遍性的标准与原则，这类人群属于思维型人群	个体进行一系列活动的过程中，主要依靠自身的主观价值来实施，通常比较在意他人的感受，也喜欢去帮助他人，这类人群属于情感性人群
● 善于分析 ● 能够厘清逻辑关系 ● 善用逻辑关系 ● 设定清晰的标准 ● 具备足够的毅力与恒心	● 情感波动大 ● 个人价值观较强 ● 注重他人感受 ● 希望团结合作 ● 同情心较强 ● 希望一切公平
（4）你如何应对外界世界？你的生活风格如何？——判断—感知维度	
判断（Judgment）	感知（Perceiving）
个体实施任何活动之前都会制订严谨且科学的计划，比如时间表等，有计划、有目的地完成任务，这类人群属于判断型人群	个体在实施活动的过程中能够采取多样化的方式来处理问题，他们更注重的是过程的体验，而非结果，对于最后结果的选择也不会仅仅局限于某一种，这类人群属于感知型人群

● 计划完整 ● 自己的生活自己做主 ● 有目的性 ● 未来规划清晰 ● 作出决定前的考虑时间较短	● 适应性较强 ● 灵活、随意 ● 时刻准备行动 ● 在最后时刻作出决定

这四个维度中八个极的不同组合将形成16种人格类型（Type），每个类型都由四个维度中个体偏好的那一极的代表字母的组合来表示。例如ENFJ，表示该人的人格类型是外倾－直觉－情感－判断四极的综合。一个类型就是一个能综合反映个体人格的结构化模型，并且其整体意义要大于部分的总和。比如INFP类型所含的意义不仅仅是I，N，F，P这四个极的叠加，它更应被看作是一个整体，因为它包含了组合后所生出的新的意义，只有这样才能提供完整丰富的人格信息。

MBTI人格测评工具还可以帮助受测者科学有效地分析如何选择职业、组建团队等。任何一个创新活动的实施都需要多个领域的工作者参与进来，那么首要的一个问题就是个体对自身性格特点有一个明确的认知，这也是实施创新活动的一个前提。值得注意的是，任何测试工具都是有局限性的，关键在于如何看待它和应用它。

2. 成长阶段

成长阶段测评主要面向对自身特点有一定了解与认识的大学生，比方说对个人爱好、工作性质，专业水平都有一定的了解，并且积极参与各种创新创业活动来提高自身的综合素质的大学生。成长阶段的测评主要是对参与者的活动情况进行分析，从而完成对受测者的能力分析，及时发现问题并解决问题。总的来讲，成长阶段主要是对受测者创新创业能力的分析，测评中具体涵盖三大类，共计23个指标，见表4-2。

表4-2　大学生创新创业能力评价体系

评价目标	评价指标	权重	评 测 指 标
创新创业能力	综合能力	30%	道德修养（重点是奖励和处罚部分）
			体质健康（个体健康情况）
			心理健康（心理健康情况）
			团队合作能力（需要团队内的各个成员参与完成）
			外语能力（如英语四、六级）
			社会责任感（志愿服务的参与）
			学习能力（重点是学习成绩）
			信息技术运用能力（现代化技术的掌握情况）
	专业能力	30%	基础知识掌握（基础课程的学习是否满足相关要求）
			专业知识掌握（专业知识的学习是否满足相关要求）
			专业能力掌握（技能证书的获取、实训课程的学习是否达标）
			是否通过专业课程（专业课程过关率）
			是否参与社会活动（社会活动的参与程度）
			是否参与实验
			是否参与论文发表
			是否参与国际交流

（续表）

评价目标	评价指标	权重	评测指标
创新创业能力	创新创业能力	40%	是否参加创新创业课程
			是否参加创新创业培训、讲座
			是否参加创新创业项目
			是否参加创新创业竞赛
			是否参加科研活动
			成果（专利的申请、论文的发表）
			服务社会（是否真正为社会、为学校处理了各种问题）

指标权重：本研究由多位专家采用九级标度法进行赋值，分为同样重要（1）、稍重要（3）、重要（5）、强烈重要（7）、极为重要（9）。2、4、6、8代表两相邻情况的中值。

评价模型：对每位参与者的考核指标进行分类汇总，得到原始分数，对原始分数进行数据标准化操作，然后将每个指标的权重与标准化后的分数乘积进行累加，得到总分。Y代表最后得分，$W(n)$代表第n个指标的权重，$Z(n)$是第n个经标准化的值，具体公式如下：

$$Y=\sum(Z(n)\cdot W(n))$$

3. 实践阶段

实践阶段的测试对象是已经参与项目，比方说双创比赛、培训等的个体。该阶段主要通过问卷调查的形式来进行测评，随后对问卷结果进行整合分析，同时对未参加过的学生及未参加的原因进行调查，研究其影响因素。研究表明，主要影响大学生创新创业的因素见表4-3。

表4-3　创新创业主要影响因素

一级指标	主要影响因素	二级指标
个体特质	专业	文科、理科、工科、农科、医科等
	性别	男、女
	创新经历	是否有创新经历
	社会实践	社会实践次数小于3次或者大于3次
	创新知识	是否参与课程、讲座、培训、慕课等
	创新想法来源	家人、导师、朋友、同学等
	创新目的	社会责任、就业等
创新资源	家庭支持	家庭氛围
	学校环境	创新基地/孵化器、配套资金、政策等
	校外环境	所在地区的经济状况、学校周边的发展状况等
	培训渠道	课程、讲座、培训、导师指导等
创新资源配套	创新相关课程	课程数量、课时、是否与专业课程融合
	创新导师	校内外导师
	创新指导	导师指导时间、是否有定期指导制度等
	创新教育激励机制	创新学分、课程置换等
	当地政府扶持政策	税收政策、政府工作效率等

三、大学生创新能力综合评判

（一）健康的心理

个体对任何事物都能够以一个积极乐观的心态去看待，这就是个体的健康心理，同时也是个体开展创新活动的前提。实施创新活动的目的是更好地服务于社会，提升自我价值，不能在损害他人利益的情况下进行。

（二）恰当的自信

对于自身的专业水平与技能具备足够的自信心，这是创新成功的关键一点，但要注意不能够盲目自信。有一位企业家曾说过："一个新的项目在启动时，如果有一两个人赞同，那意味着可行；如果有一半的人赞同，那么可能项目实施已经晚别人一步；如果超过70%的人同意，那么该项目可能已经有很多人在探索了。"任何行动的前提是具备一定的自信心，不要太过在意别人的眼光，相信自己的判断和选择，那么你就会离梦想更进一步。

（三）灵活的思维

个体在实施创新活动的过程中要能够从多个角度去思考问题、解决问题，不能仅仅局限于固定模式。灵活的思维是创新的重要条件。

（四）质疑的精神

实施创新活动的过程中要敢于挑战，打破常规思维，不受定向思维的限制。爱因斯坦说过，提出问题要比解决问题难得多。

任何工作都是从疑问开始的，在工作中提出质疑是对工作的负责。换言之，只有怀有积极性和责任心的个体，才会在工作中发现问题并提出问题，进一步去解决问题，实现创新。

（五）明确的目标

所谓明确的目标是要求个体在实施活动之前就要确定未来的计划或目标。有了目标，计划的实施才能更有方向性。有了确定的目的地，才能快速规划出行进路线，并在可控的时间内抵达目的地。在生活中也是一样，干任何事情都应当提前制定目标。

（六）恒久的耐心

个体在创新活动的过程中要保持足够的耐心，对目标的追求始终保持期待。人的一生就像是一场马拉松比赛，跑得快不代表能够跑到最后。创新也是如此，在创新活动中需要个体具备足够的耐心、恒心，在坚持中完成目标。

（七）坦诚的合作意识

创新活动是由多个主体配合完成的，这就要求各主体间坦诚合作。合作是成就大业的根本与关键，也是个体的良好品德之一。"众人拾柴火焰高"强调了团结合作的重要性。

（八）勇敢的实践精神

好的想法，好的创意需要付出大量的行动来实现。实践是检验真理的唯一标准，只有经得起实践的检验，才称得上是好的创新。

第四节 创新能力实践训练

随着知识经济时代的来临，大学生的创新能力与实践能力成为社会关注的焦点。创新能力实践训练对于大学生的职业发展和社会竞争力具有重要的意义。创新能力是个体在面对问题时，能够以独特的思维方式和创新的方法解决问题的能力。这种能力对于大学生的未来职业发展和社会的进步都至关重要。因此，开展大学生创新能力实践训练具有重要意义。

一、参加专业知识培训

专业知识是大学生进行创新实践的基础。通过参加专业知识培训，大学生可以掌握相关领域的最新动态和前沿技术，提高自己的专业素养和实践能力。同时，专业知识培训还可以帮助大学生发掘自己的学术兴趣，为未来的学术研究和创新工作打下坚实的基础。专业知识培训主要包括以下三个方面。

（一）学科基础知识

学生须掌握本学科的基本概念、理论和方法，为后续的专业知识学习打下坚实的基础。

（二）专业知识技能

根据专业需求，对学生进行专业技能和知识的培训，提高学生的专业素养和实践能力。

（三）行业前沿动态

让学生了解本学科或行业的最新发展动态和趋势，扩宽学生的知识视野，为未来的职业发展做好准备。

大学生创新能力实践训练与专业知识培训是相辅相成的两个方面。通过加强创新能力实践训练，可以提高学生的创新能力和实践能力；通过加强专业知识培训，可以提高学生的专业素养和职业竞争力。因此，应将两者有机结合，建立完善的培养机制，为培养具备创新能力和专业素养的优秀人才提供有力支持。

二、参加各类专业技能竞赛

参加各类专业技能竞赛可以锻炼能力、拓宽视野，是大学生提升自身创新能力的有效途径。通过竞赛，大学生可以锻炼自己的实践能力和团队协作能力，增强自身的创新意识和创造力。同时，参加竞赛还可以让大学生结交更多的同行和业内专家，拓宽自己的人脉。各类技能竞赛包括学术类竞赛、创业类竞赛、实践类竞赛。

在当今世界，科学技术正日益成为经济发展的决定性力量，科技创新能力成为社会竞争的主导因素。我国科技创新能力与发达国家相比仍有一定差距，自主创新能力已经成为影响我国持续、快速、健康发展的重要因素。

在“大众创业、万众创新”的时代背景下，国家高度重视大学生的创新创业教育和创新能力培养。2018年9月10日习近平总书记在全国教育大会上发表重要讲话，提出要“以创造之教育培养创造之人才，以创造之人才造就创新之国家”。《国务院办公厅关于进一步支持大学生创新创业的指导意见》(国办发【2021】35号)等文件，进一步支持大学生创新创业。党的二十大报告指出“加快实施创新驱动发展战略”，深化创新创业教育改革是实施创新驱动发展战略的迫切需要。

在大学生专业技能大赛广泛开展的今天，学校组织大赛是人才培养观念转变的一种体现，多种多样的大学生专业技能大赛，面向全体学生，尊重个人选择，鼓励个性发展，使学生在实践中学习，在实战中成长，培养全面发展的高素质人才。大学生专业技能大赛是新型人才培养观念和培养体制的产物，反过来加快高校人才培养观念转变的步伐，成为培养创新型人才的有效途径。

在培养和提高学生的实践与创新能力方面，组织学生参加各类专业技能大赛的成效十分显著。在整个比赛过程中，学生是参加比赛的主角，是最大的受益者。学生在大赛中所获得的远不止荣誉证书和奖杯，还包括在后续学习和生活中表现出的更强的学习能力、实践动手能力和勇于挑战问题的积极性，参赛的经历更能提高他们日后面对新问题、新情境时的应变能力及适应社会的能力，这些恰恰是高校一直致力于培养的创新应用型人才所应具备的素质。

三、申报各类创新项目

申报各类创新项目是大学生进行创新实践的重要方式之一。通过申报创新项目，大学生可以获得资金和资源支持，实现自己的创新想法和方案。同时，申报创新项目还可以让大学生积累项目经验和实践经验，提高自己的组织协调能力和问题解决能力。申报各类创新项目要注意项目选题策略，进行市场调研与需求分析，进行技术可行性评估，注意项目实施与管理、团队协作与分工、时间管理与资源整合。

在申报各类创新项目时，应注意以下七个方面。

(1)了解项目背景和要求：在申报项目前，应充分了解项目的背景和要求，明确项目的目标和意义，以便更好地开展项目实施工作。

(2)确定项目团队成员：选择合适的项目团队成员是申报项目成功的关键。应选择具备相应技能和经验的人员组成团队，并明确各成员的职责和分工。

(3)制订项目计划和方案：根据项目要求和目标，制订详细的项目计划和方案，包括项目进度、资源分配、风险控制等方面。

(4)充分准备申报材料：申报材料是项目申报的重要依据。应认真准备申报材料，包括项目计划书、团队成员简历等，确保材料的完整性和规范性。

(5)注意项目的可行性和可操作性：在申报项目时，应注意项目的可行性和可操作性。应充分考虑团队成员的能力和资源限制，确保项目能够顺利实施并取得预期成果。

（6）积极寻求导师和行业内专家的指导：在申报项目的过程中，可以积极寻求导师和专家的指导，帮助团队解决遇到的问题和困难。同时，导师和专家的经验和资源也可以为项目的实施提供支持。

（7）注重项目的成果和推广：在项目实施过程中，应注重成果的积累和推广。可以通过发表论文、申请专利等方式将项目的成果进行推广和应用，提高项目的社会价值和影响力。

四、进驻大学生众创空间

众创空间作为一种新型的创新创业平台，为大学生提供了丰富的实践机会和资源。首先，众创空间提供了多样化的项目和活动，使学生能够根据兴趣和专长选择合适的项目参与，从而充分发挥个人潜能。其次，众创空间汇聚了各类人才和资源，学生可以在这里与不同背景的人交流合作，拓宽视野、增长见识。此外，众创空间还为学生提供了创业指导和资源支持，帮助学生将创新想法转化为实际产品或服务。通过进驻众创空间，大学生可以更深入地参与创新实践。在项目实施过程中，学生需要综合运用所学知识解决实际问题，这有助于提升其解决问题的能力。同时，在众创空间中，学生需要与团队成员密切协作，完成任务，这有助于培养学生的团队协作能力。此外，众创空间还为学生提供了与业界专家面对面交流的机会，帮助学生了解行业前沿动态，为未来的职业发展做好准备。

在进驻大学生众创空间时，应注意以下六个方面。

（1）了解众创空间的资源和优势：众创空间通常拥有丰富的资源，包括导师团队、创业培训、投融资渠道等。了解这些资源并充分利用，可以更好地为创新创业提供支持。

（2）选择适合自己的项目：在众创空间中，可以根据自己的兴趣和专长选择适合自己的项目参与。选择具有一定挑战性和创新性的项目，可以更好地锻炼自己的创新能力和实践能力。

（3）积极参与众创空间的各项活动：众创空间通常会举办各种活动，如创业培训、导师分享、路演等。积极参与这些活动，可以获得更多的知识和经验，拓宽视野，提高自己的综合素质。

（4）与其他创业者互动交流：在众创空间中，可以与其他创业者互动交流，分享经验和心得，提升自己的创新能力。

（5）寻求导师的指导和支持：众创空间通常拥有专业的导师团队，他们具有丰富的创业经验和专业知识。在项目实施过程中，可以寻求导师的指导和支持，解决遇到的问题和困难。

（6）注意保持学习和持续进步：在众创空间中，应保持学习和持续进步的状态。通过不断地学习和实践，提升自己的创新能力和实践能力，为未来的职业发展打下坚实的基础。

【课后练习】

（1）根据“创新能力 = K × 创造性 × 知识量^2”，分析影响创新能力的因素有哪些。

（2）根据大学生创新创业能力评价体系，分析自己处在哪一等级，以及如何提升自己的创新能力。

（3）结合自己的专业领域回答：如何更好地开展创新能力实践训练？

笔记处

第五章 创新类型

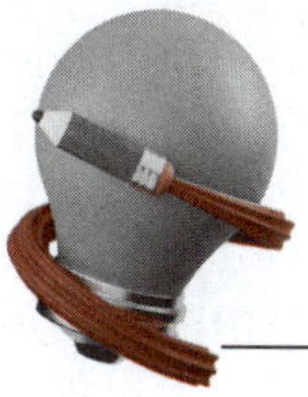

学习目标

1. 认识创新的五大类型
2. 掌握不同创新类型的内涵和影响因素
3. 实践不同创新类型的实现途径

第一节　知识创新

一、知识创新的内涵

知识创新是发现了各种现象的成因、机制或内在关系，具有可验证性（比如材料科学、基因科学、药物生化原理、病理心理学、金融原理、黎曼几何等）；未被完全证实的知识，一般冠以“假说”之名。知识创新往往是技术创新和设计创新的基础。

知识创新是指通过科学研究，包括基础研究和应用研究，获得新的基础科学和技术科学知识的过程。科学研究是知识创新的主要活动和手段。知识创新的成果构成技术创新的基础和源泉，是促进科技进步和经济增长的革命性力量。知识创新包括科学知识创新、技术知识创新，特别是高技术创新和科技知识系统集成创新等。知识创新的目的是追求新发现、探索新规律、创立新学说、创造新方法、积累新知识。总之，知识创新为人类认识世界、改造世界提供新理论和新方法，为人类文明进步和社会发展提供不竭的动力。

（一）知识创新的特征

1. 独创性

知识创新是新观念、新设想、新方案及新工艺等的出现，它可能会破坏原有的秩序。知识创新实践常常表现为勇于探索、打破常规，知识创新活动是各种相关因素相互整合的结果。

2. 系统性

知识创新可以说是一个复杂的“知识创新系统”，在实际经济活动中，创新在企业价值链中的各个环节都有可能发生。

3. 风险性

知识创新是一种高收益与高风险并存的活动，它没有现成的方法或程序可以套用，投入和收获未必成正比，风险不可避免。

4. 科学性

知识创新是以科学理论为指导，以市场为导向的实践活动。

5. 前瞻性

有些企业只重视能够在当下带来经济利益的创新，不注重能够为将来带来利益的创新，而知识创新则更注重未来的利益。

（二）知识创新的形式与能力

知识创新一般有两种形式：累积式知识创新和激进式知识创新。累积式知识创新是指在原有知识的基础上，结合外部资源进行持续创新，这种创新是在原有知识基础上的创新，创新的累积性还意味着学习过程必须是连续的；激进式知识创新是指突破惯性思维，发现现有知识中没有的全新知识，这一创新的来源既有科技创新带来的根本性变革，也有企业效仿竞争对手引进的新知识、新技术与新理念。无论是累积式知识创新，还是激进式知识创新，都需要具备包容新知识的素质和才能。

知识创新的能力是企业（组织）创造、整合和运用企业知识，实现战略目标所表现的能力，主要体现为战略远景、组织结构、人力资本管理及组织制度等方面。

1. 战略远景：知识创新的导向能力

战略远景规定了知识创新的价值体系，企业依此来评估、证明和判定其所创造知识的质量。因此，企业的战略远景可以用来指引企业员工吸收知识、整合知识和创新知识，是企业知识创新重要的能力组成部分。

2. 组织结构：知识创新的载体能力

知识创新的特点决定了企业的知识创新必须既有利于企业成员个体知识的生产，又要能促进企业对这些个体知识的交流与共享，这种交流与共享只有通过企业成员的广泛沟通才能实现，而组织结构是企业知识创新决策的执行载体，其合理性影响企业知识交流与共享的效率。企业应以知识创新能力的提升为出发点，以核心知识流为主线来进行组织结构设计与创新，必须以知识流为导向构建企业组织结构，以促进知识创新各环节的横向知识交流。

3. 人力资源管理：知识创新的存量和流量控制能力

知识尤其是隐性知识主要体现在企业员工群体中，员工的知识广度与结构决定了企业的知识存量，员工在内部或外部的流动体现了企业的知识流量。因此企业人力资源管理能力决定了企业知识创新的存量和流量。有效的人力资源管理可以稳定员工，从而避免企业核心知识向外流失，同时也可以吸引高知识含量的员工加盟企业，使企业获得足够的知识创新来源，保证知识创新的知识存量与流量。

4. 组织制度：知识创新的保护与激励能力

企业知识，尤其是创新知识和核心知识，决定了企业在市场中的价值，是企业赖以发展的基础和动力。如果企业的创新知识和核心知识被外泄，或者创新知识和核心知识没有持续地增加，企业的竞争优势将不复存在。组织制度有助于实现知识创新的各种政策实施，推动员工持续创新知识。因此，企业建立和完善相关制度，如知识保护制度、组织学习制度和知识资产激励制度等，会对企业知识创新起到促进作用。

二、知识创新的影响因素

（一）创新目标：知识创新活动的方向

任何创新都是在一定的目标下进行的。创新目标规定了知识创新活动希望得到的结果，从而也影响着知识创新的过程，是创新活动的方向。知识创新过程是人的思维活动过程，创新目标就是人脑思维的方向，我们进行创新相关的思维活动都是围绕着实现创新目标进行的。所以，创新目标决定创新思维活动的方向，影响知识创新的方向和成果，也影响着创新的其他要素。正确选择知识创新目标是知识创新活动成功的关键。

（二）实践要素：知识创新活动的起点和约束

创新目标规定了知识创新思维的方向，而创新面对的实践情况就是创新思维活动的出发点。知识创新过程不能是天马行空的思维活动，而是要受到实践情况的影响和约束。譬如，一个公司组建了一个研发团队开发一个新产品时，他们面临的技术环境、潜在用户的需求都是这个知识创新活动面临的实践要素。当一个企业希望进行管理变革时，这个企业的人员素质、现行企业文化、企业所处的行业特征都是限制和影响管理变革的实践要素。在知识创新活动中，创新者无法选择知识创新的实践要素，但是可以对实践要素进行充分全面的调研，以增加创新成功的可能性。

（三）知识基础：知识创新的知识源泉

创新不是无源之水，无本之木。任何知识创新都是在一定的知识基础上才能够实现。物理学家牛顿，在谈及自己的伟大成就时，谦虚地说自己只是“站在巨人的肩膀上”而已。具体到某项知识创新，如果缺乏必要的知识基础，创新是不可能实现的。

（四）人脑：知识创新的推进者

知识创新过程是人的思维活动过程，知识创新过程离不开人脑的参与。知识本身就是人脑思维的结果。任何知识只有进入人脑的思维过程，才能得到应用或者发展。人脑影响知识创新过程体现在以下三个方面。

1. 人脑具有思维能力

创新从根本上说是个人思维的产物。所以，人脑思维能力是影响知识创新过程的重要因素。

2. 人脑是知识的载体

除了具备思维能力之外，人脑还是一个知识的载体。在人脑记忆中存在很多知识，是知识创新思维活动的素材。更为重要的是，人脑中还保存着知识之间的关联和索引，能快速定位到创新需要的知识源。

3. 人脑具有学习、交流能力

人脑具备学习能力，可以从知识载体上学习知识，增加创新思维需要的知识素材。同时，人脑还有交流能力，人与人之间可以进行知识交流。当人脑在一个相对集中的空间和时间进行交流时，会让与创新相关的知识在这个空间内快速交换，同时也让不同个体的思维活动相互影响，从而产生一种协同作用。这种协同作用可以加快创新的速度，提高创新的质量，并且能够完成一些依靠个人无法完成的创新活动。

（五）组织形式与管理水平：知识创新活动开展的平台

知识创新包括个人即兴创新、个人长期创新、多人即兴创新、多人长期创新等多种组织形式。采取的创新组织形式也是影响知识创新的一个重要因素。

对于多人参与的知识创新形式，我们可以理解为基于团队的知识创新。如何对知识创新团队进行管理也是影响知识创新的一个重要因素。例如：保证团队成员之间的沟通；协调团队成员之间的关系；对团队成员进行必要的激励；制订合理的创新计划、对知识创新过程进行必要的控制等。

（六）时间：既是知识创新活动的投入，也是知识创新活动的结果

知识创新需要时间，时间同时也是衡量创新能力的一个重要指标。多数知识创新活动需要创新者有较长的时间进行知识的收集、学习、思考，或者进行实验、产品调试等。两个企业同时对一个产品进行研发，先研发出来的企业可以先申请专利，先推向市场，占领市场先机。时间要素既是创新活动的投入，也是创新的结果。

三、知识创新的实现途径

知识创新是一个过程，它从启示或新思想开始，经过若干步骤，到达它的终点——首次发现、发明或创造某种新知识，完成新知识的首次应用。完成这个过程，至少有六条主要路径。

（一）路径一：科学发现

受理论探索或应用目的的启示，产生新思想，经过设计实验、实验观察，形成研究报告，经过同行评议、发表论文、学术交流，新知识进入科学知识体系。路径的后一步都对前面的步骤有信息反馈，知识创新是一个动态调整的过程（图5-1）。

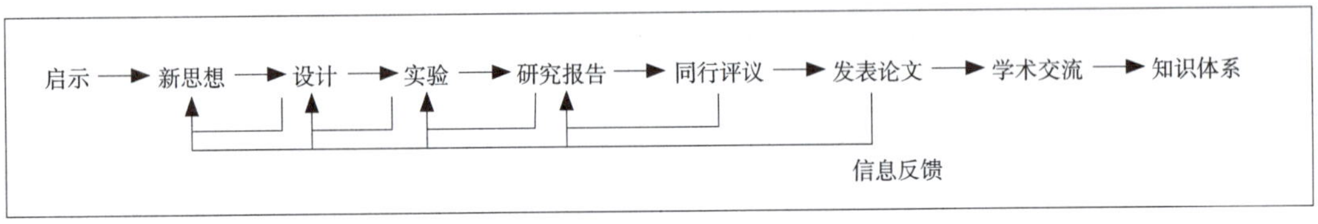

图5-1　知识创新路径一：科学发现

（二）路径二：技术发明

受应用目的或理论探索的启示，产生新构想，经过设计、试验，得到技术发明（工程知识），通过专利审议，被授予专利，新知识进入技术知识体系（工程知识体系）（图5-2）。

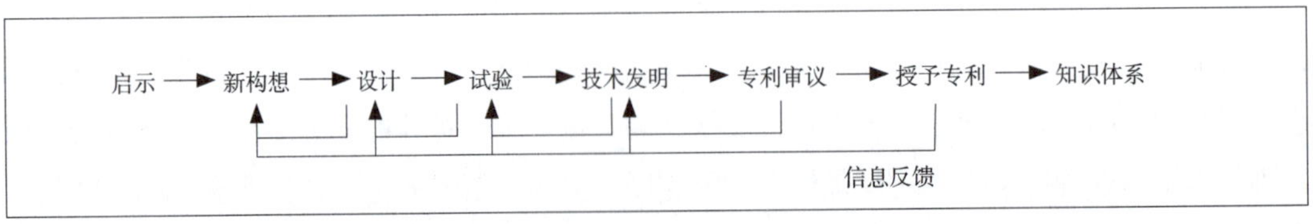

图5-2　知识创新路径二：技术发明

路径一和路径二可以相互转换。例如，在科学发现过程中获得技术发明；在技术发明过程中获得科学发现。

（三）路径三：知识创造

受理论探索或应用目的的启示，产生新构想，经过系统设计、试验、创造和集成，形成学术著作，经过审议，公开出版，进行学术交流，进入知识体系（图5-3）。很多时候，知识创造是一种知识集成创新。

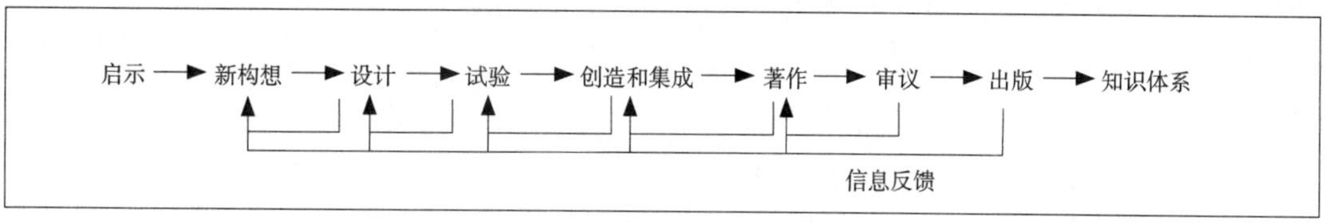

图 5-3　知识创新路径三：知识创造

（四）路径四：新知识首次应用

新知识首次应用包括新知识的首次理论应用、生产应用和商业应用等；在新知识首次应用过程中，也可以产生新知识。新知识首次应用有两个基本模式：①解决问题模式（解决理论、生产、商业、管理问题等）；②产品创新模式（新知识首次应用于新产品、新工艺、新服务等的开发）（图5-4）。产品创新模式不仅是新知识首次应用的一种形式，而且与技术创新存在部分交叉。

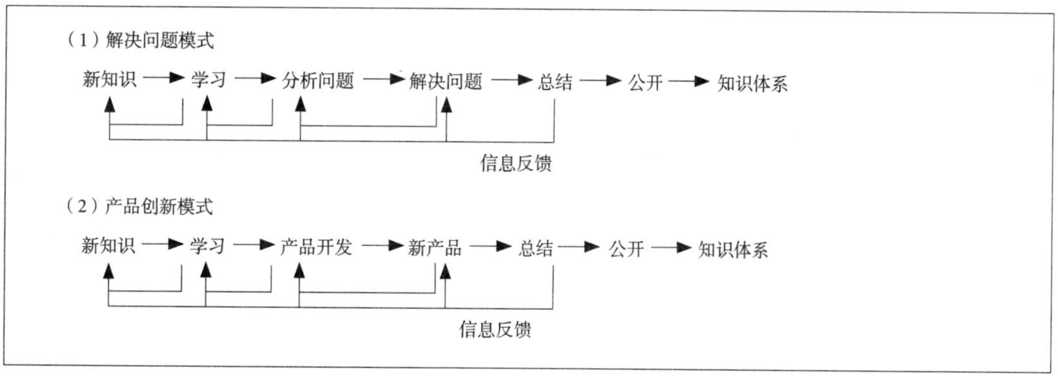

图 5-4　知识创新路径四：新知识首次应用

（五）路径五：实用知识和经验知识创造

在实际工作经验的基础上，总结归纳出实用知识或经验知识。实用知识创造模式的基本过程与路径一大致相同。例如，临床医生总结医疗经验，撰写论文发表等。经验知识创造模式的基本过程与路径二大致相同。这种新知识一般为技术诀窍、方法等经验知识，例如，花农总结出版《玫瑰花栽培和育种技巧》。路径五与路径三有部分交叉（图5-5）。

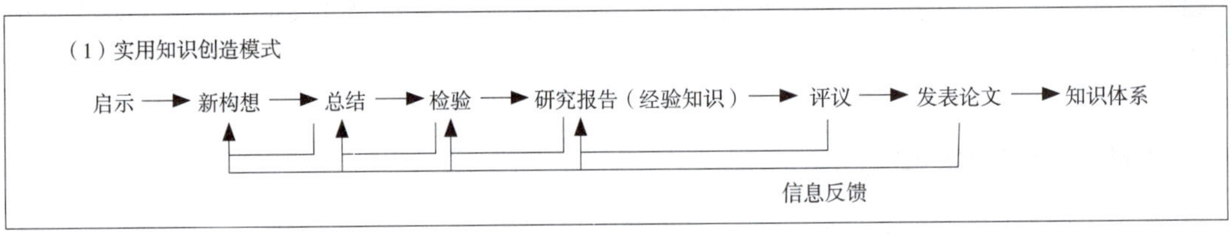

图 5-5　知识创新的路径五：实用知识和经验知识创造

（六）路径六：技术发明及首次应用

路径六的基本过程是把路径二和路径四连接起来。受应用目的的启示，产生新构想，经过设计、试验，获得技术发明；经过产品开发，推出新产品，公开知识，进入知识体系，形成新知识的生产和应用一体化（图5-6）。这条路径的后半部分与技术创新有部分交叉。

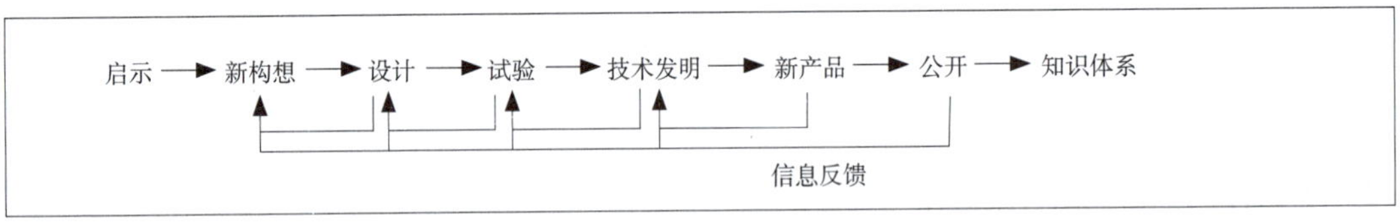

图 5-6　知识创新的路径六：技术发明及首次应用

第二节　技术创新

一、技术创新的内涵

技术创新，主要指生产技术的创新，包括开发新技术和对已有的技术进行应用创新。科学是技术之源，技术是产业之源，技术创新建立在科学发现基础之上，而产业创新主要建立在技术创新基础之上。

技术创新和产品创新有着密切关联。技术的创新可能带来但未必带来产品的创新，产品的创新可能需要但未必需要技术的创新。一般来说，运用同样的技术可以生产不同的产品，生产同样的产品可以采用不同的技术。产品创新侧重于商业和设计行为，具有成果产出的特征，因而具有偏外在的表现；技术创新具有过程的特征，往往表现得更加内在。产品创新可能包含技术创新的成分，还可能包含商业创新和设计创新的成分。技术创新可能不会带来产品的改变，而仅仅带来成本的降低、效率的提高，例如改善生产工艺、优化作业过程，从而减少资源消费、能源消耗、人工耗费或者提高作业速度。然而，新技术的诞生往往可以带来全新的产品，一般技术研发着眼于产品创新；而新的产品构想，往往需要新的技术才能实现。

技术创新是指人类通过新技术改善经济福利的商业行为。技术创新不是纯技术概念，而是一个经济学范畴。熊彼特认为，创新就是发明创造的第一次商品化。

熊彼特特别强调企业家在经济活动中的主导地位，他把企业家定义为具有创新才能的人。企业家是创新活动的人格化，没有企业家，创新也就无从谈起。企业家的创新行为把科学家的创造成果引入经济活动中，一般情况下，创新可以降低成本或提高产品质量，从而使实行创新的厂商在竞争中占据优势，获得超额利润。超额利润的引诱会促使其他企业纷纷模仿，创新及模仿浪潮必然促进整个经济的增长和发展。也就是说，熊彼特把技术创新作为一个转换媒介，把科学技术与经济增长和发展联系了起来。

进入21世纪，信息技术推动下知识社会的形成及其对技术创新的影响进一步被认识，科学界进一步反思对技术创新的认识。有学者认为技术创新是各创新主体、创新要素复杂交互作用下的一种现象，是技术进步与应用创新的"双螺旋结构"共同演进的产物。信息通信技术的融合与发展推动了社会形态的变革，催生了知识社会，使得传统的实验室边界逐步"融化"，进一步推动了技术创新模式的嬗变。要完善技术创新体系，急需构建以用户为中心、以需求为驱动、以社会实践为舞台的共同创新、开放创新的应用创新平台，通过技术进步与应用创新双螺旋结构的互动形成良好的创新生态，打造用户参与的"创新2.0"模式。

二、技术创新的影响因素

根据技术创新理论的代表人物莫尔顿·卡曼和南赛·施瓦茨的研究，决定技术创新的因素有以下三个。

（一）竞争程度

竞争引发技术创新的必要性。竞争是一种优胜劣汰的机制，技术创新可以给企业带来降低成本、提高产品质量和经济效益的好处，帮助企业在竞争中占据优势。因此，每个企业只有不断进行技术创新，才能在竞争中击败对手，保存和发展自己，获得更大的超额利润。

（二）企业规模

企业规模的大小从两方面影响技术创新的能力。一方面，因为技术创新需要一定的人力、物力和财力，并承担一定的风险，企业规模越大，相应的承担能力越强。另一方面，企业规模的大小影响技术创新所开拓的市场前景的大小，一个企业规模越大，它通过技术上的创新所开拓的市场也就越大。

（三）垄断力量

垄断力量影响技术创新的持久性。垄断程度越高，垄断企业对市场的控制力就越强，别的企业难以进入该行业，也就无法模仿垄断企业的技术创新，垄断厂商技术创新得到的超额利润就越能持久。他们认为，"中等程度的竞争"，即垄断竞争下的市场结构最有利于技术创新。在这种市场结构中，技术创新又可分为两类：一是垄断前景推动的技术创新，指企业由于预计能获得垄断利润而采取的技术创新。二是竞争前景推动的技术创新，指企业由于担心自己目前的产品可能在竞争对手模仿或创新的条件下丧失利润而采取的技术创新。

技术创新主要以企业活动为基础，企业的创新活动需要有一定的动力和机制。在市场经济条件下，作为自主经营、自负盈亏的经济主体，企业之间存在着竞争，要生存和发展，就必须争取市场，否则就会在竞争中被淘汰。要扩大市场，就必须在成本、产品质量、价格上占优势，这就迫使企业必须进行技术创新。企业在市场竞争中求生存和发展，这是促进企业技术创新的必要条件。技术创新也需要有良好的宏观环境。企业进行技术创新的主要动力是获取高额利润，只有当对经济前景有乐观的预期时，企业才愿意进行技术创新。政府的主要经济职能就是稳定经济，减少经济波动，而完善的社会保障制度是企业进行技术创新的后盾，否则一些企业难以承受技术创新的风险。国家还应从财政、信贷、公共投资等方面保证技术创新的资金供应。

三、技术创新的实现途径

对于技术创新过程的认识和划分，目前国内外学者分别从不同的角度形成了不同的看法。既然技术创新是一个新产品或新工艺的第一次商业运用，那么技术创新过程也必然是一个从新的产品或工艺创意到真正实现商业化的过程。结合我国企业技术创新运行过程的实际情况，可以把技术创新过程划分为以下六个阶段。

（一）创意的形成阶段

创意的形成主要表现在创新思想的来源和创新思想形成环境两个方面。创新思想可能来自科学家或从事某项技术活动的工程师的推测或发现，也可能来自市场营销人员或用户对市场需要或机会的感受，但是创意要变成创新还需要很长时间。人造纤维从创意到创新大约用了200年，计算机用了100年，而航天飞机则更长。创新思想的形成环境主要包括市场环境、宏观政策环境、经济环境、社会人文环境、政治法律环境等。

（二）研究开发阶段

研究开发阶段的基本任务是创造新技术，一般由科学研究（基础研究、应用研究）和技术开发组成。企业从事研究开发活动的目的是很实际的，那就是开发可以或可能实现实际应用的新技术，即根据本企业的技术、经济和市场需要，敏锐地捕捉各种技术机会和市场机会，探索应用的可能性，并把这种可能性变为现实。研制出可供利用的新产品和新工艺是研究开发的基本内容。研究开发阶段是根据技术、商业、组织等方面的可能条件对创意形成阶段的计划进行检查和修正。有些企业也可能根据自身的情况购买技术或专利，从而跳过这个阶段。

（三）中试阶段

中试阶段的主要任务是完成从技术开发到试生产的全部技术问题，以满足生产需要。小型试验通过在不同规模下考验技术设计和工艺设计的可行性，解决生产中可能出现的技术和工艺问题，是技术创新过程不可缺少的阶段。

（四）批量生产阶段

按商业化规模要求把中试阶段的成果变为现实的生产力，产生新产品或新工艺，并解决大量的生产组织管理和技术工艺问题。

（五）市场营销阶段

技术创新成果的实现程度取决于市场的接受程度。本阶段的任务是实现新技术所带来的价值与使用价值，包括试销和正式营销两个阶段。试销具有探索性质，探索市场的可能接受程度，进一步考验技术的完善程度，并反馈到以上各个阶段，予以不断改进与完善。市场营销阶段实现技术创新所追求的经济效益，完成技术创新过程中质的飞跃。

（六）创新技术扩散阶段

创新技术被赋予新的用途，进入新的市场。如雷达设备用于机动车测速，微波技术用于微波炉的制造。

在实际的创新过程中，各阶段的划分不一定十分明确，各个阶段的创新活动也不仅仅是按线性序列递进的，有时存在着过程的多重循环与反馈以及多个阶段的交叉和并行。下一阶段的问题会反馈到上一阶段以求解决，上一阶段的活动也会从下一阶段所提出的问题及其解决中得到推动、深入和发展。各阶段相互区别又相互联结和促进，形成技术创新的完整过程。

案例分享

格力电器

珠海格力电器股份有限公司是目前中国最大的集研发、生产、销售、服务于一体的专业化空调企业。格力已从一个当初年产不到2万台的毫不知名的空调小厂，一跃成为世界空调行业的龙头企业。

1. 企业背景

公司自1991年成立以来，紧紧围绕“专业化”的核心发展战略，以创新精神促进企业发展壮大，以“诚信务实”的经营理念赢取市场和回报社会，使企业在竞争异常激烈的家电市场中连续多年稳健发展，取得了良好的经济效益和社会效益。

多年来，格力空调奠定了国内空调市场的领跑者地位，格力品牌深入人心，并以“精品空调，格力创造”和“买品质，选格力”著称于国内空调市场，在广大消费者中享有很高的声誉，并先后多次获得“中国驰名商标”“中国名牌产品”“国家免检产品”“WQC国际之星金奖”“杰出成就和商业声誉国际质量最高奖”和海关总署“进出口企业红名单”等知名荣誉。

2. 持续的技术创新能力

在价格竞争日趋激烈的家电行业，格力电器得以长期立于不败之地的“杀手锏”就在于：企业持续地进行技术创新，培育核心竞争能力，拓宽自己的发展空间。至今已开发出包括家用空调、商用空调在内的20大类、400个系列、7000多个品种、规格不同的产品，取得多项国内外技术专利，打破了美日制冷巨头的技术垄断，在国际制冷行业取得了广泛的影响力。

格力电器一直致力于通过技术创新来培养自身的核心竞争力，这是其成功的最主要原因。核心竞争力，从本质上说是企业独特的知识和技能的集合。它对企业的作用在于动态地整合资源，提供和企业环境变化相适应的能力。核心竞争力不仅是竞争优势的根，而且也是企业竞争之源，用核心竞争力可以有效地说明企业战略形成的竞争力。

在这种思想框架中，企业的竞争优势分为三个层次：基层是核心竞争力；中层是核心产品；外层是最终产品和服务。从这方面来看，可以把企业竞争力看作是三个层次竞争优势的总和。格力的领导和员工较早就认识到这一点，他们视技术创新和技术进步为企业发展的生命力。在1991年，格力电器公司创建的时候，只有一条落后了十年的空调生产线，年生产能力不足2万台。在此情况下，企业要想在市场上站稳脚跟并闯出一片天地，必须依靠技术进步，使公司在设计、工艺、生产、质量上赶上甚至超过同行业中的知名品牌，以技术创新为起点，从而形成后来者居上的竞争优势。基于这种认识，格力电器就制定了“通过技术创新形成自己的核心竞争能力”的战略，即通过技术上的不断创新，使企业能比别人抢先一步生产出新颖的产品，抢先占领市场。格力人深信：没有疲软的市场，只有疲软的产品；没有不挣钱的行业，只有不挣钱的企业。

首先，格力电器每年拿出大量资金投入新产品的研制开发，每年都有产品投放市场。技术创新使格力成为空调领域的工业巨人。

其次，格力电器有精确的定位，走专业化的技术创新之路。格力公司经过精心考察，确定了走专业化的技术创新之路，即专攻家用空调，不涉足其他领域，集中人力、物力和财力专攻一业，从而大幅缩短了新产品开发周期，产品从设计转入生产、从小批量转为大批量的过程加快，安装、维修、服务也周到快捷，使产品受到消费者的青睐。正是这种专业化的技术创新策略，使格力每年都有新产品推向市场。

再次，以客户为导向，满足市场消费者的需求就是技术创新的出发点和归宿，格力电器始终将“以客户为导向”贯穿于技术创新的过程中，并据此开发新产品。1992年，在空调市场供不应求的情况下，格力人就开始研制节能的分体机——“空调王”。其产品创新目标就是生产世界上制冷效果最好的空调器，能效比超过3.3，而国家规定的能效比是2.8。经过艰苦努力，“空调王”研制成功了，投放市场后，立即引起轰动，非常畅销。为了满足消费者需要，生产出能效高、噪声低，更冷、更静、更省电的空调，1996年11月，格力在竞争激烈的空调市场推出了分体空调“冷静王”。这种产品能效比高达3.35，而噪声仅为34.2分贝，两项关键指标位居世界前列。投放市场后，“冷静王”一直供不应求，还打进国际市场，它在欧洲市场的销售价格与日本产品持平，一改过去中国电器销售价低、难进大商场的局面，为中国民族工业争了一口气。后来，根据中国大城市住房特点，格力又开发出被消费者誉为“家庭中央空调”的家用柜机。这种空调小巧玲珑，噪声极低，一台就能满足三室一厅的制冷需要。一些商家需要大功率的空调，却没有更多的地方摆设。因此，格力电器又专门开发出三匹壁挂机，进而又推出分体吊顶式空调和四面出风的分体式天井空调，满足了不同消费者的不同需求。

3.启示

持续的技术创新树立了格力电器的品牌形象，增强了企业的生命力，提高了企业在市场上的竞争能力。格力电器产品的市场占有率之所以会不断上升，公司效益之所以会逐年增加，主要是因为格力认识到技术创新是企业进步和发展的必由之路，它可以让产品的技术升级，产量增加，成本降低。这样企业的产品可以迎合现代社会消费群体对产品越来越高的要求，从而保持或提高产品的销售量，企业也因此能够得到巨大的利润。如此下去，可以形成良性循环，企业才可以立足于市场的竞争行列中，保持其活力。

第三节　管理创新

一、管理创新的内涵

管理创新是指组织形成一个创造性思想并将其转换为有用的产品、服务或作业方法的过程，是企业把新的管理要素（如新的管理方法、新的管理手段、新的管理模式等）或要素组合引入企业管理系统以更有效地实现组织目标的创新活动。

（一）管理创新的内容

1. 观念创新

管理观念，亦称管理理念，是管理者或管理组织在特定哲学思想的指导下，结合现实条件，所形成的感性认识和理性认知的集合体。这种观念的形成不可避免地受到社会政治、经济和文化背景的深刻影响，它既是企业战略目标的指引，也是价值观念的体现。同时，管理观念会具体体现在企业管理的各个环节和活动中。

自20世纪80年代起，随着经济的蓬勃发展，许多发达国家的优秀企业和专家开始提出一系列新的管理思想和观念。这些观念包括强调知识价值的增值观念、对知识资源进行有效管理的知识管理观念、顺应全球经济一体化趋势的全球经济一体化观念、强调长远规划和竞争策略的战略管理观念，以及倡导持续学习和适应变化的持续学习观念等。这些新观念为企业管理注入了新的活力，推动了管理实践的不断发展与创新。

2. 组织创新

企业系统的稳健运行不仅依赖于符合企业及环境特色的运行制度，还需匹配相应的运行载体，即一套合理的组织形式。因此，企业制度的创新必然伴随着组织形式的变革与发展。从组织理论的视角来看，企业系统实质上是不同成员在不同职务和岗位上的有机组合。这一组合可以从机构与结构两个层面进行深入剖析。

机构指的是企业在构建组织时，依据特定标准将职能相似或目标一致的职务和岗位整合在一起，形成不同的管理部门。这主要关注管理劳动的横向分工，即将企业的生产经营管理活动划分为各个部门的专项任务。

结构则侧重于各管理部门之间的关系，特别是不同层级管理部门之间的协作与分工，即集权与分权的平衡问题。不同的机构设置需要匹配不同的结构形式；即便组织机构相同，但部门间关系的变化也会导致结构形式的差异。

由于企业的活动内容、特点、规模和环境等因素各不相同，不同的企业会形成独特的组织形式。同一企业在不同的发展阶段，随着经营活动的变化，也需要对组织机构和结构进行适时的调整与优化。组织创新的核心目标是通过对管理人员的合理配置，提升管理劳动的效率，从而确保企业系统的高效运行和持续发展。

3. 制度创新

制度创新需要从社会经济视角深入探讨企业系统中成员间关系的调整与变革。制度是保障企业稳健运行的核心原则，主要包括产权制度、经营制度和管理制度三大方面。

产权制度作为根本性制度，决定了企业其他制度的走向，它明确规定了企业核心生产要素所有者所享有的权力、利益与承担的责任。对于产权制度的创新，我们或许应积极探索生产资料在“个人所有”与“共同所有”之间寻找最佳平衡点，以实现更高效益和更公平分配。

经营制度则聚焦于经营权的归属及其行使条件、范围和限制等方面，它反映了企业的经营模式，明确了经营者的身份及其职责。经营制度的创新应当致力于不断探索企业生产资料的最优利用途径，以提升企业整体的经营效率与竞争力。

管理制度则是规范企业日常运作的各种规则的总称。制度创新旨在根据企业内外环境的变化以及自身发展需求，对企业运行方式和原则规定进行适时调整与变革。这一过程中，需要充分反映经济运行的客观规律，体现企业运作的客观要求，并激发组织成员的劳动积极性。

企业制度创新的方向应致力于不断调整和优化企业所有者、经营者、劳动者之间的关系，确保各方权利与责任的充分体现，使组织内各成员的作用得到最大程度发挥。通过这样的制度创新，企业能够更好地适应市场环境变化，实现持续稳健发展。

4. 产品创新

产品是企业向外界展示其核心价值与影响力的关键所在，同时也是组织对社会作出的积极贡献。产品创新涉及产品的品种与结构的双重革新。在品种创新方面，企业需敏锐捕捉市场需求的动态变化，紧跟消费者偏好的转移趋势，从而灵活调整生产方向及结构，不断推陈出新，开发出深受用户喜爱的产品。而在结构创新层面，企业则致力于在不改变原有品种基本性能的基础上，对现有产品结构进行精细化改进，旨在降低生产成本、提升产品性能、增强使用安全性，从而增强产品的市场竞争力，使其在激烈的市场环境中脱颖而出。

5. 环境创新

环境是企业经营不可或缺的基石，同时也是企业经营活动的制约因素。环境创新并非单纯指企业为适应外部环境变化而调整内部结构或活动，而是强调企业通过一系列创新举措，积极改造并引导环境，使其朝着更有利于企业经营的方向发展。

举例来说，企业可以通过开展公关活动，积极与社区、政府等利益相关者沟通互动，影响社区氛围的营造和政府政策的制定，从而为企业创造更加有利的经营环境。同时，企业还可以依靠技术创新，推动社会技术进步的方向，不仅提升企业自身的核心竞争力，也为社会整体的发展进步贡献力量。

6. 文化创新

企业文化是员工价值观与企业价值观的高度统一。创新不仅是现代企业文化的一个重要支柱，而且还是社会文化中的一个重要部分。如果文化创新已成为企业文化的根本特征，那么，创新价值观就能得到企业全体员工的认同，行为规范就会得以建立和完善，企业的创新动力机制就会高效运转。

（二）管理创新的特点

管理创新不同于一般的创新，其特点来自创新和管理两个方面。管理创新具有创造性、长期性、风险性、效益性和艰巨性的特点。

1. 创造性

以原有的管理思想、方法和理论为基础，充分结合实际工作环境与特点，积极地吸取外界的各种思想、知识和观念，在汲取合理内涵的同时，创造出新的管理思想、方法和理论。管理创新的重点在于突破原有的思维定势和框架，创造具有新属性的、增值的东西。

2. 长期性

管理创新是一项长期的、持续的、动态的工作过程。

3. 风险性

风险是无形的，进行管理创新具有挑战性。管理创新并不总能获得成功。创新作为一种具有创造性的过程，包含着许多可变因素、不可知因素和不可控因素，这种不确定性使得创新必然存在着许多风险。这也就是创新的代价所在。但是存在风险并不意味着要一味地冒险，做无谓的牺牲，要理性看待风险，充分认识不确定因素，尽可能地规避风险，使成本付出最小化，成功概率最大化。

4. 效益性

创新是为了更好地实现组织的目标，取得效益、提高效率。通过管理创新，建立新的管理制度，形成新的组织模式，实现新的资源整合，从而建立起企业效益增长的长效机制。

5. 艰巨性

管理创新是具有综合性、前瞻性和深层性的创新活动，因而颇为艰巨。组织目标、组织结构、组织制度，关系到人的意识、权力、地位，管理方式和资源的重新配置，使得管理创新在设计与实施中可能遇到诸多麻烦。

二、管理创新的影响因素

（一）人才与管理创新

企业家是企业管理创新的领导者、组织者、承担者，是创新的主体。一位著名学者提出，企业家“要不断破除旧的生产方式，创造新的生产方式，使经济结构不断从内部进行革命性突变”，在“所处环境中大胆废弃不起作用的要素，果断选择对成功起作用的要素”。

在企业管理创新主体中，管理人员的作用也不容忽视。管理者处于公司最高管理层与基层的中间结合部，即连接上层与下层的“过渡层”。在管理层中有许多不同的专业分工，包括生产、营销、财务、物资等许多部门。从事任何管理工作的管理者都有可能成为管理创新的主体。

美国现代管理学家斯蒂芬·P. 罗宾斯（Stephen P. Robbins）认为：“变革推动者既可以是管理者，也可以是非管理者，可以是组织内的员工。”企业员工是企业创新的坚实基础，是企业创新力量的源泉。企业员工往往是创新“火花”的提供者，方案的实施者等。罗宾斯提出，创新的主体也可以是组织外的顾问，他认为外部顾问即那些管理理论专家和学者。“对于多数变革（即创新）来说，高层管理者越来越求助于临时的外部顾问，他们具有变革的理论与方法上的专业知识”，“作为外部顾问的变革推动者比内部的变革推动者能提出更为客观的观点，并且通常能够推行第二层次的变革，即多维、多层次的变革。它涉及重新建构组织及组织所处环境等”。

创新能力包括自学、表达、操作、查阅文献资料、研究、创造六种能力，在研究方法上表现为分析研究能力和综合研究能力二者兼备。管理创新主体在知识结构上要博专结合、博专协调，具有复合型的知识结构。知识和能力是密切相关的，但知识不等于能力，知识多不一定能力强。知识是能力的基础，能力是由知识转化而来的，但由于各种因素的限制，对一个人来说，他所积累的知识不可能百分之百地转化为能力。

优秀的组织会鼓励员工进行创新，给他们犯错误的余地。要“增加失败的速率，把不可避免的失败一个个地排除掉。既然失败是向成功迈进的步伐，我们为什么不去奖励它呢”。在世界最著名的高科技园区硅谷，流行着一句名言“边干边学，边败边学”，以宽容的态度对待失败者正是硅谷成功崛起的关键所在。

（二）战略设计与管理创新

企业管理是企业战略形成、实施、控制的基础。管理水平的高低，管理制度的规范与否，直接关系到企业战略设计的质量，并影响到企业战略的实施和控制，也关系到企业的成败得失。尽管在不同国家、不同体制和不同的环境条件下，管理思想和管理的表现形式不同，但企业管理的目的是一致的。

对于管理思想，有学者做过这样的概括：西方人用治国的方法治家，东方人用治家的方法治国，表现在企业管理上，西方管理方式是法、理、情；东方管理方式是情、理、法。这种管理上的差异，来源于长远的民族历史文化。中华民族受儒家文化熏陶，重情讲义，中国许多成功企业突出领导人格魅力，以人格的力量凝聚人、感召人。

管理，体现的是一种思想和理念，这种思想和理念是通过制度来实现的。所以企业管理创新也可以称之为企业制度创新。企业管理创新要求企业运作建立在规章上，“没有规矩，不成方圆”。但有了规矩，而不自觉遵守，同样不成方圆。所以作为现代中国企业，管理创新，既要严明纪律，又要融情于理，体现精神的力量与作用。当前企业管理面临的最大挑战是经济全球化步伐推进和企业现代化科技手段的导入，原有的管理模式在一定程度上已经不适应发展的需要。因此，企业管理创新是企业发展的必然要求。

（三）企业文化与管理创新

在一个实验中，一群猴子被围在笼子里，在笼子的周围放着香蕉。每当猴子去吃香蕉的时候，实验者就用水枪去喷射猴子，直到它们退却。随着实验的一次次进行，所有的猴子都不再试图去吃笼子外的香蕉了。于是实验人员引入了一只新的猴子。初来乍到的这只猴子很不懂事，老想拿笼子外的香蕉吃。这时实验人员发现了一个令人吃惊的现象：即使他不去喷射那只新来的猴子，别的猴子也会群起攻之，直到那只猴子罢手。接下来，再换只新猴子，结果同样。

这个实验说明：企业文化是企业群体在适应外界和统一内部成员思想行为的过程中，逐渐形成的隐含性的设定。企业文化是一柄“双刃剑”，它既可以传承企业优良传统，也可能作为一种惰性而存在和滋生。创新无疑是推动企业发展的动力来源，但它本身并不是充分条件，它仅仅是一个潜在的、必要的条件。换句话说，如果要使企业高效运行，必须对制度作出调整，对企业文化意识形态作出改变，才能合理利用人类智慧实现生产要素的不断更新。

三、管理创新的实现途径

（一）管理创新过程的四个阶段

1. 第一阶段：对现状的不满

在几乎所有的案例中，管理创新的动机都源于对公司现状的不满，或是公司遇到危机，或是商业环境变化以及新竞争者出现而形成战略性威胁，或是某些员工对操作性问题产生抱怨。不论出于哪一种原因，管理创新都在挑战组织的某种形式，它更容易产生于紧要关头。

例如，德国Litton（莱特纳）互联产品公司是一家为计算机组装主板系统的工厂。1991年，乔治受命负责这家工厂的战略转型。他说：“我们曾是一家前途黯淡的公司，与竞争对手相比，我们的组装工作毫无特色。唯一的解决办法就是采取新的工作方式，为客户提供新的服务。这是一种刻意的颠覆，也许有些冒险，但我们别无选择。”

2. 第二阶段：从其他来源寻找灵感

管理创新者的灵感可能来自其他社会要素的成功经验，也可能来自那些未经证实却非常有吸引力的新观念。

有些灵感源自管理思想家和管理学者。1987年，默里·华莱士（Murray Wallace）出任了惠灵顿保险公司的首席执行官（Chief Executive Officer，CEO）。在惠灵顿危机四伏的关键时候，华莱士读到了汤姆·彼得斯（Tom Peters）的新作《混沌中的繁荣》（*Thriving on Chaos*）。他将书中的高度分权原则转化为一个可操作的模式，这就是人们熟知的“惠灵顿革命”。

还有些灵感来自无关的组织和社会体系。20世纪90年代初，总部位于丹麦哥本哈根的助听器公司奥迪康推行了一种激进的组织模型：没有正式的层级和汇报关系；资源分配围绕项目小组展开；组织完全开放。几年后，奥迪康取得了巨大的利润增长。而这个灵感却来源于公司CEO——孔林德（Lars Kolind）曾经参与过的美国童子军运动。孔林德说：“童子军有一种很强的志愿性。当他们集合起来，就能有效合作而不存在任何等级关系。这里也没有勾心斗角、尔虞我诈，大家目标一致。这段经历让我重视为员工设定一个明确的‘意义’，这种意义远远超越了养家糊口，同时，建立一个鼓励志愿行为和自我激励的体系。”

以上例子说明：管理创新的灵感很难从一个公司的内部产生。很多公司盲目对标或观察竞争者的行为，导致整个产业的竞争高度趋同。只有通过从其他来源获得灵感，公司的管理创新者们才能够开创出真正全新的东西。

3. 第三阶段：创新

管理创新人员将各种不同的要素、灵感以及解决方案组合在一起，组合方式通常并非一蹴而就，而是重复、渐进的。

4. 第四阶段：争取内部和外部的认可

与其他创新一样，管理创新也有风险巨大、回报不确定的问题。很多人无法理解创新的潜在收益，或者担心创新失败会对公司产生负面影响，因而会竭力抵制创新。而且，在实施之前，我们很难准确判断创新的收益是否高于成本。因此对于管理创新人员来说，一个关键阶段就是争取他人对新创意的认可。

在管理创新的最初阶段，获得组织内部人员的接受比获得外部人士的支持更为关键。如果有一个威望高的高管参与创新的发起，就会大有裨益。另外，只有尽快取得成果才能证明创新的有效性，然而许多管理创新往往在数年后才有结果。因此，创建一个支持同盟并将创新推广到组织中非常重要。 管理创新的另一个特征是需要获得外部认可。在尚且无法通过数据证明管理创新的有效性时，高层管理人员通常会寻求外部认可来推动内部变革。外部认可包括以下四种来源。

（1）商学院的学者。他们密切关注各类管理创新，并整理总结企业碰到的实践问题，以应用于研究或教学。

（2）咨询公司。他们通常会对这些管理创新进行总结和存档，以便应用于其他的情况和组织。

（3）媒体机构。他们热衷于向公众宣传管理创新的成功故事和经验。

（4）行业协会。他们可以通过各种途径促进企业创新。

外部认可具有双重性：一方面，它增加了其他公司复制创新成果的可能性；另一方面，它也增加了公司坚持创新的可能性。

（二）管理创新的基本条件

1.（企业家、管理者和企业员工）应具有良好的心智模式

心智模式是指由于过去的经历、习惯、知识素养、价值观等形成的基本固定的思维认识方式和行为习惯。创新主体应当具备的心智模式：一是有远见卓识；二是具有较高的文化素质和完善的价值观。

2. 创新主体应具有较强的能力结构

管理创新主体必须具备一定的能力才可能完成管理创新，管理创新主体应具有：核心能力、必要能力和增效能力。核心能力突出地表现为创新能力；必要能力包括将创新转化为实际操作方案的能力，从事日常管理工作的各项能力；增效能力则是控制、协调、加快进展的各项能力。

3. 企业应具备较好的基础管理条件

现代企业中的基础管理主要指最基本的管理工作，如管理基础数据、技术档案、统计记录、信息收集归档、工作规则、岗位职责标准等。管理创新往往是在基础管理较好的企业里才有可能产生，因为只有基础管理好才能提供许多必要的、准确的信息、资料、规则，这本身有助于管理创新的顺利进行。

4. 企业应营造良好的管理创新氛围

创新主体能产生创新意识，有效发挥其创新能力，离不开良好的创新氛围。在良好的工作氛围下，人们思想活跃，新点子产生得多而快，而不好的氛围则可能导致人们思想僵化，思路堵塞。

5. 管理创新应结合本企业的特点

现代企业之所以要进行管理上的创新，是为了更有效地整合本企业的资源以完成企业任务和目标。因此，这样的创新不能脱离本企业和本国的特点。在当前的国际市场中，中国企业应充分发挥以“情、理、法”为一体的中国式管理制度的优势和特长。

6. 管理创新应设定创新目标

管理创新目标比一般目标更难确定，因为创新活动及创新目标具有更大的不确定性。如果没有一个恰当的目标，则会浪费企业资源，这与管理的宗旨不符。

（三）如何提高公司的管理创新能力

公司有意识地进行管理创新。很多公司建立了研发实验室，或为某些个人指定了明确的创新职责，有很多公司建立了专门的组织架构来进行管理创新。

创造敢于怀疑的、解决问题的企业文化。当面临挑战时，公司员工会如何反应？他们会开始怀疑吗？他们是会借助竞争者采用的标准解决方案，还是会更深入地了解问题，努力发现新的解决之道？只有第二条路才能引向成功的管理创新，管理者应当鼓励员工寻求解决问题的新方法而非选择逃避。

形成低风险试验的机制。有一家公司的管理人员不断鼓励员工及团队提出管理创新办法。但他们很快意识到，要想使能动性转化为有效性，就不能放任所有的新想法在整个组织内蔓延。管理者规定，每种创新只能在有限的人员范围和有限的时间内进行。这既保证新创意有机会实施，同时也不会影响到整个团体。

利用外部的变革来探究新想法。当公司有能力推进管理创新时，有选择地寻求外部的学者、咨询顾问、媒体机构以及管理专家的支持和帮助将大有裨益。外部人员有三个基本作用：①新观念的来源；②作为一种宣传媒介增强管理创新的社会意义；③使公司已经完成的工作得到更多的认可。

持续地进行管理创新。真正成功的管理创新者应持续不断的开展实践。例如，通用电气公司（General Electric Company，GE）不仅成名于其“群策群力”原则和无边界组织，还拥有很多的创新成果，例如管理人员发展计划、研发的商业化等。

第四节　组织创新

一、组织创新的内涵

组织机构如同生物的机体一样，随着外部环境和内部条件的变化而不断地进行调整和变革，这样才能顺利地成长、发展，避免老化和死亡。组织创新是指应用科学的知识和方法，把人的成长和发展希望与组织目标结合起来，通过调整和变革组织结构及管理方式，使其能够适应外部环境及组织内部条件的变化，从而提高组织活动效益的过程。

（一）组织创新的主要内容

组织创新的内容随着环境的变动与组织管理需求的发展而变化，一般包括以下四个方面。

（1）功能体系的变动

根据新的任务目标来划分组织的功能，对相关管理活动进行重新设计。

（2）管理结构的变动

调整职位和部门设置，改进工作流程与内部信息交流方式。

（3）管理体制的变动

管理人员的重新安排、职责权限的重新划分等。

（4）管理行为的变动

各种规章制度的变革。

（二）组织创新的基本原则

组织创新是组织所进行的一系列有计划、有组织的系统变革过程，应当遵循以下基本原则。

（1）按照组织管理部门制定的规划来进行；

（2）应当使组织既能适应当前的环境要求和组织内部条件，又能适应未来的外部环境要求以及未来的内部条件的变化；

（3）应当预见到知识、技术、人员的心理变化，以及工作程序、行为、工作设计和组织设计的改变，并根据这些变化采取相应措施；

（4）建立在提高组织效率和个人工作绩效的基础上，促使个人和组织的目标达到高度一致。

二、组织创新的影响因素

（一）组织内部因素

从企业组织自身的角度讲，有三类影响因素对于激发组织创新起着重要的作用，即组织结构、组织文化和人才资源。

1. 组织结构因素

（1）灵活的有机式组织结构对组织创新有着正面的影响。在有机式组织结构下，其专业化、正规化和集权化程度比较低，有利于提高组织的应变能力和跨职能工作能力，从而更易于发动和实施组织创新。

（2）富足的组织资源是实现组织创新的重要基础。充裕的组织资源使管理部门有能力开发创新成果，推行整体性组织创新。

2. 组织文化因素

创新型组织通常具有独特的组织文化，例如，鼓励试验、包容失败、注重奖励等。研究表明，创新型组织的文化以创新导向为核心，通常具有以下特征。

（1）鼓励多样思路。不强调专一性，鼓励多种工作思路，允许多样化的想法和主张。

（2）减少组织监控。把规章、条例、政策之类的监控减少到最低限度，提高自由度。

（3）鼓励承担风险。鼓励员工大胆试验，把错误作为学习的机会。

（4）容忍群体矛盾。鼓励群体中不同意见的碰撞，中等程度的群体冲突有利于调节群体气氛，有助于提高整体效率。

（5）注重结果导向。设置明确具体的目标，积极探索实现目标的各种可行途径，注重结果获取与评价。

3. 人才资源因素

人才资源是组织创新的基本保证。创新型组织应当对其干部员工开展培训，加快知识更新。同时，通过职业生涯设计，给员工提供工作保障，鼓励员工成为创新能手。有研究表明，创新型人才普遍具有的个性特征包括：自信、善于坚持，精力旺盛，不畏风险等。

（二）组织外部因素

从组织的外部环境来看，产品与服务市场的变化、组织所处的政治经济及社会文化环境等都会影响组织创新的整个过程。

1. 产品与服务市场变化

市场变化是影响组织创新的首要外部因素，其中最重要的是需求变化，因为组织作为市场中的供给方是为满足需求而存在的。另一重要的市场变化是竞争变化，激烈的竞争往往使组织更倾向于成为适应市场的创新型组织，并通过更低成本和更高质量取得竞争优势。此外，资本与劳务市场变化也能激发创新。

2. 政治经济及社会文化环境

政治经济与社会文化环境是影响组织创新的重要外部因素，组织管理理念与文化价值观在很大程度上受到政治经济与社会文化环境变化的制约，例如，政府的政策、法令、法律、规划、战略等都对组织创新行为具有直接指导意义和约束力。

三、组织创新的实现途径

（一）识别共性，把握创新人才

创新人才是企业创新过程中的关键角色。华为的“天才少年”计划就是通过高薪引入顶尖人才，并且持续在全球范围内寻找、吸引站在“金字塔尖”的创新人才，以提升企业技术创新和商业创新的实力。

很多研究表明，除了天赋以外，创新能力还与一些特定的能力、方法和行为有关，这些能力、方法和行为是可以习得的，这也就意味着后天的自身努力与所处环境等要素对于创新人才来说同样重要。与此同时，企业创新不能寄全部希望于人才，而是更需要多种创新角色的相互配合，其中就包含各类业务型、支持型的创新人才，他们都须在创新业务发展的过程中担当重任。

通过对一些具有代表性的创新组织在识别人才创新潜能方面的分析，可以得出三个最为明显的创新人才共性。

1. 一专多能的自驱者

一专多能同时不断自我驱动的组织成员值得重点关注。他们在多年奋斗的过程中与组织产生了深度的价值观连接，将组织的目标和任务转化为行动，高效执行，不断自我驱动实现目标，对挑战性任务充满热情和动力。同时，他们在过往任务的磨炼与培养中不断进步，成为至少精通一个知识领域，且涉猎多个知识领域的骨干，学习迁移与学习能力能够更快地帮助他们接受新事物，应对组织的变化。

2. 思维活跃的思考者

新想法的产生源于基础能力和创新能力的共同作用，组织需要在人才的创新能力的培养与训练上有所侧重。

创新能力是以新颖的方法将一些事情联系在一起的能力，大多数的创新并不是创造一个全新事物，而是将收集到的信息用新的方式组合。创新能力具体来说有五项，分别是“发问”“洞察”“交际”“实践”与“联系”。其中前四项是发现能力，“联系”是认知能力，通过发现能力积累原始创新素材，利用认知能力加工原始素材。

3. 敢于冒险的实践者

创新人才之所以能够在创新之路上披荆斩棘，对创新乐此不疲，是因为在他们的内在特质中蕴含着向上的力量。

（1）敢于挑战现状。大多数人安于现状，陷入“现状偏见”。创新人才则较多展现出对惯常事情和现状的不满，他们拥有更活跃的思考，提出更多的问题。

（2）敢于冒险。创新人才不满足于停留在对现状不满意的“吐槽”中，而是会想尽一切办法改变现状。尽管对于不同架构和层级中的创新人才来说，实践的范围和资源支撑不同，但他们都在主动地进行尝试，在可控的范围内试错，然后快速吸取教训和经验，指导实践。

（二）组织进化，确保创新能力释放

创新行为很难自然而然地持续发生，创新人才是否能够在企业内释放创新能力，主要受到组织影响。如果组织不产生变化，仅仅依靠一群有创新能力的人才，结果可能就是人才流失或者创新业务不了了之。

1. 坚持“训战结合”，借助场景进行思维升级

传统的人才培养方式一般是围绕具体的岗位进行相应能力的确定性培养，而创新人才的培养则需借助场景对创新关键角色进行思维训练。创新人才的赋能与培养不是一次单纯的方法论赋能，更不是一次简单的创新分享，而是要借助“训战结合”的理念与方式，将创新方法论、赋能手段与实战场景相结合，不断训练创新人才的思维模式，同时推动人才将创新思维运用在具体项目、业务的实践中。

2. 坚持“说到做到”，统一愿景和行动

想要实现创新，组织需要营造创新文化，传递创新讯号。一个以效率提升为主基调的组织和一个以创新试错为主基调的组织，对待创新行为的态度是完全不同的。企业文化中美好的使命愿景指引着企业前进的方向，更重要的是，文化需要在组织中“真实发生”，在具体实践中证明和传递组织想要实现创新的决心。

3. 坚持“有效激励”，让企业和创新人才都有获益

想要实现创新，组织需要针对创新人才的需求设计合理的激励机制。创新人才更希望在满足基础物质保障的基础上，得到组织的肯定和支持，实现自我的人生价值。

在设计合理激励机制的过程中，以下原则可以作为参考。

（1）注意双向激励。在激励创新人才的同时，调整对管理者的激励方式，尤其是与创新人才密切相关的管理者，通过双向激励的方式获得管理者对创新人才和创新业务的支持与投入。

（2）结合企业和具体创新项目的属性，运用不同组合的激励方式。例如根据对项目确定性和投资周期的判断，采用短期分红、长期股权的方式。对于鼓励组织内部创意涌现的日常行为，采用非物质激励。

第五节　服务创新

一、服务创新的内涵

从经济角度看，服务创新是指通过非物质制造手段所进行的增加有形或无形“产品”的附加价值的经济活动，这种活动在信息产业表现得尤为突出。信息技术飞速发展，使得产品技术和功能的同质化程度越来越高，通过提高产品质量、降低产品生产成本来竞争的空间越来越狭窄，因而服务成为企业进行市场竞争的重要手段。

从技术角度看，服务创新是以满足人类需求为目的的软技术的创新活动。这种活动可分为围绕物质生产部门的管理、组织、设计等软技术创新活动，围绕文化产业和社会产业来推动社会进步、丰富精神生活的软技术创新活动以及围绕传统服务业和狭义智力服务业的软技术创新。

从社会角度看，服务创新是提高和完善生存质量，改善社会生态环境的活动。服务创新通过满足物质、精神和心理需求，提供解决问题的能力，保障人们的精神和心理健康。未来的技术不能单纯强调“效率第一”“效益第一”，还要研究和发展为生活提供便利，尊重人的情绪、感情和道德的技术。以上因素就是使很多硬技术“软化”的动力，是制造业服务化的动力，是提高软技术附加价值的重要内容，因而是服务创新的重要课题。

二、服务创新的实现途径

（一）服务创新的思路

1. 把握顾客期望

在竞争对手云集的市场中，不必轻易改变产品本身，而应该把注意力集中在顾客期望上，认真听取顾客的反馈和建议，从顾客出发形成服务概念。

2. 处理顾客投诉

顾客提出投诉往往表明服务有缺陷或服务方式应当改进，这正是服务创新的机会。对待顾客的投诉，均应立即妥善处理，设法改善。以合理的方法解决顾客的问题，这是服务创新的基本策略。

3. 增加服务弹性

服务的对象相当广泛，不同对象有不同期望值，因此服务需要保持弹性，一味追求精确只能作茧自缚。

4. 在产品设计中体现服务

在产品设计中体现服务，是一种未雨绸缪的创新策略。企业应建立售前、售中、售后的服务体系，并对体系中的服务项目不断更新。服务的品质是一个动态的变量，只有不断地更新才能维持其品质水平。

5. 把“有求必应”与主动服务结合起来

不同的企业对服务的理解不同。设备销售企业可能把服务理解为“保修”；银行可能认为服务就是快捷且不出差错；商品零售企业可能认为服务就是存货充足和免费送货。这些理解都只是把服务限定在“有求必应”的范围内，被动地适应顾客的要求。一个企业要在竞争中取胜，仅仅做到“有求必应”是不够的，应不断地创新服务，由被动地适应变为主动地探求顾客的期望。

6. 把企业硬件建设与企业文化结合起来

服务行业应用现代科技对企业的基础设施进行大规模的改进，不仅能扩充服务种类、提高服务效率，还能够带来显著的竞争优势。

（二）服务创新的误区

1. 走出服务概念被异化的误区

对于一般消费者而言，商家能够及时处理质量投诉，提供周到的维修服务，便意味着服务质量较高。消费者对服务的认识步入了一个误区，将“售后维修”当成服务的唯一或主要内容。厂家也不在提高产品质量上下功夫，而在如何保证售后维修服务上花力气，美其名曰“打服务牌”，服务的概念被异化了，离开了它的本来意义。从本质上说，由质量问题引起的维修，不是“服务”，而是“干扰”，它既不是消费者所需要的真正服务，也不是厂家所追求的正确的服务方向。所以服务创新应走出这一误区，树立“大服务”概念。

2. 走出只为顾客提供服务的误区

为顾客提供服务的是企业的员工，而优质的服务来源于企业的员工对顾客的尊重及恰如其分的个性化服务等。对于企业来说，为员工提供优质的服务是促使员工向顾客提供优质服务的基础。员工是企业的主人，是企业的内部顾客，为员工提供优质服务，可增强员工的服务意识、态度、知识和技能，相应地提高企业的市场声誉和经济效益。

案例分享

CNN（美国有线电视新闻网）在创办以前，美国三大电视网——哥伦比亚广播公司（CBS）、美国全国广播公司（NBC）和美国广播公司（ABC）已几乎垄断了整个美国的电视节目市场。“时至1980年，根据盖洛普民意调查发现，全美有三分之二的人认为电视（特别是三大电视网），是大部分甚至全部新闻和资讯的来源。”当时的三大电视网已构成垄断局面，逐渐忽视了作为新闻传播企业，在新闻传播方面的社会责任以及信息受众对新闻及时性、真实性的需求。信息受众在此局面下，被迫接受了三大电视网所形成的行业惯例——“新闻就是这样的”。

案例分享

特德·特纳（Ted Turner）察觉到这一影响到信息受众利益的“行业惯例”，并下决心打破这个惯例，创办一个24小时实时滚动播出的纯新闻台。他以高超的谈判技巧、坚定的决心和创新的管理模式，用了1年多时间筹备，在1980年6月1日使CNN开播，耗资仅2 000万美元。而在当时，业界普遍认为纯新闻台没有什么广告价值，而且开播准备无论如何要花费4 000万到6 000万美元。结果，CNN一开播，就以深入和快速的新闻卫星实况，使观看新闻的受众耳目一新，受到热烈追捧，使CNN成为三大电视网之后又一电视巨头。

可见，服务创新源于对客户体验的深度挖掘与认知；服务创新应着眼于客户体验的提升；服务创新对价值的提升，将进一步影响到产业行为，进而升级成为产业创新。

【课后练习】

（1）根据本章内容，请为每一种创新类型提供一个创新案例。

（2）简述管理创新的内涵与主要内容。

（3）结合自己的专业领域回答：可以从哪一个角度开展创新？

笔记处

笔记处

第六章

创新模式

学习目标

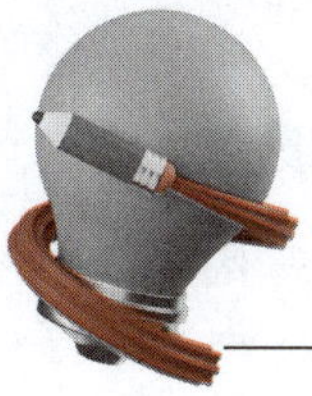

1. 认识三种创新模式
2. 了解三种创新模式的内涵和特征
3. 掌握三种创新模式的应用

第一节　自主创新模式

一、自主创新的概念

创新所需的核心技术来源于内部的技术突破，摆脱技术引进、技术模仿和对外部技术的依赖，依靠自身力量、通过独立的研究开发活动而获得，其本质就是牢牢把握创新核心环节的主动权，掌握核心技术的所有权。

自主创新，从狭义角度可以认为是自主技术创新活动，从广义角度可以认为是包括技术创新、制度创新、组织创新等在内的系统性创新活动。

自主创新是开发拥有自主知识产权的核心技术以及在此基础上实现新产品的价值的过程。自主创新的成果，一般体现为新的科学发现以及拥有自主知识产权的技术、产品、品牌等。自主创新是主体性的最高表现形式，是民族独立、国家发展的根本动力，自主创新精神是民族的灵魂。对于发展中国家而言，自主创新是实现后来居上、超越发展的根本途径。

案例分享

“天河一号”——中国首台千兆次超级计算机

“天河一号”是中国首台千兆次超级计算机。“天河一号”超级计算机从2008年开始研制，按两期工程实施：一期系统（TH-1）于2009年9月研制成功；二期系统（TH-1A）于2010年8月在国家超级计算天津中心升级完成。2010年11月14日，国际TOP500组织在网站上公布了最新全球超级计算机前500强排行榜，“天河一号”排名全球第一。其后2011年“天河一号”被日本超级计算机“京”

案例分享

超越。2012年6月18日，国际超级电脑组织公布的全球超级电脑500强名单中，“天河一号”排名全球第五。

“天河一号”超级计算机由中国国防科学技术大学研制，部署在天津的国家超级计算机中心，其测试运算速度可以达到每秒2 570兆次，2009年10月29日在湖南长沙亮相。

“天河一号”超级计算机使用由中国自行研发的“龙”芯片。而每秒钟1，206兆次的峰值速度和每秒563.1兆次运行速度的LINPACK（Linear System package，线性系统软件包）实测性能，使这台被命名为“天河一号”的超级计算机位居中国超级计算机百强之首，也使中国成为继美国之后世界上第二个能够自主研制千兆次超级计算机的国家。

该计算机系统的实测性能数据已提交至负责为国际超级计算机进行TOP500排名的统计组织，按照2009年6月份进行的性能测试数据来看，“天河一号”超级计算机的实测性能可以排在当年度TOP500排名的第四位，峰值性能则可以排列当年度TOP500排名的第三位。这个速度意味着如果使用“天河一号”超级计算机计算1秒钟，其运行速度相当于十三多亿人连续计算88年。而如果用“天河一号”计算1天，则相当于使用一台当前作为主流机型的微型计算机连续计算160年之久。“天河一号”超级计算机的存储量，相当于四个国家图书馆藏书量之和。

二、自主创新的特征

企业自主创新对企业来说格外重要，是企业永葆生命力的一项活动，具体特征包含以下方面。

（一）创造性

自主创新的首要特征是创造性，没有创造性，自主创新也就没有灵魂。对于企业来说，自主创新是创造的过程，这个过程伴随着新事物的产生，是将新思想付诸实践的过程。从创新成果层面分析，无论何种程度的创新都会包含一定的创造性，对原有功能进行创新，增添新的价值。

（二）累积性

首先，创新都需要一定基础，需要之前的成果作为指导，需要知识以及技术的累积。其次，自主创新并不一定引起技术突破，在实践进程中，大部分创新都不是一蹴而就的，而是循序渐进的，需要时间以及技术的积累。

（三）效益性

对于企业来说，自主创新的核心动力是效益，企业的目标是追求效益，使得企业能够更好地运转下去。无论何种活动都需要资源的支持，创新活动离不开物质保障，脱离了物质保障的活动难以维系。因此，如果自主创新能够带来一定利益，就能为企业带来希望与动力，使得企业能够全身心地投入到创新过程中。

（四）风险性

自主创新存在一定风险，这种风险表现在以下层面。第一个层面是技术风险，如果技术本身不够成熟，没有达到一定标准，那么就会引发相应的风险。第二个层面是市场风险，在市场中把握机会推出创造性产品，如果推出产品的时间落后，消费者理念有所更新，市场所需投入变高，那么企业的盈利可能性就会降低，进而引发风险。第三个层面是社会风险，例如政策变化引起的风险等。

（五）扩散性

自主创新活动一旦取得了成功，会带来不容小觑的影响，对社会产生推动作用，为经济增长贡献力量。自主创新能够带来宏观效益，这主要是通过自主创新的扩散来实现的。

（六）系统性

一是指自主创新要求企业内各部门的密切配合，二是指自主创新的实现依赖外部环境的密切配合，包括经济、政治，以及与创新有关的其他产业的技术等。

三、自主创新的具体模式

（一）原始创新

原始创新是指企业成立研究开发中心，培育一批科技型精英人才队伍，围绕企业核心技术，加大创新开发投入，从而在企业内部梳理开展自主创新活动的方式。原始创新是一种破坏性与突破性的创新，它需要有雄厚的技术基础、更大的资源投入和外部机遇，但同时也面临更大的风险。

原始创新源于系统内部，是以自主研发为基础，实现技术层面的创新。原始创新具有以下特点：其一是首创性，具有一定的新颖性以及独创性；其二是突破性，在很多方面都有改革；其三是带动性，对科技的发展具有很强的牵引力，使得科技能够朝着更好的方向发展与进步。

原始创新的关键在于技术突破的内生性、技术与市场方面的率先性以及知识和能力的支持。同时，原始创新包含创新设想的出现直至创新利润实现的全过程，因此创新投入高、研发团队人员素质要求高、创新周期长，技术风险、市场风险等不确定性因素增加，创新成功的可能性较低。

（二）引进消化吸收再创新

引进消化吸收再创新，指企业从境外引进技术，并进行消化吸收和二次创新活动。我国有许多产品技术都是先从国外引进先进技术再进行创新，由于消化吸收得不到位，这种创新模式很容易陷入“引进—落后—再引进—再落后”的恶性循环中。随着我国科技的迅速发展，目前我国已经实现了一部分产业的技术引进消化吸收再创新。但涉及一国的核心技术，如与国家安全和市场竞争有关的技术，很难从国外引进，因此，我们必须加大自主创新力度，提升我国自主创新能力，建设创新型国家。

引进消化吸收再创新源于创新主体系统的外部，在国际上，技术不是十分先进的国家大部分都采用这种做法。模仿创新可以分为以下两种。

第一种是完全模仿创新，也就是对市场中已有的产品进行模仿。新的技术从出现一直到市场饱和需要很长的时间。因此，模仿创新产品在市场中具备空间，这使得技术模仿存在实现的可能性。从本质上来讲，完全模仿有助于企业创新活动的展开，为创新活动注入活力。

第二种是消化吸收后再创新。指新的技术在传入之后经过一系列的消化以及吸收，超出原来的水平。企业需要掌握技术诀窍，对产品进行多方面改进，使得产品功能更加完备，外观更具特色，性能也更持久，以得到市场的青睐。

引进消化吸收再创新具备一定的优势，节约费用，也能够很好地解决市场不稳定问题，促使风险大幅度降低。但是，在技术方面会受到限制。

案例分享

三峡工程——我国技术引进消化吸收再创新的成功范例

举世瞩目的三峡工程不仅工程总量和装机容量位居世界第一，而且是当今世界技术水平最高的水电工程。更为重要的是，三峡工程充分发挥国家重大工程对技术创新的带动作用，形成了引进消化吸收再创新的“三峡模式”，实现了我国水电装备技术水平和自主创新能力的新跨越。

坚持引进技术的消化吸收再创新，显著提升我国水电产业整体技术水平。三峡工程从引进技术之初就重视消化吸收再创新。国内技术受让方的哈尔滨电机厂和东方电机股份有限公司向国外合作伙伴派出了最强技术力量，参加机组的设计、制造、安装和调试全过程，在国外先进技术的高起点上，在较短时间内形成了自主创新能力：配置了一批国际精尖加工设备，使加工检测达到数控化、精密化和集成化；完全掌握了特大型机组整体设计与制造的核心技术和关键工艺；形成了水轮机水力设备以及定子绕组绝缘、发电机蒸发冷却等具有自主知识产权的核心技术，在水轮机高水头稳定性上有了较大的技术突破；培养了一批素质高、业务精的技术骨干；完善了直流输电设备、主变压器、电站及梯调计算机监控系统等重大装备。

三峡工程建设的实践表明，技术引进与消化吸收再创新是增强我国自主创新能力的重要方法，体现了对外开放与自主创新相辅相成。通过国家重大工程开展捆绑招标、技贸结合、引进消化吸收再创新，最终可以形成自主创新能力和核心竞争力，走出一条中国特色自主创新道路。

（三）集成创新

集成创新是指企业在自主创新的组织和方法上，利用外部资源，采用将已有技术组合成系统的技术方案，创造出适合本企业发展的新技术、新方法。例如，上海振华港机集团创新性地将GPS（Global Positioning System，全球定位系统）运用到起重机上和我国的神舟载人飞船等都是重大的集成创新。

集成创新的技术创新源于创新主体内外要素的结合，以新要素集成作为重要基础，在这个基础之上进行自主创新。主体运用多方面信息以及技术，选择相关要素，对要素作出整合，形成自主创新的过程。集成创新在自主创新中占据核心地位，是不可缺少的内容，其将不同技术单项融合在一起，相互贯通，形成新的管理形式，构建起经济增长点。

在现代生产进程中，产业的关联度越来越高，技术依存度也在大幅度提升。单项技术的突破已经远不能满足市场需求，想要跟上市场进步的步伐，需要对技术进行整合，发挥出合力，使得相关技术相互配合，构建起科学合理的关联模式，形成最终的竞争力。在这样的发展背景之下，集成创新优势得以凸显，超出单项技术创新的意义。

立足于技术层面，集成创新是纵向的，产品生产具有完整的生产链。集成创新也是横向的，伴随着科学技术的进步以及更新，不同学科以及领域不再各自为政，而是相互沟通，密切联系，这使得集成创新有了更大的发展空间，发展条件得到优化。除此之外，集成创新也需要在管理进程中彰显出来。怎样将管理中的不同环节结合起来，推出与市场需求相契合的产品，不断优化服务能力，完善服务素养，发挥出动力优势，调节资源，整合资源，将创新效率提升到新的高度，形成新的模式是各个企业都需要考量的问题。

在追求原始创新成果时，不能忽视集成创新。集成创新的实用性更强，且与企业的关联也更为紧密，能够很好地找到切入点，效果也更为显著。

集成创新自身具备不可比拟的优势。对特定目标的要素进行集成，在相对来说比较短的时间之内推出产品，实施科学有效的战略，在市场之中占据一席之地，获取经济效益。企业在市场中占据主体地位，发挥着积极效用，想要立足于市场之中，不被市场所淘汰，就需要对动态予以把控，了解实际的市场需求，开展协同活动，尽可能降低风险。在企业自主创新过程中，单纯的人力或资金投入并不能保证技术创新的成功，信息、知识、战略、组织、文化等集成能力对企业创新活动的影响更为显著，只有把各种创新要素和层面进行有效的系统集成，企业技术创新才可能取得最佳效果。显然，集成能力是一个创新主体能否有效整合内外部资源的综合能力。

第二节　开放式创新模式

一、开放式创新的概念

开放式创新是改变企业传统封闭式的创新模式，引入外部的创新能力。在开放式创新模式下，企业在发展技术和产品时，像使用内部研究能力一样借用外部的研究能力，使用自身渠道和外部渠道来共同拓展市场。

开放式创新的概念最早被界定为“企业通过与外部供应商、顾客等建立关系从而建立创新市场，通过边界拓展获取外部资源或出售内部资源的创新过程”。其本质是知识在企业边界内外的流动，形式上体现为企业边界向外渗透、企业关系拓展。开放式创新的核心思想是企业能够像使用内部创意、知识、技术等创新资源一样使用外部的创新资源，同时也像使用内部途径一样使用外部途径将创新结果推向市场。开放式创新包含着发明与商业化的整个过程，是一种开放式的价值创新而非单纯的技术创新。

在知识经济时代，企业仅仅依靠内部的资源进行高成本的创新活动，已经难以适应快速发展的市场需求以及日益激烈的企业竞争。在这种背景下，开放式创新正在逐渐成为企业创新的主导模式。

案例分享

英特尔的开放式创新

英特尔公司本身很少进行基础研究，但是，其处理器的销售额却能够超过最大竞争对手四倍，多年来一直如此。原因就在于，与任何其他处理器企业相比，英特尔得到了更多技术支持。它主要通过关注企业外部的学术研究活动和对其他新建企业进行风险投资（即设立“创投基金”）保持自己的技术地位。英特尔在许多大学成立“Lablet”研究所，以获得原创技术，并每年花费1亿多美元用于资助大学的学术研究，寻求“可能有用”的创意。英特尔也积极尝试合作创新，如2006年11月宣布成立“英特尔合作伙伴盟”，与众多软硬件企业进行合作。英特尔积极鼓励员工进行创新，只有那些善于动脑筋、总结经验和具有创新精神的员工才能立足和晋升。英特尔努力成为一名最新技术的“快速跟随者”，只要是对有利于自己的技术和产品，就采取“外部技术内部化”的策略。

二、开放式创新的演化

（一）内向型开放式创新

内向型开放式创新是将创意、过程或一个项目从外部引入内部，具体方法包括与大学或其他高等研究机构、供应商、顾客、竞争者、咨询公司、商业实验室、意见领袖、在线社区、众筹公司、创新中介公司等进行协作，或者是收购与购买的方式。

内向型开放式创新侧重于对知识与资源的搜索，倾向于探索式活动并推动组织探索式学习，跨组织的探索式学习能够从外部合作伙伴中获取多样性知识。基于此，内向型开放式创新有利于促进企业内部多样化知识的利用，从而增强组织解决商业模式创新涉及的各层次活动产生的问题，并且能够增强整合内部资源的能力。同时，丰富的知识储备有助于企业创造独特的技术，技术的独有性进一步强化产品和服务的特殊性，企业因此能够占领市场并及时发现新的价值主张。

（二）外向型开放式创新

外向型开放式创新是企业允许没有使用过的和使用不足的创意、资产、知识流出企业，被其他企业使用或共同使用，常见形式包括知识产权和许可的授予、知识产权和技术的捐赠、风险投资、公司孵化器、合资和联盟等。

与内向型开放式创新不同，外向型开放式创新旨在利用企业边界之外的技术资源进行内部技术的商业化，外向型开放式创新在利用外部资源商业化过程中能够将市场信息进行吸收与整合，为商业模式创新的新资产配置组合指明方向。外向型开放式创新过程中，企业不仅将未完成的技术通过外部合作伙伴商业化，同时也出售内部冗余的技术创新成果，这为企业带来更多的经济收益，为商业模式创新提供足够的经济基础。尽管外向型开放式创新存在知识产权泄露的风险，但从长远考虑，外向型开放式创新能够通过出售知识产品、授予技术许可实现自身技术外溢、扩散以及行业标准的输入，从而为现有企业带来较高声誉。企业声誉的提高将会扩大企业当前的创新网络，吸引更多的市场参与者与之建立合作关系，这为企业商业模式创新奠定了新价值网络、新交易结构的基础。同时，外向型开放式创新给企业带来新的市场领域，使得企业拥有更多的资源以确立其在行业中的竞争优势地位。

企业可以将内向型及外向型两种开放式创新有机地结合起来。除了外部资源的开发与利用，企业也应重视外在的知识，即利用组织间的关系来吸取和持有组织之外的知识，以拓展内部知识。开放式创新模式不在于创新资源是来自组织内部还是组织外部，应对外部创意和外部商业化推广与内部创意和内部商业化推广给予同等重视。目的是以最小的成本和最快的速度实现创新成果转化，以期获得最大利润。开放式创新理论产生于创新实践，它是在吸收和整合前人关于合作研发、协同创新、战略联盟、技术许可授权、研发外包、网络创新、产学研合作、供应商与用户创新等经验的基础上产生的，具有很强的现实意义和可操作性。

三、开放式创新的具体模式

（一）产学研合作

产学研合作指的是企业以及高校之间的交流与配合。随着社会发展背景的更新与转变，高校的功能也发生变化，其不仅仅局限在人才培养方面，还向社会服务延伸，促使科技以及经济朝着一体化发展方向迈进。

产学研合作中的“产”是指产业界及各类产业中依托技术创新的现代企业和现代企业家，“学”泛指学术界，“研”主要指以进行基础研究、应用研究和各类技术开发为中心的应用型科研院所以及高校中的科研机构。在我国，产学研合作一般是指高校、科研机构与产业界的合作。广义上的产学研合作是指教育与生产劳动有机结合以及科学研究在人才培养、科技开发和生产活动中的有机结合。狭义的产学研合作仅指高等学校、企业和科研院所三方本着优势互补、互惠互利、共同发展的原则所进行的合作与交流。

产学研合作模式是企业、高校（科研院所）双方为实现特定目的的具体的行动方案，是将二者联系起来的对接方式，任何一种模式的形成实际上都是一个动态博弈的结果，是合作双方在责任、权利、利益、风险等方面所达到的一个平衡。

产学研合作按合作主体的关系可分为：校内产学研合作模式、双向联合体合作模式、多向联合体合作模式和中介协调型合作模式。

1. 校内产学研合作模式

高校为实现教学、科研相互结合的目标，促使科研成果真正转为生产力，为生产力发展作贡献，不断筹集教育经费，发挥校内资产的力量，彰显人才优势，创办经济实体，将经营与教学紧密融合在一起，将科研与经济结合在一起。

这个模式具备自身优势，有利于统一管理；能够实现科技成果的转化，也能够促进学生强化自我定位；创造就业岗位，缓解就业压力；充分利用资源，发挥资源效用，防止资源浪费；协调教学以及科研的关系。在这个模式中，学校扮演多个角色，不仅是企业的创办者，也是运营者，但如果过于关注经营，就会与教学背道而驰。

2. 双向联合体合作模式

对于高校来说，其核心任务是人才培养，生产以及经营都不是其优势。在这样的背景之下，高校产学研需要借助校外企业的力量，与其紧密配合。

在这个模式中，合作以项目成果为主，优势较为显著，主要形式为人员培训。合作终止以后，学校不需要再次投资，也不需要承担风险。但是，这样的合作模式受到直接利益双方的限制，可能会引起观念及政策方面的矛盾，难以调和。

3. 多向联合体合作模式

市场存在风险，降低风险是所有企业的最终目标。一些项目的市场较大，所需的投资也会很高。普通创作模式无法达成合作目标，因此多向联合体合作模式得以出现。

这种模式的主要特征为：合作较为紧凑，规范性较高，风险不高，潜力较大，收益可观。但是投资需求比较大，出资方在投资时需要考量多种因素。合作前期面临的问题较为繁琐，存在权益问题，成功率不高。

4. 中介协调型合作模式

前几种合作模式中，合作主体为直接利益方，合作进程中难以避免矛盾以及分歧。如果合作方的渠道不畅通，交流不及时，就会导致信息不对称问题，导致合作难以进行。近几年，新的合作模式得以出现，中介机构发挥出自身效用。

这种模式的主要表现为：大范围收集产学研合作信息，对信息进行传播，对矛盾予以协调，调查信息是否真实，促使供需风险大幅度降低，为合作的成功贡献力量。

（二）技术购买与研发外包

内向型开放式创新指的是企业对资源进行运用，发挥出资源的优势，对技术予以创新，使得知识得到转化，技术整合程度更高，达成商业化目标，技术购买与研发外包属于内向型开放式创新。

技术购买主要指借助市场交易手段对技术进行购买，通常情况下购买内容包含设备以及图纸的设计等。所购买的大部分都是成熟度较高的成果。对于技术水平不强的企业来说，技术购买是较为有效的一种方式，能够在短时间内缩小差距。但是无法为企业带来持续发展动力，无法真正意义上提升企业实力。

研发外包指的是企业将技术创新以及研发等外包给其他的企业，最终达成提升效率以及节约成本的目标。研发外包需要将资源研究承包给专门的企业，有助于降低风险，缩短周期，促使产品以较快的速度在市场中占有一席之地。现实中运用这种模式的企业数量大幅度增加，研发外包也出现了多种方式。比如，分项委托指只对技术进行研究，企业委托给高校并提供经费；联合研发指的是企业与高校共同合作，共同研发，最终得出成果，在这个过程中二者通力配合，互相学习借鉴。在企业运用研发外包手段时，需要不断强化自身吸收能力，使得其核心竞争力实现大幅度提升。

（三）技术转移与技术转让

外向型开放式创新指的是企业成为其他组织的知识源，对技术等进行输出和采用商业化模式。技术转移与技术转让属于外向型开放式创新。

技术转移指某种技术（包括成熟技术和处于发明状态的技术）由其起源地点或实践领域转而应用于其他地点或领域的过程。按转移方向，一般可分为地理空间位置上的双向传播和不同实践领域的单向扩散两大类；按转移方式，可分为有偿转移和无偿转移；按转移的范围，可分为国际转移和国内转移。技术转移是人类的一项重要社会实践活动。由于古代交通条件的落后，技术转移十分缓慢，主要靠人员的陆路流动，以“言传身教”的方式进行，其中最负盛名的是中国古代四大发明（造纸术、印刷术、火药、指南针）向中亚地区和欧洲的转移。

技术转让的实质是转让。它往往是含有专利、商标、商业秘密、版权等在内的综合性的知识产权利用行为。知识产权法律赋予技术“无形资产”地位，使其能够在贸易中进行有价转让，从而产生效益。因此，技术转让与知识产权有着密切的联系。

依据技术转让的权利化程度以及性质，技术转让能够划分为以下形式。

（1）专利权转让，专利人将其发明创造的专利的所有权交给受让方的技术转让形式。

（2）专利申请权转让，让与方将其特定的专利申请权力移交给受让方的技术转让形式。

（3）专利实施许可，专利权人或者授权人许可受让方在一定的范围内实施专利的技术转让形式。

（4）非专利技术（技术秘密）转让，让与方将其拥有的非专利技术成果提供给受让方，对使用权以及转让权进行明确。

立足于开放式创新层面进行分析，技术转移是企业技术资源输出的手段。从技术内容的完整性角度，技术转让可以划分为两种模式，一种是“移植型”，指的是转移所有内容；另外一种是“嫁接型”，指的是只转移部分内容，例如关键的技术内容。

（四）技术联盟

技术联盟是开放式创新模式之一，指的是为实现技术的创新而构建起的创新组织，这种组织具有一定的松散性和复合性，还存在不同的互动关系。合作企业既可以是竞争者，也可以是客户。组建技术联盟的目标包括：

（1）提升技术方面的创新投入；

（2）达成规模经济目标，提高收益；

（3）对技术空间进行扩展；

（4）降低创新风险。

技术联盟包含下述形式。

（1）股权参与。这个形式有其自身特征，能够确保企业在较长的一段时间内相互合作，大幅度提升合作的稳定性，与此同时，还能够兼顾多个方面，对企业有较强约束力。

（2）共同出资组建子公司。这个形式相对来说较为简单，操作起来也很方便，与此同时，也使得合作双方紧密程度得以提升，合作效果较为理想。

（3）项目联合开发。这个形式根据具体的项目作出针对性攻略，主体间关系的紧密程度并不是很高。在项目完成之后很快就会解散。

（4）互相提供技术咨询。这个形式集中在技术支持的提供之上，合作联系相对来说比较松散。

（五）并购

并购是兼购以及收购的统称。依据并购所涉及的组织特点可以将其划分为不同类型。

1. 横向并购

横向并购是第一次并购浪潮，其主要特点为企业在国际范围内横向一体化。纵观最近几年的发展，全球性行业重组浪潮出现，行业横向并购发展速度大幅度提升。

2. 纵向并购

纵向并购是第二次并购浪潮，其主要特点为企业在市场中的纵向一体化。纵向并购是同产业的并购，各个企业之间并不是竞争关系。

3. 混合并购

混合并购指的是在不同行业间的企业所产生的并购，混合并购有助于风险的分散。

（六）内部技术成果外部开发模式

内部技术成果外部开发模式经过技术组合并获得经济收益，是商业化的全过程。立足于企业自主创新层面进行分析，在外包供应商能够以较高的效率以及较低的成本进行技术活动时，技术创新需要由供应商完成。反之，需要企业独立完成。企业能够在技术创新的环节进行外包，包括商业化应用等环节。

在国际方面，外包趋势格外显著，英国经济学人智库（The Economist Intelligence Unit，EIU）曾做过相关调查，调查结果表明，68%的调查对象认为技术创新外包具有重要意义，能够发挥积极影响。在20世纪初期的发展背景下，企业负责人大部分持有如下看法：核心的研发工作需要独立完成。除此之外，整条价值链的研发最好也把握在自己手中，尽可能减少研发依赖，提升自主性，真正做到自主创造。但是，当前行业细分趋势越来越明显，市场对产品的要求随之提高，创新速度需要达到要求，范围也需要得到延伸。这使得很多企业都想找寻变化途径，找到适合自己发展的方向。因此，企业需要进行创新外包。例如，亚洲的代工厂商在技术设备领域发挥出很大的优势，许多西方发达国家企业的产品设计都开始向亚洲转移。

1. 内部技术成果外部开发模式的优势

（1）资源互补。企业不可能完全把控所有的技术以及知识，在创新过程中，企业需要借助外力确保创新的动力，促使创新能够持续进行下去。

（2）提升研发效率。实施技术创新外包，企业创新灵活性大幅度增强，创新脚步不断加快，风险得以降低，可达成之前难以企及的创新目标。

（3）降低研发成本。面对大量的技术创新以及创新外包的繁荣发展，人们的思想观念得到转化，促使企业尽可能寻求更多创新途径。内部技术成果搭配外部开发模式有助于企业降低研发成本，为企业发展增添动力。

2. 内部技术成果外部开发模式的策略

部分企业对技术创新外包的依赖程度较高，其自主创新能力并不是很强。在当前发展背景之下，发现这个“危险苗头”的企业应当对结构进行更新，对策略进行调整，划定新的外包界限。爱德华・赞德提出：在外包过程中一定要做好区分，不能够将全部技术都外包出去，这样必然会带来危害。较为常规的技术可以外包，但是核心的技术不能够外包，需要自己把控。例如某空调厂商从日本进口系统，每组装一台都需要加价两三百元，这使其竞争能力被削弱。

一项技术创新需要企业独自完成还是外包出去，需要对多方因素进行衡量再做判断。只有分析多个因素，综合考量，才能够选出最佳方案。如果技术创新活动可以由企业自主达成，但付出一定代价之后对企业竞争力的提升起不到任何积极作用，那么自主研发的收益就不高，这项技术就可以外包出去。同样，如果一项技术创新活动外包成本相对来说比较低，也可以对其进行外包。

第三节　协同创新模式

一、协同创新的概念

协同创新是指通过对各类创新资源和要素的有效汇聚，在努力突破创新主体间壁垒的基础上，达到充分激发各创新主体间人才、资本、信息、技术等创新要素活力而实现的深度合作。协同创新是优化配置资源的有效途径，也是当前全球科技创新的主要发展方向和创新理论的重点研究对象。

协同创新是一项复杂的创新组织方式，其关键是形成以大学、企业、研究机构为核心要素，以政府、金融机构、中介组织、创新平台、非营利性组织等为辅助要素的多元主体协同互动的网络创新模式，通过知识创造主体和技术创新主体间的深入合作和资源整合，产生系统叠加的非线性效用。

协同创新是一种大跨度的复杂创新组织模式，它强调创新系统各要素的整体性和动态性，即在协同创新组织模式中，创新主体各要素在资源、目标和功能方面是有机结合的整体，而不是要素的简单相加，且这个整体总是处于动态变化之中。协同创新并不是一个自发的过程，由于不同创新主体在目标和追求利益上的差异，如果协同创新脱离了国家意志的引导和机制安排，难以取得理想结果。因此，协同创新是在国家引导和机制安排下，实现不同创新主体优势互补，资源共享，加速提升创新能力，推进技术成果转化的创新范式。协同创新进一步推动了产学研的深度合作，通过知识、人才、资源和管理等要素的进一步整合、协调和配置，提升了协同效应，因此也被认为是产学研合作的升级。

案例分享

长三角科技创新共同体协同创新十佳典型实践案例

由奇瑞汽车牵头，联合南京芯驰半导体科技有限公司、江苏天宝汽车电子有限公司、科大讯飞股份有限公司、芜湖雄狮汽车科技有限公司、合肥工业大学多方开发智能座舱系统。该项目充分利用奇瑞汽车在智能网联平台及系统的开发经验，对平台及系统进行总体规划、牵头项目管理，智能座舱系统在奇瑞首发量产，并拓展到其他主机厂，解决芯片及软件“卡脖子”问题。第一代国产化平台在2022年3月份开发完成并搭载奇瑞欧萌达、瑞虎7等车型量产，目前销量超过35万台；第二代国产化平台目前在开发中（2023年10月）；下一代座舱平台在预研中，预计2025年第三季度投入量产。

（1）技术成果：已制定企业标准/设计规范12份、已申请专利6项（含软件著作权）、发表论文2篇。

（2）经济效益：2023年上半年，奇瑞集团累计销量74.14万辆，同比增长56%，创下历史半年度销量新高，且连续13个月单月销量超过10万辆，直接经济效益达到12亿元；降本增效，节约开发成本50%以上，节约开发周期30%以上，促进公司良性循环。

（3）社会效益：助力安徽省及长三角科研、经济高质量发展；带动就业，可新增320个高端开发岗位和200个产线工人岗位。

二、协同创新的动因

（一）交易成本理论

交易成本理论的根本论点在于对企业的本质加以解释。由于经济体系中企业的专业分工与市场价格机能的运作，产生了专业分工的现象。但是使用市场价格机能的成本相对偏高，因而形成企业机制，它是人类追求经济效率所形成的组织体。

交易成本也称交易费用，是指为达成一笔交易需额外付出的费用，其功能在于促使人们成立各类经济组织，降低交易成本，提高经济效率。交易成本是在一定的社会关系中，人们自愿交往、彼此合作达成交易所支付的成本，也即人—人关系成本。它与一般的生产成本（人—自然界关系成本）是对应概念。从本质上说，有人类交往互换活动，就会有交易成本，它是人类社会生活中一个不可分割的组成部分。

交易本身具有一定的不确定性，在交易过程中经常会发生各种各样的风险，买方以及卖方之间的信息并不是完全对称的，双方需要签订一定的契约，只有这样双方的权益才能够得到较好的保障。所以，如果交易不确定性相对来说比较高，那么交易成本也会有所提升。在交易频率提升的情况下，管理成本也会加大。交易频率的提升促使企业经济活动朝着内部化方向发展，交易成本得到节约。

（二）资源依赖理论

资源依赖理论是指组织为实现最为重要的存活目标，要尽可能降低对外部资源的依赖性，找到掌控资源的手段。在资源依赖理论看来，组织体想要更好地生存下去，需要从环境中汲取到合适的资源，与环境相互配合，只有这样才能达成目标。

资源依赖理论指出，不同企业之间的资源也是不尽相同的，差异性格外显著，并且资源不能够完全自由流动，有许多资源都不能够在市场中交易。例如组织才能，无法从市场中进行购买。除此之外，所有企业都无法完全掌握所有资源，资源以及目标之间具有一定的战略差距。所以，为了获取相关的资源，企业会对资源互动进行掌控，对环境予以支配，防止对市场机会的依赖。

在对变迁行为的研究过程中，组织行动会受到多种因素影响，驱动力比较多，且驱动力并不集中。组织行动的核心机制为权利依赖。权利依赖的建立需要与组织成员密切沟通，组织成员与行动者相互配合，通力合作，只有这样，组织变迁目标才能够达成。与其他的组织理论不同，在资源依赖理论看来，组织成员内部行为需要参考一定的机构，只有这样才能够对行为予以解释，发挥出实际的影响力。

（三）系统理论

系统理论是研究系统的一般模式、结构和规律的学问，它研究各种系统的共同特征，用系统理论知识定量地描述系统功能，寻求并确立适用于一切系统的原理、原则和模型，主要对计算机、应用数学、管理等专业的某一方向进行专门研究。掌握系统思维方法，能够从整体上系统地思考和分析问题，系统理论是具有逻辑和数学性质的一门新兴科学。

整体理念在系统论中占据核心地位，所有系统都是有机整体，并不是不同部分的简单累积与组合。系统之中的不同要素并不是完全独立的，而是相互联系，相互影响的。各个要素间紧密联系，组成一个整体，要素在整体中扮演一定角色，如果对其进行分离，那么要素就会失效，要素只有在整体之中才能够贡献自己力量，一旦离开整体就失去其意义。

系统论的主要思想是将研究主体作为系统，对其功能进行分析，深度剖析其结构，对系统要素作出梳理与探究，找出要素以及环境之间的联系，分析变化规律。系统论能够彰显出现代科学发展的方向以及趋势，体现出科学进步道路，还能体现出社会现代化特征。目前，社会生活极为复杂，人们面对的市场环境也是很复杂的，因此系统论得到广泛运用。

三、协同创新的具体模式

通过对协同创新过程进行细致分析与探究能够得知，创新模式的选择是必不可少的一环。立足于协同实践层面进行分析，当前的协同创新包含下述三种模式。

（一）企业主导型的协同创新模式

这种模式要在创新进程中对主导企业予以确定，明确企业的地位，还需要借助主导企业达成协同创新的目标。这部分企业一般实力较强，与高校之间相互联合，密切配合，将市场需求作为重要目标，不断整合资源，发挥出资源的最大效用。在这种模式的引导之下，企业承担生产与创造的责任，还需要在项目管理等方面作出选择与创新，对利益进行重新分配，承担相关风险。协同创新参与主体众多，既包括高校，也包括科研机构，在协同进程中配合企业实现创新项目的目标；政府机关的主要角色是监督者；金融中介组织要提供一系列服务，包括金融服务以及信息服务；等等。

以企业作为核心的协同创新有利于效益的提升以及企业的不断进步，还能够促使协同创新迈向新的台阶。企业在协同创新过程中占据主体地位，需要了解市场实际需求，把握发展方向，推出与市场需求相契合的产品，不断优化服务能力，完善服务素养，发挥动力优势，调节并整合资源，将创新效率提升到新的高度。

（二）学研机构主导型的协同创新模式

这种模式包括两种类型，其一是人才培养型，高校以及企业之间紧密配合开展人才培养活动，发挥自身优势，促进实践的开展，为就业贡献力量。其二是科学研究型，高校以及研究机构进行课题研究，企业紧密把握市场需求，发挥自身优势，提供资源方面的支持，达成协同创新目标。

（三）政府引导型的协同创新模式

这种模式借助不同种类的科研规划，对主体进行组织，满足社会发展需求。这种模式需要政府发挥主导效应，扮演主导者角色，对任务进行规划。政府借助项目需求开展各个项目，包括军事项目以及科技项目等，具备强制性。在市场经济快速发展的背景下，市场千变万化，市场环境极为复杂，政府需要给予政策方面的扶持，作出科学有效的指导，使得协同创新目标得以达成。政府的身份也发生了改变，除了引导者之外还扮演了服务者的角色，为企业提供各种服务。

【课后练习】

（1）自主创新的具体模式是什么？

（2）内向型开放式创新和外向型开放式创新的区别是什么？

（3）企业主导型的协同创新模式有什么特点？

笔记处

第七章 创新方法

学习目标

1. 认识创新方法
2. 掌握六种创新方法的特点及类型
3. 学习创新方法的应用实例

第一节　创新方法概述

创新方法的含义

创新方法是指创造学家收集大量成功的创造和创新的实例后，研究其获得成功的思路和过程，经过归纳、分析、总结，找出规律和方法供人们学习、借鉴和仿效。简言之，创新方法就是创造学家根据创新思维的发展规律而总结出来的一些原理、技巧和方法。创新方法实际上是理论和实践之间的桥梁，其主要功能包括：

（1）帮助创新者更好地驾驭知识。知识是创新的基础，然而只有对知识运用得当的人才能实现更有价值的创新。

（2）促进创新者发挥才能。创新实践包括发现问题、确定解决方案和具体实施等多个步骤。学习和掌握各种创新方法，有助于创新者发现新问题，提出创新思路，并解决问题，促进创新能力的发展。

第二节　头脑风暴法

一、头脑风暴法的概念

头脑风暴法是一种激发创造性和思维扩散的方法，它要求参与者就某一个主题，畅所欲言，彼此启发，产生连锁反应，尽可能多地产生创意，然后对创意方案进行评价分析，选出最佳创新方案。头脑风暴法的核心目的是通过一系列自由的、不受限制的讨论和联想，产生大量的设想，进而激发创新思维。

头脑风暴应该在一个非正式的、放松且不带有评价性质的氛围下，鼓励参与者各抒己见，提出问题解决方案。头脑风暴过程中唯一需要遵守的规则是：在这一过程中并不存在所谓的坏的观点，即使参与者提出的方案对于解决当下的问题没有帮助，有时也会帮助其他参与者开阔思路，提出能够解决问题的方案。

采用头脑风暴法进行群体决策时，组织者首先会召集相关的人员召开专题介绍会议，并向所有参与者明确阐述需要讨论的问题，说明会议的规则。组织者在整个讨论过程中营造一种轻松的氛围，使讨论者可以毫无压力，尽可能地发挥。讨论过程中暂不进行评论，以维持会议的自由气氛。这种由参与者自由地提出尽可能多的解决方案的头脑风暴作为一种创新方法，极大地激励了人们的创新思维和创新能力。头脑风暴的规则鼓励多样的想法，重视数量超过质量，从深层次上激发参与者迸发思想的火花，帮助参与者跳出惯有思维和平时生活的局限。

二、头脑风暴法的特点

头脑风暴法的特点主要包括以下几点：

1. 热情感染

当人们在一个不受限制的环境中集体讨论问题时，这种自由和开放的交流方式能够极大地激发每个人的热情。每个人都可以自由发言，这种相互的影响和感染形成了一种热烈的讨论氛围。这样的环境有助于突破固有的观念束缚，使得参与者能够最大限度地发挥其创造性思维能力。

2. 突破常规思维

这种方法鼓励团队成员自由地提出各种想法和观点，不受传统思维或固有观念的约束。它旨在激发创新和创造性思维，通过集思广益来解决问题或寻找新的机会。在头脑风暴过程中，参与者可以畅所欲言，即使某些观点起初看起来不切实际或与传统观念相悖。这种开放和自由的交流方式有助于打破思维定势，从而产生更多、更好的解决方案或创意。

3. 不批判性评价

这一原则强调在会议中，参与者不得对别人的设想或观点提出批评意见。这样做的原因是，批评往往会抑制创造性思维，阻碍自由畅想。此外，发言人的自我批评，如使用自谦之词，也被视为破坏会场气氛的行为。因此，头脑风暴法鼓励每个人畅所欲言，不因他人的观点或自己初步想法的不成熟而受到打击或质疑。

4. 追求数量

该方法的目标是在会议中产生尽可能多的设想，数量被视为首要任务。参与者被鼓励在有限的时间内积极思考并提出多个设想。虽然会议阶段主要关注数量，但设想的质量会在后续阶段得到评估和处理。实际上，设想的质量与数量是密切相关的。产生的设想越多，其中包含的创造性设想可能性就越大。

5. 鼓励综合

这意味着在团队讨论中，参与者不仅限于提出自己的观点，还要综合他人的观点，形成更全面、深入的见解。这种综合性的鼓励有助于团队成员从多个角度思考问题，从而产生更全面、更创新的解决方案。此外，综合性的讨论也有助于团队成员更好地理解彼此的观点，增强团队凝聚力，提高合作效率。

三、头脑风暴法的原则、类型和实施步骤

（一）头脑风暴法的原则

为了保证活动效果，进行头脑风暴法应当遵循以下四项原则。

1. 自由畅想原则

这项原则让参与者放下传统思维的包袱，克服惯性思维和思考惰性。既不用考虑自己的观点是否有用，也不必担心是否奇异可笑。它给参与者提供了一个非常宽广的想象空间，因而涌现出大量灵感。

2. 延迟评判原则

这项原则禁止过早地对他人的观点进行评判，尤其禁止批评。这样做的目的在于避免评判对创新的抑制作用，使参与者在创新过程中充分感受到自由和安全感，保证了良好的激励氛围。一些想法在刚提出时，看似毫无意义甚至可笑，但却有可能诱发出新颖的创意。创意的生成通常都不是一蹴而就的，它需要经历一个不断诱发和完善的过程。参与者无需评论别人提出的设想，有专人负责记录，以免妨碍发言者的畅所欲言。

3. 以量求质原则

它是延迟评判的延伸，既追求创意的数量，也能有效地减少或削弱批判观点。当个体的目标是追求一定数量的创意时，就会有意识地减少批判。运用发散性思维尽可能多地提出设想，数量越多就越有可能产生高水平的设想。

4. 综合改善原则

这项原则要求参与者在他人观点的基础上，对自己的想法进行综合改善。由于时间有限，又追求数量，大量的想法都没有经过深思熟虑。参与者应从他人的创意中激励自己、启发自己，或者将他人的创意综合起来从而提出新的创意。随着成员发言数量的增加，个体之间产生连锁反应，进而产生大量新观点。这种观点的排列组合本身就是一种创新，打破人们以往对于创新的看法，创新不必是不同于别人的全新的观点，哪怕是呈现的顺序不同、排列的方式不同也是一种创新。头脑风暴法更加强调思维的创新，而不是单纯的知识观点的创新。

（二）头脑风暴法的类型

1. 直接头脑风暴法和质疑（逆向）头脑风暴法

按思维过程中是否需要批判，可以分为直接头脑风暴法和质疑（逆向）头脑风暴法。前者主要是面对某一个待解决的问题，让群体运用发散性思维，达成某些利于解决问题的创造性设想和方法，它是在群体决策的基础上尽可能激发参与者头脑中的创造性，使参与者产生尽可能多的解决问题的设想和方法。后者主要是对创造性方案进行质疑，以否定的原则逐一分析现有方案的可行性基础，还可以提出新的设想，最后对筛选出来的方案进行综合评估，形成方案清单。

2. 概念式头脑风暴法和问题式头脑风暴法

按思维呈现方式的不同，可以分为概念式头脑风暴法和问题式头脑风暴法。概念式头脑风暴法以词语为单位，进行联想，具有短、平、快的特点，更有利于运用发散式思维，相对来说更加简单，易于操作。问题式头脑风暴法以句子为单位，需要经过一定的思考，对参与者的要求更高，属于较深层次的头脑风暴法。

3. 非结构化头脑风暴法和结构化头脑风暴法

按是否为固定话题，可以分为非结构化头脑风暴法和结构化头脑风暴法。在非结构化头脑风暴中，讨论不围绕特定主题展开，而在结构化头脑风暴中，讨论具有明确目的和方向。

（三）头脑风暴法的实施步骤

1. 准备阶段

（1）主持人事先对问题进行研究，设定目标。

（2）拟定参与者，通常为5 ~ 10人。人数太少不利于激发思维，而人数太多不容易控制现场，每个成员发言的机会也会减少。

（3）发出会议通知，提前将头脑风暴的时间、地址、探讨的问题等通知参加人员，让大家做好准备。

（4）布置现场，圆桌利于讨论的形成。

2. 热身阶段

在这个阶段，主持人向全部成员说明头脑风暴法的程序，然后抛出一些有意思的或者相关的话题进行热身，营造轻松自由的氛围。

3. 明确问题

主持人介绍会议需探讨的问题或主题，介绍可简明扼要，避免干扰参与者的思维。

4. 畅谈阶段

这是头脑风暴法的核心阶段。

（1）主持人要明确头脑风暴法的四项基本原则，然后让参与者自由畅谈。

（2）成员每讲出一个创意，就让速记员马上记录于白板并编上序号，使每个成员都能看见。

（3）经过一段时间的讨论后，主持人可对众人的发言记录进行归纳整理，找出富有启发性的想法，引发成员从新的角度继续探索创意。

5. 筛选阶段

经过几轮讨论后，通常都能累积大量创意。这时需要对这些创意进行处理，以便筛选出最佳创意。创意筛选的方式有两种：一种是专家评审，邀请有关专家进行评审，人数为5人左右；另一种是召开二次会议评审，即原有成员共同对这些创意进行评价处理，经过多次讨论比较，最后得出最佳方案。

第三节　组合创新法

一、组合创新法主要内容

（一）组合创新法的概念

组合创新法是将整个创造系统内部的要素分解重组，从而产生新功能和最优结果的方法。统计结果表明，在现代技术开发中，组合创新型成果已占全部发明创造的60% ~ 70%。

从系统论的思想来看，组合创新法就是把两个或者多个系统按照一定的原则进行组合生成新系统的过程，在统一的目标下，各个组成元素能够协调、有机地进行组合，并且在某些方面相互作用；产生的新系统具有新的特征或者效果，系统的功能总和须大于系统内各组成元素的单独功能之和；系统具有不同的属性或者状态，这要求在运用组合创新法进行创造活动时，创造者需要从各个不同的方面或者角度进行系统的分析和评价。

组合创新法是指利用创新思维将已知的若干事物合并成一个新事物，使其在性能和服务功能等方面发生变化，以产生新的价值。以产品创新为例，可根据市场需求进行分析比较，通过功能组合、材料组合、原理组合等，得到有创新性的技术产物。

（二）组合创新法的特点

1. 广泛性

组合创新涉及的领域很广，可以是跨学科的，也可以是跨领域的，旨在寻求多种知识的融合和应用。

2. 时代性和继承性

组合创新不仅体现在时代的进步和发展，还保留了传统和历史的价值，实现了文化的传承和技术的积累。

3. 多元化

组合创新强调多样性，鼓励从多个角度和方法出发，寻找解决问题的新路径。

4. 协作与分享

组合创新倡导技术的协作与分享，通过交流和合作推动科技成果的共享，实现共同进步。

5. 支持新型发展

组合创新方法支持企业及社会组织在新领域的发展，帮助他们突破空间的限制，开展创新活动。

6. 任意性

组合创新方法允许在没有固定规则或标准的情况下进行自由组合，有助于激发灵感和创新思维。

7. 允许试错

组合创新是一种试错方法，通过不断地尝试和试错来筛选出有效的组合，最终产生创新成果。

（三）组合创新法的类型

组合型创新法的常见类型有主体附加法、异类组合法、同物自组法、重组组合法以及信息交合法等。

1. 主体附加法

以某事物为主体，再添加另一附属事物，以实现组合创新的技法叫做主体附加法。在琳琅满目的市场上，我们可以发现大量的商品是采用这一技法创造的。如在铅笔一端安上橡皮，在电风扇中添加香水盒，在摩托车后面的储物箱上安装电子闪烁装置。

主体附加法是一种创造性较低的组合，但只要附加物选择得当，就能产生巨大的效益。

2. 异类组合法

将两种或两种以上的不同种类的事物组合起来创造新事物的技法称为异类组合法。

3. 同物自组法

同物自组法就是将若干相同的事物进行组合，以图创新的一种组合方法。例如，在两支钢笔的笔杆上分别雕刻龙与凤后，一起装入精致考究的礼盒中，可作为馈赠新婚朋友的礼物；把三支风格相同颜色不同的牙刷包装在一起，并称之为“全家乐”牙刷套餐进行销售。

同物自组法的创造目的是在保持事物原有功能和原有意义的前提下，通过数量的增加来弥补不足或产生新的意义和新的需求，从而产生新的价值。

4. 重组组合法

任何事物都可以看作是由若干要素构成的整体。各组成要素之间的有序结合，是确保事物整体功能和性能实现的必要条件。如果有目的地改变事物内部结构要素的次序，并按照新的方式进行重新组合，以促使事物的性能发生变化，这就是重组组合。

在进行重组组合时，首先要分析研究对象的现有结构特点。其次要列举现有结构的缺点，考虑能否通过重组克服这些缺点。最后，确定选择什么样的重组方式。

5. 信息交合法

信息交合法是建立在信息交合论基础上的一种组合创新法。信息交合论有两个基本原理：一是不同信息的交合可产生新信息；二是不同联系的交合可产生新联系。根据以上原理，人们在掌握一定信息的基础上通过交合与联系可获得新的信息，实现新的创造。

二、组合创新法应用实例

此处介绍主体附加法、异类组合法和同物自组法的应用案例。

（一）主体附加法应用实例

1. 导电塑料

在人们的印象中，有机高分子聚合物是不导电的，在普通电缆中常被用作导电铜丝外面的绝缘层。导电聚合物的出现，不仅挑战了人们的传统观念，而且使有机电子学蓬勃发展起来。

1967年，化学家白川英树在研究有机半导体时使用了聚乙炔（通常是黑色粉末）。一次，实验室的一位研究生在合成聚乙炔时错把比正常浓度高出上千倍的催化剂加了进去，结果聚乙炔结成了银色的薄膜。白川想，这薄膜有金属光泽，是否可导电呢？测定结果显示这薄膜不是导体。但正是这个偶然给了白川极大的启发，在后来的研究中，他发现在聚乙炔薄膜内加入碘、溴，其电子状态就会发生变化。

1976年，美国化学家艾伦·G. 马克迪尔米德（Alan G. MacDiarmid）在东京作访问报告，在会议休息时与白川英树偶遇，当他获悉白川英树的发现后，便马上邀请白川前往宾夕法尼亚大学进行合作研究。之后，他们对聚乙炔分子结构进行了各种试验，并着手通过碘蒸气氧化掺杂聚乙炔。美国物理学家艾伦·黑格（Alan J. Heeger）让他的学生来测量这种薄膜的导电性，结果发现经碘蒸气掺杂的反式聚乙炔的导电性提高了上千万倍，电导率与金属接近。1977年，他们把这一发现发表在英国皇家化学学会的 *The Journal of Chemical Society: Chemical Communications*。

由于在导电聚合物领域的开创性贡献，白川英树、艾伦·马克迪尔米德与艾伦·黑格一起获得2000年诺贝尔化学奖。

2. 滚动螺旋传动

螺旋传动是一根螺杆在螺母中转动，使螺杆与螺母之间产生相对运动，带动与螺母相连的工作部件移动。由于是滑动摩擦，摩擦力大，效率低，磨损大。后来人们在螺杆与螺母之间添加小滚珠，把滑动摩擦变成滚动摩擦，摩擦力小，效率高，寿命长。

3. 坦克

1914年10月，第一次世界大战中的欧洲战场陷入了僵局，英国随军记者贝斯特·斯文顿在法国目睹了英国远征军浴血奋战的悲壮场面，他突发灵感：如果能给拖拉机穿上装甲外衣，不就可以抵御敌人的枪弹吗？于是，他提出将拖拉机改装成战车的建议，但遭到陆军部长的严词拒绝。

然而贝斯特·斯文顿没有放弃，经过一番曲折，他的建议被当局采纳。综合利用了汽车、拖拉机、枪炮制造和冶金技术后，英国于1915年9月制成了世界上第一辆坦克。

（二）异类组合法应用实例

1. CT扫描仪

X光机和电子计算机都不能单独诊断人的脑内疾病。但是，把二者结合起来，由此发明CT扫描仪，就能通过X光对脑内分层扫描成像，诊断脑内疾病。

2. 机电一体化

机电一体化是机械技术与电子技术的组合。尤其是微处理器、电脑和机械的组合，更具优越性能，如机器人、线切割机、电梯等。

3. 机床的组合

把单一功能的机床组合在一起，构成多功能机床，这样用一台机床就可完成车、铣、钻等金属切削加工。

（三）同物自组法应用实例

1. 万向联轴节

汽车传动轴上的万向联轴节有一个缺点，就是输入轴的转速均匀，输出轴的转速不均匀。但是，把两个联轴节串起来使用，输出轴的转速就均匀了。所以，如今汽车传动轴的两头各装有一个万向联轴节。

2. 熔断丝组合

某个青年将12根熔断丝组合在一个小盘上，一旦熔断丝断了，只需扭动熔断丝盘中间的旋扭，就能接好熔断丝，非常方便。

3. “支奴干”运输机

传统直升机起飞重量有限，不能运输重型装备，有人设想，加长直升机机身，前后各装一个螺旋桨。通过螺旋桨的组合，“支奴干”（Chinook）运输机就此诞生，起飞载重达160吨。

4. 材料组合

（1）高压输电线路的导线是钢和铝的组合。中心部分是多股钢线，外面包裹多股铝线，既有高强度，又有良好的导电性。

（2）双金属片是把膨胀系数不同的金属片贴在一起，作为温度传感器。温度升高、降低，双金属片就相应地来回弯曲，使电路开关触点开合，实现自动控制。

第四节　列举分析法

一、列举分析法主要内容

（一）列举分析法的概念

列举分析法是一种对具体事物的特定对象（如特点、优缺点等），从逻辑上进行分析并将其本质内容全面地一一罗列出来，用以自发性地创造设想，找到发明创造主题的创新方法。

（二）列举分析法的类型及实施步骤

1. 特性列举法

特性列举法是一种应用于技术和发明创新的创造学方法，即系统地分析和列举出研究对象的所有特性。这种方法有助于全面分析问题和发现缺陷，进而通过材料的改进、结构的调整、功能的增强等方式来实现创新。特性列举法的应用范围广泛，可以用于技术革新、发明创造等多个领域。它的目的是通过系统的特性分析，激发创造性思维，产生新的设想和方法，从而达到优化产品和提升服务质量的目的。

特性列举法的原理：任何事物都有其特性（或属性），把它的特性一一列举出来，也就是“化整为零”，把事物分解成许多方面以及每一方面的许多细节，这些细节也就是特性。针对每一个细节，都可以运用前面学过的思维方法（求异、发散、提问、列举、组合），以求得产品创新、改进的新概念、新思路、新设想，这就是特性列举法。一般从以下三个主要方面进行特性列举。

（1）名词特性——从整体、结构、材料、制造方法等方面细分。

（2）形容词特性——从性质、重量、数量、状态、颜色、形状、感觉等方面细分。

（3）动词特性——从功能、作用、重要动作等方面细分。

在列举之前，对列举对象要有全面认识。列举分析中，要克服思维定势，力求避免局限性和片面性，列举要全、要细。

特性列举法的实施步骤如下。

（1）选择研究对象：首先确定需要研究的对象，将其分解成各个组成部分，如零件、部件等。

（2）列举特性：列出研究对象的每个组成部分及各个部分的关联，包括它们的性质、材料、尺寸、制造方法等。

（3）属性分类：将特性按照不同的类别进行分类，可以分为名词属性（如组成、材料、整体、部分、制造方法等）、形容词属性（如颜色、形状、大小、重量、高度等）和动词属性（如功能、用途、动作等）。

（4）提出问题和解决方案：通过对特性的深入分析，提出待改进的问题，并尝试从多个方面（如材料、结构、功能等）提出改进方案。

（5）评价和筛选方案：提出的改进方案需要进行评估和筛选，以确保最终的产品能够更好地满足个人的需求和社会的需要。

以空调的改进为例，进行特性列举。

名词特性分析：整体——落地式空调；部分——前面板、出风口位置、扇叶等；材料——钢、铝合金、铸铁、塑料；制造方法——机械加工、手工装配。

对名词特性的思考：出风口的位置是在中间、两边，还是一侧？如何改变空调扇叶的材料？如何送出利于身体健康的风？

形容词特性分析：颜色——象牙白、米黄；外观——圆形、香水瓶形状、钻石形状；性能——风量、转速。

对形容词特性的思考：外表涂色是多样化，还是个性化？形状如何多样化？是否可让使用者根据喜好选择不同形状？

动词特性分析：调速、旋转、升降。

对动词特性的思考：吹出的风还有其他功能吗？可以有消毒功能、驱蚊功能等。送风的同时可以同时伴随音乐播放、空气净化、催眠功能等。

2. 缺点列举法

美国通用电气公司提出了著名的缺点列举法。该技法的基本原理是：任何产品或事物都存在缺点和不足之处。通过分析，将这些缺点和不足之处列举出来，并提出改进的方案，就可以形成有创意的新设想。缺点列举法适合一切创造性活动，因为任何事物都存在缺点，缺点就是创造活动要解决的问题。要解决问题，首先要尽可能多地发现缺点，这就需要采用缺点列举法这一创造技法。

缺点列举的应用面非常广泛，它不仅有助于革新某些具体产品，解决属于“物”一类的硬技术问题，而且还可以应用于企业管理中，解决属于“事”一类的软技术问题。

（1）缺点列举法的要点。虽然事物都有缺点，但由于人的惰性心理作用，看惯了，用惯了，很难发现缺点、找出缺点。即使发现缺点，也会采取宽容态度。要用缺点列举法进行创新，必须要有精益求精，追求完美的精神，要对研究对象“吹毛求疵”，才有可能找出缺点。

（2）常用方法：缺点列举法、对比分析法、市场调查法。以下是两个寻找隐蔽缺点创造更高价值的案例。

① 脱毒苹果。一般苹果都带有隐蔽性病毒，这就是苹果的一个隐蔽缺点。这是由于如果苹果苗木带病，在果树生长发育过程中，病毒就会危及苹果。苹果树苗经过脱毒处理，早花、早果、早产，而且产量高出20%～50%，色、香、味都优于普通苹果。水果脱毒是当前果业发展的大趋势，美国在20世纪80年代初就实现了苹果的无毒化。

② 床垫创新。20世纪80年代初期，西欧的席梦思床垫涌进日本市场，不但价格低，而且实用美观，日本自产床垫失去市场。西川产业有限公司新产品开发人员冥思苦想，如何才能提高自己产品的竞争力呢？后来终于想到一个好方法：寻找对方产品的缺点，特别是至关重要的、隐蔽的缺点。克服这些缺点，就有可能战胜对方。经过对席梦思床垫使用者的调查分析，发现了西欧床垫有一大隐蔽缺点：睡在席梦思床垫上，身体重量集中在骨头突出部位，特别是肩部和臀部，因而使人感到腰酸背痛。针对这一缺点，要是能开发一种能使人体压力分散，又通风透气的新床垫，就有可能夺回市场。但这种床垫的结构又该如何设计呢？有人联想到运输鸡蛋用的托垫。按照托垫结构设计床垫，床垫表面布满了一个个蛋状突起物，人睡在上面，被许多突起物托住身体，压力被分散，突起物之间的空隙还可流通空气。新床垫送到医院试用后，受到了好评，因为患者即使长期卧床也不生

褥疮。之后这种创新床垫反而打入了欧美市场。

缺点列举法一般分为如下两个阶段。

(1) 列举缺点阶段。

列举缺点阶段，即召开会议，启发大家找出分析对象的缺点。会议主持者可以提出几个问题启发大家。

(2) 探讨改进方案阶段。

在这一阶段，会议主持者应启发大家思考存在上述缺点的原因，然后根据原因找到解决的办法。会议结束后，应按照“缺点”“原因”“解决办法”和“新方案”等项列成简明的表格，以供下次会议或撰写方案分析报告用，亦可从中选择最佳方案。

3. 希望点列举法

希望点列举法是指根据人们的希望点提出各种新的设想，以使人们按照希望与愿望的方向去进行创新的一种创造方法。

希望点列举法对参与者的创造性思维挖掘得更为深刻，它所产生的创造性结果是高于现实世界的，因此需要参与者更多的灵感、直觉和想象。希望点列举法产生的创新设想也许在当今的生产力水平和科技水平下难以实现，但它给未来的发展提供了新奇大胆的设想，为事物的改进提供了努力的方向。

希望点列举法的原理：希望点列举法不同于以已有事物为前提，并受到已有事物束缚而脱不开原型的缺点列举法。此法不受已知事物束缚，是一种主动型的创造方法，可以创造出崭新的产品。希望列举法的实施方法与缺点列举法类似，主要有三个实施步骤：

(1) 激发和收集人们的希望；

(2) 仔细研究人们的希望，以形成“希望点”；

(3) 以“希望点”为依据，创造新产品以满足人们的希望。

用希望点列举法进行创造发明的具体做法是：召开希望点列举会议，每次可有5 ~ 10人参加。会前由会议主持人选择一件需要革新的事情或者事物作为主题，发动与会者围绕这一主题列举出各种改革的希望点；为了激发与会者产生更多的改革希望，可将各人提出的希望在小卡片上写出，公布在小黑板上，在与会者之间传阅，并产生连锁反应。会后再将提出的各种希望进行整理，从中选出目前可能实现的若干项进行研究，制订出具体的革新方案。

二、列举分析法应用实例

1. 特性列举法应用实例——电风扇的特性列举及革新设想

(1) 名词特性。整体：落地式电风扇；部分：电机、叶片、网罩、立柱、底座、控制器；材料：钢、铝合金、铸铁；制造方法：浇铸、机械加工、手工装配。

(2) 形容词特性。性能：风量、转速、转角范围；外观：圆形网罩、圆形底座、圆管立柱；颜色：浅蓝、米黄、象牙白。

(3) 动词特性。功能：扇风、调速、摇头、升降。

原则上可对每一细节提出设想，现提出主要设想如下。

(1) 名词特性。设想1：叶片能否再增加一副？把电动机的轴加长，在电动机的另一端再加一副叶片，变成“双叶电风扇”，只要旋转180度，四周都有风。设想2：如何改变叶片的材料？用檀香木做叶片，再经药剂特别处理，制成“保健风扇”。

（2）形容词特性。设想1：可否将有级调速改成无级调速？设想2：网罩外形可否多样化？设想3：风扇外表涂色可否多样化？可否使用变色材料？

（3）动词特性。设想1：增加驱赶蚊子的功能。设想2：使用冷热两用风扇，夏天出凉风，冬天出热风。设想3：制作消毒电风扇，喷洒空气净化剂，消除空气中的有害病毒，尤其可在公共场所及医院病房使用。设想4：制作催眠风扇，添加使人入睡的催眠音乐。

2. 缺点列举法应用实例

（1）瓦特发明蒸汽机。

瓦特在修理实验室的纽科门蒸汽机的过程中，发现了这种蒸汽机的缺点。这种蒸汽机汽缸外壁要用冷水冷却，然后再重新加热，只能间歇运动，消耗大，效率低，瓦特针对这一缺点进行改革，发明了冷凝器，使汽缸内的蒸汽排到冷凝器冷却，避免了汽缸降温，提高了蒸汽机的效率。后来他继续努力改进，经过多次挫折和失败，到1784年，他将活塞与连杆连接起来，变往复运动为旋转运动，采用汽缸套防止散热，并设计了调速器，终于发明了可调速的二冲程蒸汽机。瓦特之所以取得巨大成功，关键就在于他发现了纽科门蒸汽机的缺点。

（2）半导体制冷技术的发明。

电冰箱进入市场以来，经过不断改造，一些显而易见的缺点基本上得到了克服和改善，但是还有隐蔽性缺点困扰生产者和消费者。如：氟利昂冷却剂会破坏臭氧层。为了不使用冷却剂，日本有家公司另辟蹊径，去掉传统电冰箱中的制冷剂、压缩机、冷凝器、蒸发器，用半导体制冷装置代替。半导体制冷技术是一种基于材料和电子器件的制冷方式，通过利用半导体材料的特性来实现制冷效果。与传统的压缩机制冷技术相比，半导体制冷技术具有许多优势，包括低噪声、节能环保、体积小巧等。

3. 希望点列举法应用实例——悬浮轴承的发明

机器和仪表里面都有转轴，转轴的两端和轴承接触，轴在轴承中间转动，但由于存在摩擦，效率、使用寿命、转速都会受到限制。于是，人们提出一个希望，即轴转起来不和轴承接触。

美国西屋电气公司利用磁性材料同极相斥原理，制成了电度表上用的磁悬浮轴承，轴与轴承不接触。有发明家创造了用空气作为润滑剂的气浮轴承，使轴与轴承不接触，最高转速达到120万转/分钟。

第五节　设 问 法

一、设问法的概念

设问法是指根据需要解决的目标，从多角度提出问题，然后从问题中寻找思路，进而作出选择并深入开发创造性设想的一类创新方法。

具体地讲，就是以书面或口头形式对拟改进创新的事物综合分析的过程，通过有序地提出一些具体问题，缩小了需要探索和创新的范围，启发人们系统地思考解决问题的可能性，从而产生创新方案的方法。

二、设问法的特点

设问法的首要特点是抓住事物的普遍意义进行提问，围绕着“是什么”“为什么”“怎么样”等问题而展开。如5W1H法，从客体的本质（What）、主体的本质（Who）、物质运动的时间（When）和空间（Where）、事情发生的原因（Why）和程度（How）这些角度来提问。这些问题是任何事物存在的根本条件，据此提问就会发现问题的症结与原因。

设问法的另一个特点是从不同角度、多个方面来进行设问检查，进行思维变换，有利于突破思维定势的框架。

三、设问法的类型

（一）奥斯本检核表法

奥斯本检核表法是指围绕创造的对象，列出与之有关的问题，制成一览表，然后逐个检查、核对、讨论，并从中选择重点，深入诱发创造性设想的一种创造方法。检核表法几乎适用于任何类型和场合的创造活动，因此被称为“创造技法之母”。

奥斯本的检核表法是从九个方面来进行检核的，提问角度及应用实例参见本书“第二章第四节创新意识的培养”。

（二）5W2H法

5W2H分析法又叫七问分析法，这种方法简单、方便、易于理解、富有启发性，广泛用于企业管理和技术活动，对于决策和执行性的活动也非常有帮助，有助于弥补考虑问题的疏漏。

1. 5W2H法具体内容

发明者用五个以W开头的英语单词和两个以H开头的英语单词进行设问，发现解决问题的线索，寻找发明思路，进行设计构思。

WHAT——是什么，目的是什么，做什么工作。

WHY——为什么要做，可不可以不做，有没有替代方案。

WHO——由谁来做。

WHEN——何时，什么时间做，什么时机最适宜。

WHERE——何处，在哪里做。

HOW ——怎么做，如何提高效率，如何实施，方法是什么。

HOW MUCH——做多少，做到什么程度，数量多少，质量水平如何，产生多少费用。

提出疑问、发现问题和解决问题是极其重要的。发明者在设计新产品时，常常提出为什么（Why）、做什么（What）、何人做（Who）、何时（When）、何地（Where）、如何做（How）、做多少（How much）这些问题。这就构成了5W2H法的总框架。

2. 5W2H法优势

如果经过七个问题的检核，现行的做法或产品已无懈可击，便可认为这一做法或产品可取。如果七个问题中有一个问题的答复不能令人满意，则表示这方面有改进余地。如果哪方面的答复有独创的优点，则可以增加产品在这方面的效用。

5W2H法有助于准确界定、清晰表述问题，提高工作效率；有助于有效掌控事件的本质，抓住事件的主骨架；简单、方便、易于理解、富有启发意义；有助于思路的条理化，杜绝盲目性；有助于全面思考问题，从而避免在流程设计中遗漏项目。

第六节　逆向创新法

一、逆向创新法的概念

逆向创新法是指从现有事物的组成原理、功能特性、结构形态等方面的相反方向引出问题并展开思考的创新方法。

逆向创新是一种思考方法和过程，它涉及从一个特定的目标或问题出发，通过反向思考和探索，寻找新的解决方案或改进现有的方案。这种方法与常规的思维方式相反，它不是简单地重复已知的过程，而是试图通过不同的视角和逻辑来解决问题。逆向创新可以帮助企业或个人跳出既定的框架，提出新颖且实用的想法。

二、逆向创新的类型

（一）原理逆向

将事物的基本原理，如机械的工作原理、自然现象规律、事物发展变化的顺序等有意识地颠倒过来，往往会产生新的原理、方法、认识和成果，进而实现创新，这便是原理逆向。可以采取以下三个步骤实施原理逆向创新。

（1）考虑与已知过程相反的过程。

（2）思考与已知条件相反条件下的状况。

（3）构思事物反作用的结果。

（二）属性逆向

一个事物的属性是丰富多彩的，有许多属性是彼此对立的，比如，软与硬、大与小、干与湿、曲与直、柔与刚、空心与实心等。属性逆向创新，就是有意地以与某一属性相反的属性去尝试取代已有的属性，即反向改变已有的属性，从而进行创新活动。

（三）方向逆向

完全颠倒现有事物的构成顺序、排列位置、安装方向、操纵方向、旋转方向以及完全颠倒处理问题的方法等，都属于方向逆向创新。

（四）行为逆向

活动主体一改常规的行为方式、行为习惯，采用与先前的行为完全相反的方式来处理问题，就是行为逆向。

第七节　创造需求法

一、创造需求法主要内容

（一）创造需求法的概念

创造需求是指市场主体采取各种经营的手段，包括物流、营销等，来使人们的潜在需求得到激发，最终得到满足。从产品管理的视角看，创造需求是一种将市场需求、用户体验、技术实现、商业模式等要素有机结合，从而寻找新的需求点，以提供更具创新性、更有价值的产品或服务的过程。

马克思主义哲学主要从需求和生产的关系论述了什么是需求。人的需要和动物的需要的区别在于，动物的需要是本能性的，人的需要是在社会实践中，首先是在生产实践基础上产生的社会性的需要，是随着社会实践的发展而不断变化的。这种需要不是指人对未经改造的自然物的关系，而是人对自己创造的财富的依赖和渴求关系，是一种历史的产物。

美国心理学家亚伯拉罕·马斯洛（Abraham H. Maslow）把人的需求从低级到高级归纳为五个层次（后细分为七个层次），即生理需求——吃穿住行需要；安全需求——保险保障需求；社交需求——友谊、情感、归属感、亲切感的需求；尊重需求——自尊和受到别人尊重的心理需求；自我实现的需求。人们的需求规律是，较低层次的需求得到满足以后，才能向高一层次需求提升，较低层次的需求尚未满足时，更高层次的需求便受到限制。

从微观经济学角度分析，需求是指在某一时期内和一定市场上按照某一价格愿意并且能够购买的该商品或劳务的数量。与人类的欲望不同，需求受到购买力的限制，它反映了人们关于利用有限的资源满足欲望的决策。随着人们购买力的提升，消费需求的广度和深度都将发生变化。

购买力的提升是社会经济发展到一定阶段的客观产物。而消费意愿的加强，却需要一个催生的过程。如果企业能够主动地创造需求，就会加速这一过程。这对于企业而言是把握了潜在市场，而对于消费者而言则是潜在需求的满足和生活质量的提高。

（二）需求的特点

由于用户对于其需求的认知往往是不清晰的，因此在对社会需求进行技术上的诠释时，必须经过获取信息、筛选、加工等捕捉需求和将需求明确化的过程。具体而言，需求具有以下四个特点。

1. 模糊性

用户的需求往往是模糊的，他们不能准确把握自己的需求。因此总是说不清楚、说错甚至提出一些无法实现的需求。美国当代企业家、发明家史蒂夫·乔布斯（Steve Jobs）说过："用户不知道他们需要什么，你要告诉他们需要什么。”由于信息技术的复杂性，他们更加提不出对技术的确切期望。所以完整地获取用户需求、完全了解用户需求基本不可能做到。

2. 多义性

有些用户虽然心里明白要什么，却说不清楚需求。表达的多义性使转述后的用户需求不再是原始需求。这便容易造成开发人员对需求的误解。用户需求在产品设计中的体现是间接的、被描述的，而需求本质和描述之间存在着天然的鸿沟。所有描述性的信息已经不是被描述者本身，尤其是意识领域里的需求。当遇到技术专家缺乏应用知识，而用户又缺乏专业知识的两难局面时，需求的多义性将导致两者产生沟通问题，不仅需求内容不能完全表达，开发人员本身也不可避免地会产生“局域性”理解，让用户需求发生了间接性的改变。因此，即使是完全遵照用户现实需求，主观上也不可能排除技术人员加入自身对技术功能的完善和创造，客观上不能做到对用户需求的完全满足。

3. 易变性

用户需求是一个发展过程，它是不断变化的。马斯洛指出了人类需求的动态性特征，并认为需求本身意味着已经有其他需求的满足。针对人类需求的本质特征，他指出：“人类只能以相对或者递进的方式得到满足。”即使现在获取了用户需求，谁能保证这就是他们以后的需要呢？“在排除用户原始需求会转移的情况下，用户还有在原始需求基础之上产生各种扩展性需求和持续性需求的可能，即需求因满足而被扩大和被延续。”满足用户所有的需求和满足用户永久的需求，是一个谁都无法完全承担的责任。需求变更通常会对项目的进度、人力资源、经费产生很大影响，这是令开发人员感到十分畏惧的问题。因此，一味地遵从用户，在项目开发后期仍不断根据纠正的需求重新开发工程的一些部分，毫无疑问将使项目付出额外的代价。

4. 个体差异性

用户需求本身的定位是相对的。产品设计过程中的用户对象，虽主要基于某一特定的群体，但也有不同个体之间的差异，尤其是在将产品的用户群体覆盖范围扩大的情况下，这种差异会加大，甚至会引起冲突。同时，同一用户的需求在其意识中和潜意识中是极有可能截然不同的，站在群体角度上理解也是如此。这些因素都会造成产品设计过程中的用户需求产生个体差异。

（三）需求的类型

1. 基本需求与一般需求

马斯洛认为，需求是分层次的。他将需求分为基本需求与一般需求，并解释道：如果我们仔细审查日常生活中的普通欲望，就会发现它们至少有一个重要的特点，即它们通常是达到目的的手段而非目的本身。例如，我们需要钱，目的是买一辆汽车。因为邻居有汽车而我们又不愿低人一等，为了维护自尊心，所以我们也要买一辆汽车。当分析一个人有意识的欲望时，“我们往往发现可以追溯其根源，即追溯该人其他更基本的目的”。在这个例子中，钱是一种手段，目的是买车；更深层次的原因是我们不愿低人一等。这样追溯的结果就是发现最终需求实际上是自尊需求。这样，追溯到的自尊需求才是“基本需求”，而对车的需求是“一般需求”。

“基本需求”包括生理、安全、社交、尊重和自我实现需求，是人的一种“人类本能”，它是由人种遗传先天所决定的。但“基本需求”的表现和满足却是由多种多样的“一般需求”呈现出来的。“一般需求”取决于后天的文化和环境，具有极大的可塑性。一方面，“两种不同的文化可能提供两种完全不同的方式来满足某一特定的欲望”，会呈现出两种不同的“一般需求”。以自尊为例，在原始社会，一个人可以成为一名好猎手来满足自尊，而在现代社会，却要靠社会阶级的跃升来满足自尊需求。另一方面，需求的满足只能产生短暂的幸福，这种幸福又会被另一种更高级的不满所接替，这就是马斯洛所说的"牢骚理论"。所以一般需求会随着文化和环境不断交替产生。这也是他得出"人性具有很强的可塑性，必须意识到文化和教育的力量很强大"的原因。

2. 外推性需求与应激性需求

根据需求的来源不同，我们也可将需求分为外推性需求与应激性需求。外推性需求来自过去的经验认识，这是对原有需求类型的一种延续，仅在需求强度上提高，如更快、更高、更好、更便宜的需求等。应激性需求则是与以往不同的需求，不能从过去的历史推断，此类需求的出现往往十分突然，它的产生常常来自现实环境的压力。

3. 功能需求与非功能需求

根据技术创新中需求内容的不同，将需求分为功能需求与非功能需求。这是在技术领域中对用户需求的一种常见分类。功能需求指的是对技术的功能要求，非功能需求指的是对资源、进度、保密等与功能无关的要求。

二、创造需求法实施策略

（一）不要闭门造车

1. 市场调研

通过市场调研来了解客户需求，包括定期的客户满意度调查、竞争对手的情况分析、产品市场调查等。

2. 用户体验设计

重视用户体验设计，将用户放在产品设计的核心，设计出满足用户需求的产品。

3. 持续创新

不断创新，开发出更加符合市场需求的产品，不断满足和引导消费者的需求。

4. 跨界合作

与其他领域的公司和机构进行合作，借鉴他们的经验和技术，实现资源共享和优势互补，从而更好地创造需求。

（二）基于比较创造新需求

1. 性能和功能比较

比较市场上同类产品或项目的性能和功能，发现其短板或不足，针对这些短板或不足进行改进或创新，开发出更具有竞争力的产品或项目。

2. 用户需求比较

比较不同用户的需求，包括不同地区、不同文化、不同职业、不同年龄等不同用户群体的需求，发现相似和不同的需求点，结合市场情况开发新产品或启动新项目。

3. 成本效益比较

比较同类产品或项目的成本、效益、市场占有率等，找出其中的瓶颈或制约因素，针对这些问题进行改进，以开发成本效益更优的产品或项目。

4. 技术创新比较

比较不同技术的优劣，以及技术的适用范围、成本和实施难度等，找出具有应用前景的技术进行开发和应用，从而创造出满足新需求的产品或项目。

（三）从被动应变到主动求变

从创造需求的视角来看，企业要实现持续发展和增长，就必须不断寻找创新和突破的机会。从被动应变到主动求变可以理解为从持续性改进到革命性创新的跨越。

在传统的适应市场的理念下，企业主要关注市场需求的变化，并根据市场的变化作出相应的改进。这种改进的过程是渐进的，是一种被动应变的行为，但它往往只能带来局部的改进和提升，无法创造出全新的市场机会和需求。

主动求变则是通过创造全新的产品或服务，或者创造全新的市场机会来实现跨越式的发展。这种变化是从根本上打破现有的局面，通过大胆的创新和突破，带来颠覆性的变革和跨越式的增长。

以音乐行业为例，在过去，音乐产业主要通过唱片销售获取收入，但随着数字化和互联网技术的发展，音乐市场发生了颠覆式创新。流媒体音乐服务通过订阅收费的方式，让用户可以随时随地访问几乎所有的音乐内容。这不仅改变了音乐的消费方式，也改变了音乐产业的商业模式。

（四）创造群体需求

1. 明确目标用户群体

首先，需要明确目标用户群体是谁，他们有什么需求和痛点。

2. 差异化设计

在竞争激烈的市场中，产品的差异化设计是创造群体需求的重要手段。

3. 提供优质服务

提供优质的售后服务是创造群体需求的关键。提供优质的售后服务，可以让消费者获得更好的体验和感受，提高品牌美誉度和用户忠诚度。

4. 建立用户社区

建立用户社区，提供更好的用户体验，增加用户互动，可以激发用户参与产品设计和需求创新的热情。

5. 推动口碑传播

通过多种渠道的宣传和推广，增强品牌美誉度和知名度，创造更多的群体需求。

【课后练习】

1. 什么是创新方法？创新方法需要什么样的理论基础？
2. 在运用头脑风暴法的过程中，一般要遵循哪些原则？
3. 列举分析法的类型有哪些？具体列出每个类型的实施步骤。

笔记处

第八章 创新工具

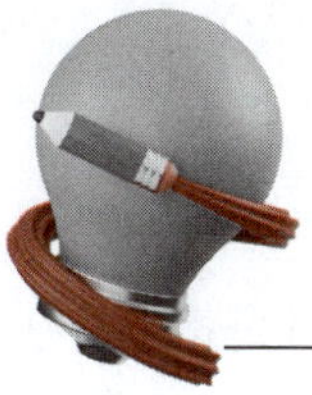

学习目标

1. 了解创新工具的概念及创新工具与创新方法、创新思维的关系
2. 掌握四大典型创新工具
3. 了解创新工具在团队中的应用

第一节 创新工具的内涵

一、创新工具的概念

创新在本质上是一种实践行动，是围绕着对需求的识别和对问题的解决而展开的一系列动作。创新过程中，参与者需要在众多不确定性中找到切入点，创造并实施具有创新价值的解决方案。学习创新工具的目标在于辅助激发创意并将其转化为实际操作，同时帮助创新者全方位提升其创新能力。

学习创新工具需要注意以下三点。

（1）创新工具本身并不能保证创新的自动发生，创新工具的有效性依赖于使用者对工具的深入理解和应用能力。在适当的环节中运用合适的工具能够产生巨大成效，但使用工具的核心在于对工具的精准掌握及实践中的反思和应用，以寻找最适合情境的策略和工具。

（2）选择适当的创新工具至关重要。同一工具可能有着无数种不同的应用方式，面对同一问题也可以采用多种不同的解决方法。因此，使用创新工具时应保持批判性思维，意识到每种工具都有其适用场景和局限性，通过实践和探索灵活运用工具。

（3）创新工具的组合使用可以产生协同效应。在特定情况下，结合使用多种创新工具可能带来意想不到的成效。

二、创新工具与创新方法、创新思维的关系

将创新过程比作远航的船只，创新思维便是引导方向的舵，创新方法则是推动前进的引擎，而创新工具则如同船上每一个零件的螺丝，每个组成部分都对整个过程的成功发挥着至关重要的作用。三者相互协作，共同维持航行的速度、方向和效率。

从功能角度来看，创新思维触发想法的产生，掌握多样的思维方式可以拓宽视野；创新方法则是站在前人的基础上，运用已被实践检验的步骤和理论，推动想法的完善；创新工具则将想法具体化，通过明确的操作步骤和路径实现想法。

第二节　典型的创新工具

一、产品创新工具

（一）产品创新工具的概念

产品创新涉及创造全新的产品或对现有产品的功能进行改良和创新。产品创新工具是指那些在新产品开发过程中，辅助设计者和开发者形成更优质的产出，或是使原产品更加符合预期目标的辅助手段。

（二）典型工具：卡诺分析（Kano analysis）

1. 概念介绍

卡诺模型通过确定哪些产品特性能显著影响顾客满意度，从而帮助优化产品设计。

2. 适用范围

适用于分析消费者满意度、忠诚度等要素。

3. 局限性

作为一种分析工具，卡诺分析主要用于梳理已知因素，而不是直接提出新的创意。

4. 实践说明

在产品开发过程中，过度的功能可能会造成用户的困惑和不必要的开发成本。利用卡诺分析进行调查和访谈，可以帮助识别用户需求的重要性和优先级，建立产品开发的框架。以下因素可协助团队明确哪些特性直接关联到用户满意度。

（1）必要因素：用户最基本的需求，通常涉及安全、可靠性、隐私等基本需求。产品必须实现这些需求，否则用户满意度会大幅下降。

（2）魅力因素：某些特性能够使用户对产品产生好感，如设计风格、交互体验的提升或新增特性，能够引起用户的惊喜和好感，从而提升满意度。这类需求通常是潜在的，若未实现不会降低满意度，但若实现则能显著增加产品吸引力。

（3）中性因素：一些非必需但也非无用的特性，主要起到支持或连接主要功能的作用。这些特性的存在对用户满意度基本无影响。

（4）负面因素：引起用户不满或不便的特性。在大多数情况下，应避免这类特性的出现。

（5）期望因素：用户希望产品具备的特性。在满足基本需求之上，用户对某些特性有更高的期待。满足这些期望可以进一步提高满意度。

5. 操作步骤

步骤1：在评估每个产品的属性和特征时，要回答两个问题：第一，如果具备这种产品属性，使用者会觉得怎么样？第二，如果没有这种产品属性，使用者会觉得怎么样？例如：如果餐厅提供免费的餐巾纸，顾客觉得怎么样？如果餐厅不提供免费的餐巾纸，顾客觉得怎么样？

步骤2：要用“满意”“中性”“不满意”三种回答为以上命题选择答案（表8-1）。

步骤3：针对产品的每个属性，重复步骤1和步骤2。

步骤4：将每个产品都归入图8-1，根据属性所在的区域来判断改变属性是否会让产品受众满意。

总结：在产品的设计过程中，需要尽量避免中性因素和负面因素，实现必需因素和期望因素，努力实现魅力因素。

表8-1　卡诺分析——满意程度设置

具备产品属性 / 不具备产品属性	满意	中性	不满意
满意	不确定	负面因素	负面因素
中性	魅力因素	中性因素	负面因素
不满意	期望因素	必需因素	不确定

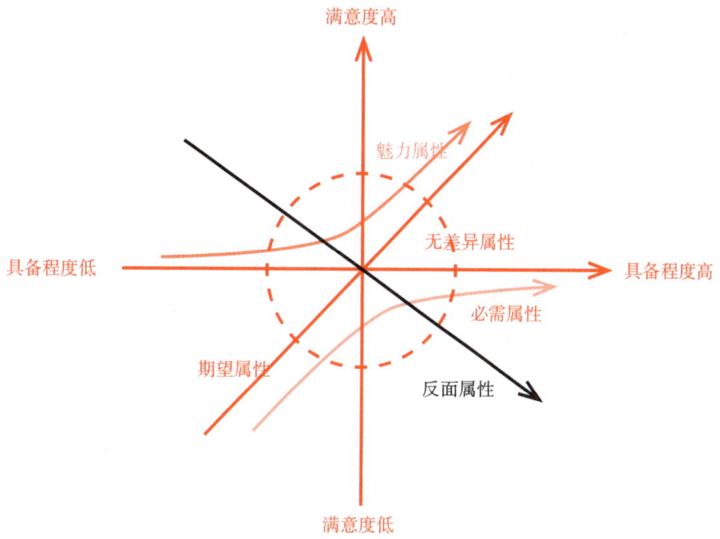

图8-1　卡诺分析图

6. 应用技巧

（1）尽可能细化产品特性，以便更准确地分析。

（2）在评估特性对满意度的影响时，可采用打分制，如满意=3分，中性=2分，不满意=1分，以便更清晰地展现各特性与用户满意度之间的关系。

二、服务创新工具

（一）服务创新工具的概念

在服务设计过程中，对于那些模糊不清的服务环节，通过明确的操作步骤和流程将其效果具体化，实现服务的可重复性和高质量，便是服务创新的目标所在。服务创新工具在这一过程中起到关键作用，它们不仅有助于深入理解用户的互动需求，还能明确抽象的概念，稳定不确定的因素，从而创造出连续稳定且人性化的服务。

（二）典型工具：用户体验旅程图

1. 概念介绍

用户体验旅程图（Customer Journey Map）通过视觉化的方式展示用户使用产品或服务的整个过程，使服务设计者能够有效评估并优化服务流程中的各个环节。

2. 适用范围

用户体验旅程图适用于详细了解服务内容、用户需求及服务价值，有助于构建一套连贯且标准化的服务流程。该工具能全面展现用户视角下的所有互动和反应，结合用户画像，快速定位用户不满意的环节。对于非实体产品的创新者来说，用户体验旅程图能够防止纸上谈兵的情况发生，确保计划中的服务流程在实际操作中不会出现遗漏或缺陷，从而在各个阶段识别并改善用户交互体验的不足。

3. 局限性

用户体验旅程图的构建基于对特定用户群体的假设，因此在使用时需要关注于用户的实际体验，而不仅仅是创新者自己的预设。

4. 实践说明

步骤1：在用户需求区域，明确并描述用户特征。选择代表性的用户群体，并结合其特征创建用户画像，包括图像、用户的典型性格和行为模式等，以便让使用者能从该用户的视角出发进行后续分析。

步骤2：在行为区域，依照时间顺序描述用户与产品交互的完整过程，采用图文结合的方式进行表达。

步骤3：在情绪体验区域，真实反映用户在各个环节可能经历的所有情绪变化，如快乐、满足、紧张、犹豫、失落、惊喜等。

步骤4：在接触点区域，列出用户在各个环节中可能接触到的产品、服务人员、其他设备等。

步骤5：在机遇区域，详细说明在各环节中识别到的改进点或启示，描述如何将这些机遇转化为产品优势。

5. 应用技巧

（1）用户体验旅程图的重点在于映射用户的情绪变化，因此不要过多描述“用户需要什么”，而是要关注“用户想要什么”。

（2）从典型用户的性格特征和思维方式出发进行描述。

三、商业创新工具

（一）商业创新工具的概念

商业模式的本质是一个企业创造、交付并捕获价值的模式。商业创新工具的目的在于辅助企业家或开发人员转变他们为市场及用户创造价值的方法和内容。

在当前“互联网+”的背景下，产品和服务渠道的便捷化、交易方式的快速化、信息壁垒的减少以及用户反馈机制的加强，共同为创新的商业盈利模式提供了肥沃的土壤。因此，掌握商业创新工具对于开发者而言，是一种了解商业本质、触发并遵循市场趋势的关键手段。

（二）典型工具：商业模式画布（business model canvas）

1. 概念介绍

商业模式画布是一个用于探讨商业模型的可视化工具，它通过对商业构成要素的标准化处理，揭示了这些要素之间的相互作用，适用于对早期商业模型的评估和对现有模型优势及劣势的分析。（图8-2）

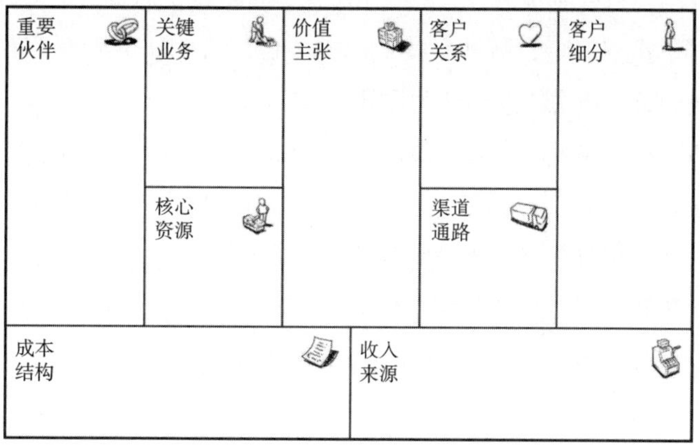

图8-2 商业模式画布

2. 适用范围

商业模式画布广泛应用于激发新思路、验证潜在风险、测试产品与市场需求的匹配程度、评估问题解决方案的可行性，以及商业价值评估。

3. 局限性

与详尽的商业计划书相比，商业模式画布更多侧重于概念阶段的构思，它可能缺乏具体的数据支撑，其描述可能不够详尽，同时画布本身也缺少直接的实践应用维度。

4. 说明

商业模式画布共分为四个方面，九个部分（a~i），需要进行分析并对照填写。

第一方面：供应内容，指产品最重要的存在理由。

a. 价值主张（value proposition, VP）：价值主张着眼于创造独特的价值。它详细阐述了供需之间的特殊关系，可能包括解决特定问题、缓解客户的某些痛点或提供启发性的洞见。从创新角度看，这可能涉及提供新颖的视角、卓越的性能、个性化服务、独特设计、品牌的象征意义、经济实惠的价格、附加值服务、方便实用的特性等。

在构思这一部分时，应深入考虑以下问题：我们为客户提供了哪些价值？我们如何帮助客户解决问题？我们满足了客户的哪些需求？我们在哪些细分市场提供了哪些产品和服务？

第二方面：业务内容，指产品内在的活动，包括关键业务、核心资源、重要伙伴这三项。

b.关键业务（key activities, KA）：为了保障商业模式的成功实施，关键业务代表了企业必须完成的核心任务。根据企业性质的不同，其关键业务也有所区别，例如制造型企业的关键业务可能是产品销售，而软件企业则是软件开发。常见的关键业务包括产品制造、解决方案咨询、提供平台服务、维护网络关系等。

在规划此部分内容时，需要仔细思考以下几点：企业需要完成哪些关键任务？哪些核心业务对于支持价值主张至关重要？哪些核心业务对于维护客户关系、渠道以及收入来源有决定性作用？

c.核心资源（key resources，KR)：核心资源是企业顺利运行的关键要素。这些资源可能是从市场上获取的或通过合作伙伴获得的，形态包括有形资产、人际网络、虚拟资源或品牌声誉等。

规划此项时，应考虑的问题包括：哪些核心资源是商业模式运行不可或缺的？这些资源如何支撑我们的价值主张、渠道策略、客户关系以及收入模式？

d.重要伙伴（key partners, KP)：成功的商业模式需要依赖合作伙伴、供应商、销售商等构成的重要人际网络。这些合作关系可能包括合作、战略联盟、合资或供应商关系等。

在梳理此部分时，重点考虑：哪些是我们的重要合作伙伴和供应商？谁将参与或协助我们完成核心业务？谁对于我们商业模式的运作至关重要？

第三方面：客户，指产品外部资源，包括客户细分、渠道通路、客户关系这三项。

e.客户细分（customer segments, CS)：涉及将目标市场划分为具体的客户群体，这些群体有着不同的需求和特征。进行客户细分时，重要的是识别哪些客户群体是核心用户、哪些是次要关注对象、哪些具备购买力，以及哪些用户的需求最为迫切。

构思此部分时，应深入探讨：我们的价值主张旨在满足哪些客户的需求？哪些客户群体对我们至关重要？

f. 渠道通路（channels, CH)：描述企业如何触及并服务于目标客户，包括使客户了解企业及其产品，进行选择、购买的过程，以及后续的交付和客户服务等多个环节。

规划渠道策略时，关键问题包括：我们将通过哪些方式接触到不同的客户群体？我们如何最有效地与客户建立联系？如何整合不同的渠道以提供一致的客户体验？哪些渠道对于接触客户最为有效？

g.客户关系（customer relationships, CR)：企业建立和维护与目标客户群体的关系，旨在促进长期的客户忠诚度和满意度。

规划客户关系时，应考虑以下问题：我们希望建立怎样的客户关系？这些关系如何维持？客户期望通过何种方式与我们建立长期关系？维护这些关系需要哪些资源和成本？如何将客户关系策略融入我们的整体商业模式？

第四方面：财务，主要指收入和支出，包括成本结构和收入来源这两项。

h.成本结构（cost structure, CS)：需要在哪些项目付出成本以支撑运营。

涵盖实现业务运营所需承担的各项成本，包括但不限于维护客户关系、渠道的成本和研发投入等。

在规划成本结构时，应考虑的因素包括：哪些成本是商业模式中不可避免的？核心资源和关键业务的成本分布如何？不同业务模块所产生的成本有哪些？

i.收入来源（revenue streams, RS)：定义企业从其商业活动中获取利润的多种方式，这可能包括产品销售、服务提供、订阅费用、广告收入等。

思考收入来源时，应回答：我们的产品或服务如何吸引用户付费？客户对于付费的需求是什么？他们愿意为我们的价值主张支付多少？他们偏好哪种支付方式？

5. 操作步骤

小组成员独立思考每个环节的内容，然后进行讨论，对于存在关联的部分可以用箭头表示。根据指导填写所有的环节，然后整体把握项目的商业模式。

6. 应用技巧

（1）小组成员应首先独立思考每个部分，再进行集中讨论并整合意见。

（2）尽力使描述简洁、准确且具有概括性，以使团队成员之间能够理解各自的表述。

（3）初步想法可以先记录在便笺纸上，再逐步整合到最终文档中，便于调整和优化。

（4）团队合作时，鼓励成员保持思想开放，不要急于否定各种想法，而是探讨如何进行改进和完善，确保每个人的想法都得到尊重和考虑。

案例分享

哔哩哔哩的商业模式

哔哩哔哩（简称B站）现为中国年轻世代高度聚集的文化社区和视频平台，被粉丝们亲切地称为“B站”。B站早期是一个ACG（Animation——动画、Comics——漫画、Games——游戏）内容创作与分享的二次元弹幕视频网站。经过十年多的发展，围绕用户、创作者和内容，B站构建了一个源源不断产生优质内容的PUGV（专业个人用户视频）生态系统，已经成为涵盖7000多个兴趣圈层的多元文化泛娱乐社区。

哔哩哔哩作为面向年轻群体、以二次元为基调的亚文化娱乐社区，其收入来源非常广泛，包括但不限于代理游戏收入、UP主作品收益抽成、直播收益抽成、广告费、大会员充值、商城周边售卖、线下活动举办收益等。

B站的商业模式画布如图8-3所示。

B站的商业模式画布

伙伴网络

UP主
普通用户
动画供应商
漫画供应商
游戏供应商
电影供应商
纪录片供应商
会展主办方
广告商
淘宝店主
风险投资方
技术服务商
合作推广方

关键业务

社区运营
动漫代理
漫画代理
游戏代理
直播代理
广告发放
周边销售
线下活动

核心能力

1. 能生产优质原创内容的UP主
2. 优良的社区互动氛围和创作环境
3. 定位准确、黏性极高的年轻用户群体

价值主张

1. 面向年轻群体的综合性文化社区
2. 高质量原创视频自媒体分享平台
3. 以二次元为基调的亚文化娱乐社区

客户关系

1. 以高粘性、高互动、强聚集性的在线社区维系用户
2. 以UP主为KOL（Key Opinion Leader，关键意见领袖）维系用户

渠道通路

网页版B站
APP版B站
小程序版B站
线下见面会和漫展

客户细分

Z世代年轻人
自媒体创作者
二次元爱好者
游戏爱好者
广告主

成本结构
1. 动漫、漫画、电影等影视作品的版权费
2. 游戏代理、直播代理的代理费
3. UP主的创作激励支出
4. 公司运营宣传支出
5. 网站技术维护开发支出

收入来源
1. 代理游戏收入
2. UP主作品收益抽成（三连、充电、软广告）
3. 直播收益抽成
4. 广告发放收费
5. 大会员会员费充值
6. 商城周边售卖
7. 线下活动举办收益

图8-3　B站的商业模式画布

四、设计创新工具

（一）设计创新工具的概念

创新设计是一种通过最大化发挥设计师创意、利用现有科技成果进行创新构想的活动，旨在创造出既科学又具有创新性、新颖性和实用性的成果。创新不仅是设计领域的核心要求，更是时代发展的必然趋势。在现代社会，仅仅将信息传达的重点放在准确性和充分性上已远远不够，因此视觉设计的创新性的重要性不断提升，这包括从设计理念、视觉表达语言到技术实现方式的创新，以确保信息能够以正确且充分的方式得到传达。设计创新工具的作用在于辅助设计师更有效地激发灵感、筛选创意并实现具体应用。

（二）典型工具：COCD图（Catalog of Open Cluster Data）

1. 概念介绍

COCD图是一种用于评估众多设计概念的矩阵图表，通过对概念的“创新性”与“可行性”进行综合评估，将它们定位于坐标系中（图8-4）。

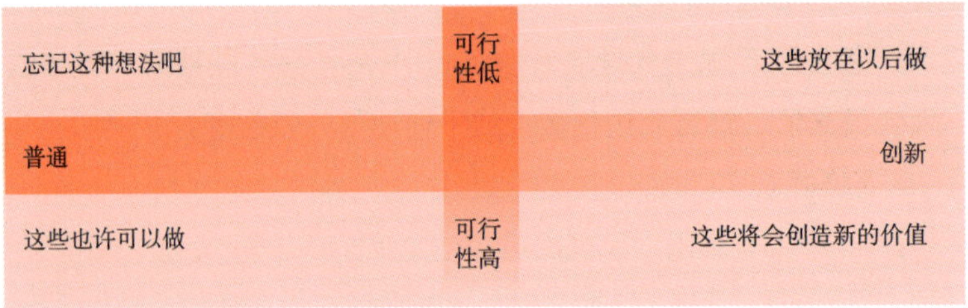

图8-4　COCD图

2. 适用范围

COCD图主要应用于开发创意的早期阶段，特别是当通过头脑风暴产生大量创意（例如40个以上）时，制作COCD图可以帮助开发团队进行讨论，加深对潜在解决方案的理解。此外，它也有助于团队就设计方向达成共识，并筛选出适合进一步开发的创意。

3. 局限性

当创意数量众多时，COCD图可以极大地辅助决策过程，但如果创意较少，其效果则受限。

4. 说明

首先，在经过头脑风暴并产生大量创意后，确定一个坐标系，根据创新性和可实现性区分不同创意。COCD图通过四个象限对创意进行分类，对所有想法进行直观的对比和评估。

5. 操作步骤

步骤1：在一张大纸上画出一个坐标系，创建一个2×2的COCD矩阵。其中，*X*轴代表创新性，*X*轴的负方向代表较低的创新性，正方向代表高度创新的想法；*Y*轴代表可行性，*Y*轴的负方向表示较易实现的创意，正方向则代表难以实现的创意。这样，坐标系被划分为四个区域：1（创新性低、可行性低）、2（创新性高、可行性低）、3（创新性低、可行性高）和4（创新性高、可行性高）。

步骤2：将参与者的所有创意以文字或图形形式呈现在纸上。

步骤3：团队成员共同参与讨论，根据坐标轴将所有创意放置在COCD图的相应位置。

步骤4：确定一个最符合设计需求的区域。通常，4（创新性高、可行性高）的创意被视为既有创新性又具可行性的理想选择，但同时也应考虑2（创新性高、可行性低）的创意，因其可能拥有潜在的未来发展价值。而3（创新性低、可行性高）的创意可能是已存在的解决方案，1（创新性低、可行性低）的创意则因缺乏创新性和实践难度高而不推荐采用。

在将所有创意归类到COCD图后，团队可进一步挑选出具有开发潜力的创意进行深化设计，淘汰那些创新性低且不可行的想法。

6. 应用技巧

在确定创意的分类前，建议团队成员先集体讨论每个创意，确保每个人都充分理解每个创意的内容，然后通过集体决策确定每个创意的归属位置。

案例分享

可口可乐瓶子

以生活中最常见的可口可乐瓶子为例，如图8-5所示。

（1）创新性低且可行性低：有把柄的瓶子，手柄的设计造成材料浪费，并且不利于运输，所以不可取；

（2）创新性高但可行性低：底部有弧度的瓶子，在当时来说这是非常新颖的设计，但是从可行性来讲，特殊的弧度使得加工难度大大增加，不能保证成品的合格率；

（3）创新性低但可行性高：红酒瓶子，这种瓶子比较常见，创新性比较低，但是由于市场上类似瓶子的加工厂很多，所以可操作性强；

（4）创新性高且可行性高：高颈的瓶子，颈部容易抓握，另外新颖的造型让人一下子就能记住是可口可乐的瓶子。综合考虑，这种高颈瓶子的设计是最佳选择。

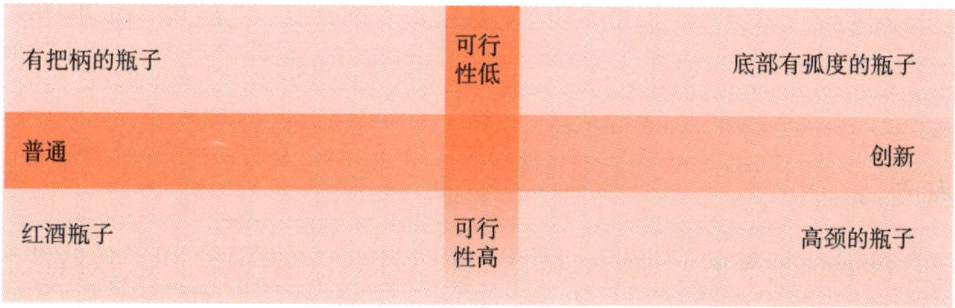

图8-5　可口可乐瓶子的COCD图

第三节　创新工具在团队中的应用

一、提高创新工具在团队中应用效果的关键要素

在团队中运用创新的思维、策略和工具进行协作时，面对的挑战、目标、时间限制、资源分配和团队构成等因素都可能形成不同的工作态度和工作效果。协作的核心在于人际互动与沟通，下面六个要素对于促进团队成员间的有效合作至关重要，它们关系到创新工具能否在提高交互性和产出效果上发挥关键作用。

（一）激励

合作的推进力源于激励，为了确保团队协作的成功，必须让团队成员认识到他们能从合作中获得实际利益，并且明白他们参与的是一项有意义的活动，最终将得到有价值的成果。

（二）沟通

团队必须制订有效的沟通策略，确保项目的关键信息能够及时且清晰地传递给每位成员，确保重要的决策过程中有足够的成员知晓并参与。

（三）多元化

团队成员的背景越是多元化，越能够相互激发出新的创意，为项目带来更多样的技能和资源。

（四）共享

团队成员应当毫无保留地分享自己的想法和资源，并鼓励彼此之间的想法交流，在互动中对创意进行完善和提升。

（五）协作

在创新过程中，团队协作极其关键，特别是在面对挑战或资源短缺的情形下，团队内部需要建立相互信任和支持的氛围，每位成员在完成个人任务的同时，也应支持其他成员，以团队整体利益为前提开展工作。

（六）解决方案

面对突发的危机或计划外的问题时，团队成员应共同分担风险并寻找解决方案，通过集体的努力攻克难关。

二、团队合作模式

根据团队合作的开放指数，将其分为四种合作模式：开放、封闭、公平和层级。

（一）开放

每个成员对参与合作持开放的态度。这种模式可能产生于当某个人或者组织设置了一个问题、开展了某项合作或向公众寻求帮助的情况，适用于要解决的问题没有得到详细的定义时。在这种模式下，参与者易于产生想法、投入工作和利用资源，如图8-6所示。

（二）封闭

这种合作模式的参与者需要经过组织者挑选，通常保持较小的规模。公司内部合作时经常使用这种模式，也适用于要解决的问题得到很好的定义时，如图8-7所示。

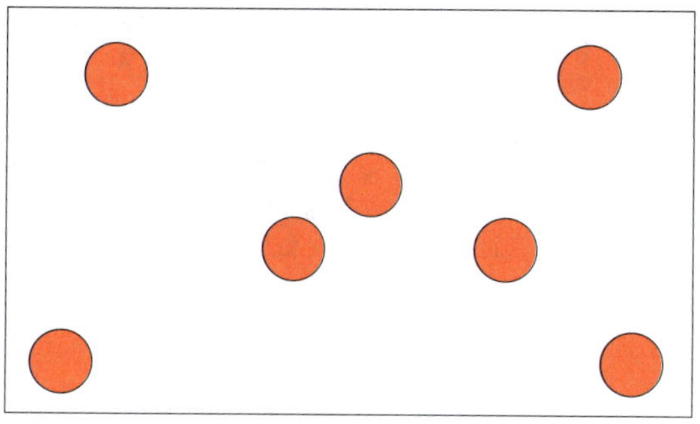

图8-6　开放的团队合作模式

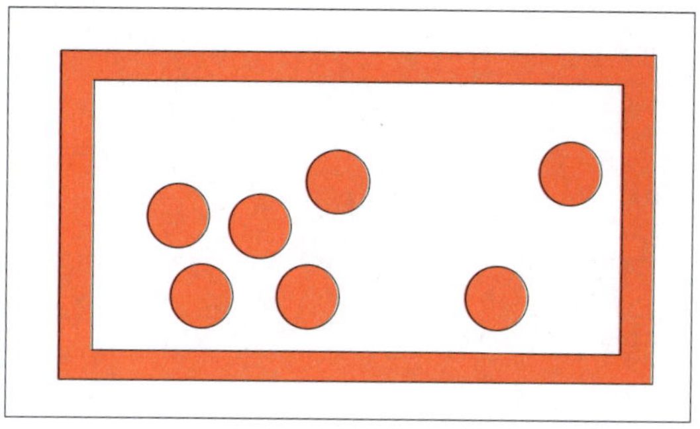

图8-7　封闭的团队合作模式

（三）公平

在这种合作模式下，所有参与者都可以参与决策环节，并共同承担危机和决策的后果。为了使合作顺利开展，所有的参与者都需要认同项目目标，如图8-8所示。

（四）层级

在这种合作模式下，部分成员或者组织有决策的权利，决策者决定参与者的挑战和任务。在层级模式的团队中，每个人可以保有自己的想法和目标，如图8-9所示。

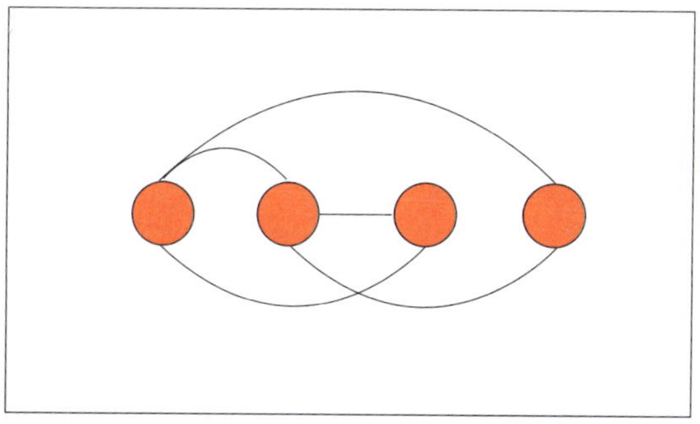

图8-8　公平的团队合作模式

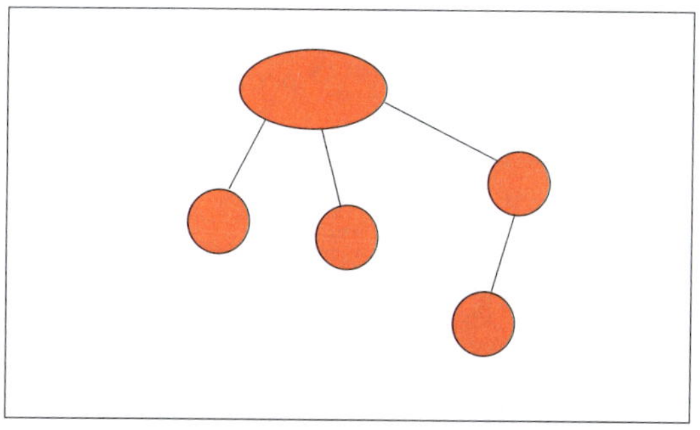

图8-9　层级的团队合作模式

【课后练习】

（1）海底捞火锅因其独特的商业模式而广受欢迎，试用卡诺分析图来解释海底捞的商业模式怎样满足了大家的基本需求和期待需求。

（2）选择一个具体的用户群体，以此为例绘制一张超市购物的用户体验旅程图。请详细描述所选的用户群体特征（例如，一位年迈的老者或带不到两岁的女儿一起光顾超市的母亲）。然后，从该用户的视角出发，详细描绘其在超市购物过程中的每一个步骤、体验和感受，包括用户可能遇到的挑战和能满足需求的服务或产品。

（3）请根据商业模式画布的原理，分析并构建星巴克咖啡馆的商业模式。为星巴克商业模式画布上的每个版块提供具体内容，并阐述它们是如何相互作用以共同支撑起星巴克成功的商业模式。

笔记处

第九章

应用创新

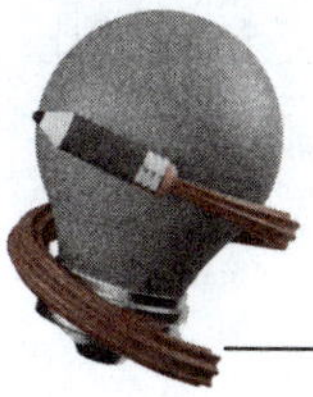

学习目标

1. 了解五种应用创新形式的概念和特点
2. 学习各种应用创新的案例
3. 通过案例分析，了解应用创新的实现路径

第一节　模仿创新

模仿创新是指通过模仿已有的产品或服务并在此基础上进行创新的活动，通常分为直接模仿和改进型模仿两种方式。随着全球经济的一体化，我国的中小型企业在国内外市场上遭遇的竞争日益加剧。对这些企业而言，如何通过技术创新确保其生存和发展，以及如何利用技术优势扩大市场份额，成为我国经济增长中的一项紧迫任务。持续的创新是企业不断成长的关键，但中小企业往往因为外部环境和自身条件的限制，在追求创新发展的同时，又面临着创新风险和成本增加的双重挑战。在这种背景下，模仿创新成为可供中小企业选择的一条合理路径。

一、模仿创新的特点和模式

（一）模仿创新的特点

1. 积极的模仿姿态

这一特征既体现在技术层面上，也体现在市场领域中。在技术层面，模仿创新者不扮演新技术的首创者或先行采用者的角色，而是成为那些有价值的新技术的学习者和改善者。在市场层面，模仿创新者同样不单独探索全新的市场领域，而是在充分利用并拓展先行者开发的市场的基础上进行进一步的发展。

2. 市场的拓展性

模仿创新在市场方面展现出拓展性。新市场的开发和新需求的激发是技术创新的关键特征之一，模仿创新也不例外。模仿创新不仅涉及抢夺创新者所开拓的市场份额，更涵盖了对市场空间的进一步探索和扩张。

3. “观察并学习”的积累性

学习和积累机制是创新过程中的核心环节，它为创新的顺利进行提供了坚实的基础。先行创新的学习和积累主要依靠自我探索，大多数相关知识和专业技术能力是通过实践中的自我学习获得的。相对而言，模仿创新的技术积累来源更为广泛，初期主要通过“观察并学习”，即通过分析、筛选、借鉴、模仿先行创新者的策略，从他们的成就和挫折中吸取教训，在模仿过程中吸纳大量外部知识，培养并提升自身技能。这种方式具有较低的投资成本、较短的时间周期和较高的效率，构成了模仿创新竞争力的重要基石。

4. 资源投入的聚焦性

模仿创新避免了创新初期大量资金投入和拓展新市场的高风险投资，从而能够在创新链的中段集中投入更多的人力和物力。这样既确保了企业有限的创新资源能够得到集中利用，同时也确保了在工艺改良、质量管理、成本控制和大规模生产管理等关键环节上形成积累优势，构成了模仿创新竞争力的另一重要支柱。

（二）模仿创新的模式

1. 自主研发模式

自主研发指的是企业仅依赖内部资源，不借助外部力量，进行模仿创新的过程。这种方式能有效防止核心技术泄露和避免合作伙伴的潜在机会主义行为。更为关键的是，通过自主技术开发，能够促进企业内部知识与信息的流动，提高开发效率并增强自身的创新能力。这种模式对中小企业的科研实力提出了较高要求。

2. 合作研发模式

合作研发是基于平等互利原则，中小企业与其他企业建立紧密合作关系，互补优势，共同进行市场开拓，促进双方的创新与发展。通过这种策略，中小企业能更有效地运用有限的资本和技术资源，通过合作克服企业难以单独解决的问题，实现创新成果。合作研发模式可以是行业内企业之间的协作性模仿创新，或是地区内企业、科研机构和高等院校之间的区域联合创新。

3. 依附型模式

在依附型模式下，中小企业挑选与大型企业技术相配套的项目，作为大型企业的配件供应商，与之保持技术合作关系，实现双方优势互补、共同成长。这种方式既可以避免直接与大企业竞争，也能在资金、技术、市场等方面得到大企业的帮助，加速技术升级和管理经验的积累。

4. 开放模式

开放模式指中小企业本身的模仿创新能力较弱，无法独立进行或与他人合作研发，最终通过社会各界的力量来完成技术创新。企业依靠自身的一项或多项优势，如资金、设备、市场、组织协调能力等，吸引外部创新资源向企业集聚，实现技术创新。

5. 虚拟研发机构模式

在知识经济时代背景下，企业的创新灵感和资源无处不在。中小企业可以与高校、科研机构建立长期、稳定而紧密的合作关系，将其作为企业的虚拟研发机构，三者虽然在行政上无隶属关系，但在职能上密切协作。虚拟研发机构的特点在于其组织和体制的灵活性，对于技术研究成果，可以采取股权参与或技术买断等多种合作方式，为技术力量薄弱的中小企业提供创新支持。

二、经典案例

案例一

QQ与ICQ

1996年，ICQ这款划时代的互联网即时通讯软件问世，迅速成为全球热潮。作为世界上首款此类软件，ICQ由三位以色列开发者研发，一经推出就吸引了众多用户的关注，并很快引发了一波模仿潮，腾讯的QQ便是其中的佼佼者。

1999年，QQ亮相，由马化腾和张志东这两位创始人在深圳一间普通民居中经过半年的努力研发完成。QQ一开始就受到普通大众的欢迎，尽管在很多人看来，它不过是ICQ的“国产山寨”版本。

2010年，腾讯的市值达到了300亿美元，而ICQ的估值则为3亿美元。2015年，腾讯的市值激增至2062亿美元，而ICQ的估值仅为2.7亿美元。

在腾讯创业期间，ICQ已经在中国市场上站稳脚跟，此时市面上已经有三款汉化版本的ICQ产品。QQ之所以能够后来居上，并非仅仅因为它提供了中文界面，而是因为腾讯通过一系列创新技术，在众多同类软件中脱颖而出。

（一）将信息存储在云端

ICQ的全部信息存储于用户端，一旦用户换电脑登录，以往添加的好友就此消失，而QQ的用户资料存储于云服务器，在任何终端都可以登录聊天。

在第一次技术讨论会上，马化腾提出了一个听上去与技术无关的问题：“我们的用户会在哪里上网？”在1998年底的美国，个人电脑已经非常普及，很多中产家庭拥有一台以上的电脑，绝大多数的白领都有属于自己的电脑，可是在中国，当时人均拥有的计算机数量尚不足1%。马化腾的问题指向一个微妙的技术创新点：ICQ把用户内容和朋友列表都存储在电脑的客户端上，“在美国，这几乎不是一个问题，因为每个人都有一台自己的电脑，内容放在哪里都无所谓。可是在中国就大大不同了，那时还很少人有自己的电脑，用的大多是单位的，或是网吧里的电脑，当他们换一台电脑上线的时候，原来的内容和朋友列表就都不见了，这是一件让人非常烦恼的事情”。QQ解决了这个痛点：在技术层面上，腾讯将朋友列表从客户端搬到了服务器，任何人在任何一台电脑上网，都能找到自己的朋友列表。“这个技术难度其实是不大的，关键是我们把它当成最重要的事情来看待，适应了当时中国的上网环境。”负责后台架构的张志东说。

后来的发展也证实，随着电脑、手机终端更新的速度越来越快，人们对固定设备和场所的依赖度越来越低，ICQ将客户信息储存在物理终端上，最终也导致客户流失量越来越大。

（二）依托国情，改善用户体验

当时中国的网络基础建设无法与欧美国家相比，网速非常慢，普遍的上网带

案例一

宽是14KB、28KB，而一个ICQ软件起码要3到5兆的存储空间，下载一个软件要几十分钟。腾讯将QQ的软件体积减小到220KB，在当时带宽条件下用户下载只需5分钟左右，相对于其他类似ICQ的产品，无疑是更便利的。

（三）扩展社交功能

ICQ只能与在线的好友聊天，而且只能按照用户提供的信息寻找好友。QQ则设计了离线消息功能，它还允许用户可以直接添加在线的陌生网友为“好友”，这无疑极大地扩展了QQ的社交功能。

案例二

比亚迪：从模仿到创新，新能源汽车领域的逆袭者

比亚迪是一家以电池起家的中国企业，在过去的几年中经历了飞速的发展，如今已经成为全球领先的新能源汽车制造商之一。然而，比亚迪的崛起之路并非一帆风顺，它也曾经历过模仿、挣扎和创新的过程。

1995年，王传福创立了比亚迪，最初专注于生产小型电池。在初期，比亚迪的产品主要是模仿日本三洋和索尼的产品。在进军汽车行业之初，王传福就决心自主生产汽车最重要、最昂贵的部件。他相信，只有掌握核心技术，才能真正在市场上立足。比亚迪的第一款车是2005年发布的汽油动力轿车F3，外观与丰田卡罗拉几乎一模一样。然而，王传福明白，仅仅依靠模仿是无法取得长期成功的。因此，他开始注重自主研发和创新。

随着新能源汽车市场的兴起，比亚迪开始专注于电动汽车的研发和生产。凭借在电池领域的优势，比亚迪迅速成为电动汽车市场的领军者之一。比亚迪的纯电动汽车在全球市场上获得了巨大的成功，销量逐年攀升。

比亚迪的成功并非偶然。瑞银分析师表示，和欧美传统制造商相比，比亚迪拥有25%的成本优势。这主要得益于比亚迪在电池领域的自主研发和生产能力。此外，比亚迪在产品设计和品质上也下了不少工夫。比亚迪的电动汽车不仅拥有时尚的外观和内饰设计，还配备了先进的智能驾驶辅助系统和安全技术。

除了在国内市场上取得巨大成功外，比亚迪也在海外市场上不断扩大影响力。在欧洲和美国市场上，比亚迪的电动汽车也受到了消费者的热烈欢迎。比亚迪在美国加利福尼亚州设立了研发中心，并与当地企业合作生产电动巴士和卡车。在

欧洲市场上，比亚迪与多家汽车制造商合作，提供电动汽车零部件和解决方案。在新能源汽车领域取得成功后，比亚迪并没有止步不前。王传福表示，未来比亚迪将继续加大研发投入，推动新能源汽车技术的不断创新和发展。同时，比亚迪还将积极探索新的商业模式和市场机遇，为全球消费者提供更好的产品和服务。

从模仿到创新，比亚迪的发展历程是一个典型的逆袭故事。通过自主研发和创新，比亚迪在新能源汽车领域取得了巨大的成功。

第二节　微型创新

创新不仅仅局限于专利发明的层面，它还可以是对服务流程的优化、售后服务的改进，甚至是对产品说明书的重新设计——任何对用户体验有所改善的行为都可视为创新。有学者通过分析全球领先企业的数百种畅销产品后发现，这些创新往往只涉及对现有框架内细微的调整，却能带来显著的效果。

微型创新，即是基于用户需求进行的应用性创新，它从细节出发，专注于针对性的改进，紧贴用户的需求和心理，通过快速迭代和不断的试错过程逐步优化。微型创新的累积最终可能带来产品的根本性变革。

一、微型创新的特点

（一）基于现有技术或创意的改进和深化

科技进步的轨迹充满了持续的微型创新，无论是软件的更新升级、技术的突破，还是新商业模式的探索、一个创新想法的提出，都是通过一系列微型创新的相互作用和融合，由此催生出了许多改变世界的伟大产品，推动了人类生活质量的整体提升。

（二）技术门槛低，人人可为之

微型创新注重于从一个小切口出发，通过小规模且集成的创新方式进行，这种创新不依赖于高难度的技术支持。创新者可以将自己作为用户，基于亲身体验和需求直接提出创新点。这种创新方式强调每个人都有能力参与其中，鼓励人们从用户的角度出发，探索和实现创新思路。

（三）成本低效益高，竞争门槛较低

微型创新通常关注细节，无需大规模的资本投入，它侧重于小范围内的改良和创意实施，采取

最简便的方法实现成本效益最大化。这种创新模式允许以较低的成本进行初步尝试，若遇到不符预期的结果，便可迅速进行调整。一旦验证了其可行性，就可以快速推广执行，通过不断的试错优化创新成果。即便创新失败，也能够基于已有的经验快速转向新的创新尝试。

（四）微小变革引发系统性变化

无论是一项革命性的新技术，还是一种细微的业务模式调整，微型创新无处不在，它们既源自大型科技公司的战略布局，也来自小型创业团队的灵光一闪。例如，Pinterest（拼趣）通过强化视觉美感开创了新的互联网社交模式，其企业估值迅速飙升；手机QQ浏览器通过将底层架构与功能模块化，创造了平台加插件的软件模式，成为行业内的成功案例。

二、微型创新的实施策略

微型创新广泛应用于那些市场上已经存在的基础产品或设计，它是基于对用户需求的深刻理解而开展的应用性创新。要如何深入洞察用户需求并吸引他们的持续关注？关键在于运用痛点思维和创意思维进行深度挖掘和创新设计。

（一）痛点思维

（1）识别痛点是所有产品创新和营销活动的出发点。

（2）每个人都能成为痛点的探索者，关键在于激发并利用这一能力。

（3）数据挖掘是发现痛点的有力工具。

（二）创意思维

（1）创意点是在微型创新过程中寻找的创新亮点。

（2）提升口碑和用户认可度。

（3）采取快速迭代的方法不断优化产品。

三、经典案例

案例

12306：铁路微型创新服务大民生

自2024年1月3日0时起，“铁路12306”手机客户端推出购票需求预填和火车票起售提醒订阅两项新功能，旅客购票将更加方便快捷。记者注意到，自2013年12月，“铁路12306”手机客户端推出之时起，升级工作就一直在进行，10年间，铁路部门已经先后推出了列车正晚点查询、动车组列车选座、高铁网上订餐、电子客票、候补购票、适老化无障碍、列车在线选铺、车票折扣信息显示等服务升级改造。

案例

2013年底12306手机客户端推出，开启移动售票时代

如今通过“铁路12306”手机客户端购票已经是许多旅客购买火车票的第一选择，实现了手机上办理有关车票的几乎所有业务。

2011年6月，中国铁路上线12306网站（中国铁路客户服务中心）开展火车票购票业务，并于当年底在全国铁路全面推行网络售票，中国铁路终于迈入互联网售票时代。

两年后，2013年12月，为进一步方便旅客购票，提升服务品质，中国铁路在原有互联网售票系统的基础上，推出了手机客户端应用程序“铁路12306”，开启了铁路移动售票新时代。

2018年在部分线路试点候补购票，2019年5月全面实行

在“铁路12306”新增加的各项功能之中，最受旅客朋友关注的应属候补购票功能，自从这项服务推出后，也让不少旅客可以免于向第三方平台支付“抢票费用”，享受到更加便利的官方候补服务，让所有旅客都能在公平尺度内按需购买车票。

2022年1月上线“电子临时乘车身份证明”开具功能

2022年1月，“铁路12306”手机客户端上线开具“电子临时乘车身份证明”功能。旅客遗失或未携带身份证时可在线提交电子临时乘车身份证明申请，通过后即可在车站完成购票，退、改签，进站，检票等业务服务。

2023年6月上线在线选铺服务

2023年6月，铁路12306网站、手机客户端试行在线选铺服务，选择通达全国各区域的230趟高铁、普速旅客列车作为试点，对普速列车软卧、硬卧和动车组软卧、一等卧、二等卧等铺别提供在线自主选铺服务，同时，继续实行对60岁以上老人等重点旅客优先分配下铺的服务。

第三节　错位及越位创新

人类文明的进步遵循“占位—越位—错位”的发展模式。从介入者的视角看，分别形成了“领先者”“跟进者”和“后来者”三种不同的参与策略。“占位”者通过建立行业标准获得领先优势。“越位”是“跟进者”对“领先者”的超越，从前人停步的地方出发，通过整合众多领先优势攀登更高的顶峰。“错位”不是在“越位”停步的地方重新出发，而是选择一个意想不到的新路径进行创新。这是人类科学文化向前发展的总趋势。错位和越位创新打破了传统的对称演进模式，通过“错位”的方式直接实现了对“领先者”的“越位”。

一、错位及越位创新的特点

（一）不对称性

错位和越位创新依赖于竞争对手处于不同关注焦点和视角下的不对称状态。错位及越位创新的精髓在于利用智慧而非仅仅依赖力量，古代智慧策略如“三十六计”的基本原则都围绕着“错位”，包括“田忌赛马”等经典案例。利用“不对称”创造局部优势，实现后来者居上，让竞争对手难以察觉、预测、应对或阻挡，从而无法形成有效反击。“错位”思维成为当前中国企业中最具实践价值的战略创新理念，为处于劣势的企业提供了战略指南和动力源泉。

（二）非竞争性

通过规避“占位者”在某些传统目标上所占据的优势，避免与之直接竞争的方式，寻求独特且创新的理念和策略，以扩展自己的发展空间。市场调研发现，即便是实力较弱的小型企业也能发现强势企业或主流产品的短板，进而集中资源进行针对性改进，将整体上的不足转化为局部的优势，占据市场。

二、经典案例

案例

某化妆品牌A进入中国市场时，面对的是一个已经饱和的化妆品市场，外资品牌、合资品牌、国产品牌三分天下，A要想在这些化妆品中脱颖而出，让中国的消费者感觉到自己的与众不同，必须另辟蹊径。于是A将其在世界各地坚守的“药房营销策略”植入中国，以药房为主要渠道，避免与其他国际知名品牌产生正面冲突，此举开创了中国化妆品药房销售的先河，在中国消费者心目中占据了“健康营销”的第一位置，建立了专业护肤的品牌形象，获得了极大的成功。

分析：本案例运用了“错位”转移创新策略。企业在市场竞争时先进入主流市场，按照产品的生命周期和竞争对手参与市场竞争的状况，适时地从主流市场向其他市场进行策略转移。现代科学技术突飞猛进，产品生命周期呈日益缩短的趋势，而竞争者进入市场竞争的速度则越来越快。越来越多研究表明，一项成功的新产品，往往在一两年内就会因大批竞争对手的市场介入，竞争的日趋激烈而提早进入饱和期。企业必须采取“人无我有，人有我优，人廉我转”的策略。

第四节 包容性创新

一、包容创新主要内容

2012年，在由中国财政部与世界银行共同主办的“亚太地区包容性创新政策论坛”中，提出了“包容性创新”的概念，即创新活动应确保每个人都能参与其中，并从中受益。创新的范畴很广，涵盖了技术、制度、产品、市场、组织等多个方面。参与创新的主体也十分广泛，包括政府、企业、社会组织和个人等。当前，创新的成果并非惠及所有人群，某些情况下，创新甚至使一部分人群处于更加边缘化的状态。例如，信息技术的迅速发展和互联网的广泛应用，加剧了弱势群体与强势群体之间的差距，形成了所谓的“数字鸿沟”。“包容性创新”旨在关注那些被边缘化的弱势群体。不同国家和地区对弱势群体的定义可能有所不同，甚至在同一国家的不同发展阶段，弱势群体的定义也可能发生变化。评价一个系统的包容性创新能力时，关键在于该系统是否能为基层人民提供经济实惠且便利的产品及服务。

（一）包容性创新的概念

包容性创新是指通过创新活动满足低收入消费者各层次需求的过程，旨在实现企业与消费者的共赢。包容性增长，作为包容性创新的基础，强调每个人都应为经济增长作出贡献并享受其成果。与之相应的，包容性创新应更多从企业视角出发，通过创新为低收入消费者提供必需的产品和服务，实现企业的社会责任与经济利益的双重目标。追求共赢是包容性创新的核心，旨在通过创新活动满足消费者需求，改善他们的生活质量，并为企业开拓新市场，实现持续增长。

（二）包容性创新的途径

实施包容性创新需遵循若干核心原则，包括精准定位消费者需求、创造成本效益，以及追求双方共赢。对消费者的需求层次进行深入分析后，结合在中国进行的包容性创新案例，可以识别出三个关键路径来实现包容性创新。

1. *满足基础生活要求*

企业需要依据消费者的期望进行产品设计，以确保产品能满足消费者的基本需求。由于价格原因，某些产品虽然是低收入群体需要的，却因这一群体经济承受力有限而难以普及。此外，一些设计初衷面向成熟市场的产品可能并不适合低收入消费者。低收入人群广泛分布在农村地区，居住较为分散，基础设施不完善，导致产品与服务难以触达，出现了需求存在而市场接触不足的问题。应对这类挑战，企业需采取亲民价格、优质产品、贴近消费者需求的创新策略，例如，“家电下乡”倡议即为此类措施之一。

2. *满足谋生能力提升需求*

包容性增长的重要途径之一是通过创造就业机会帮助人们摆脱贫困。企业可以利用包容性创新为低收入群体提供就业机会，从而提升他们的谋生技能。为达成此目标，企业需打破消费者能力限制或外部条件的限制，创造让消费者参与到市场活动中的机会，包括搭建平台、提供就业工具、进行技能培训等。

3. 满足精神层面需求

低收入群体除了追求物质生活的改善外，同样渴望精神生活的丰富。在这方面，企业应更加聚焦于包容性创新的社会价值，旨在帮助低收入群体全面提升生活质量。鉴于低收入市场的分散性及资源的有限性，企业需要寻求合作，降低成本和风险。寻找合作伙伴时，企业应将共赢作为合作目标，确保所有参与方均能从中获益。此外，企业还需整合内部资源，在利用现有业务的基础上推动包容性创新的实施。

二、经典案例

案例

2007年10月，世界银行曾发表过一份报告，题为《释放印度的创新：实现可持续性和包容性增长》，讨论印度如何在保持信息产业、医药卫生等高端产业领先地位的同时，在各个领域推动创新，让创新惠及穷人。印度籍美国学者C. K. 普拉哈拉德针对印度现实提出“金字塔底层”的创新战略。

基于此，印度政府进一步提出“包容性创新”理念：印度科技部门的思维方式要从“为了科学的政策”转向“为了人民的科学政策”，金字塔底层的低收入群体不仅应该成为科技创新的受益者，也应该是科技创新的重要参与者。包容性创新在印度不断得到发展壮大，其衡量标准是低投入、高绩效以及可以大规模推广使用。

为此印度政府联合大学、企业出台了系列举措。①设立印度包容性创新基金。基金总额为500亿卢比（约合57亿元人民币），专门用于激励传统风险投资不愿意介入的创新链条早期的种子资金阶段，主要支持健康、教育、农业、纺织和手工业等社会民生领域的创新。设立印度创新型初创企业投资基金，每年投入约100亿卢比（约合11.3亿元人民币），通过公私伙伴关系的组织模式进行管理。②设立印度创新计划。该计划由印度工业联合会与安捷伦公司联合设立，目标是支持“草根”创新者的创意和发明，印度阿默达巴德管理学院对该计划提供孵化支持，印度工业联合会负责该计划的推广。③设立促进地方创新基金，旨在为各地特色发展问题寻找科技解决方案。④设立促进社会创新基金。支持可能无商业利润但有高社会回报的创意和科技冒险。⑤探索预算外补助金和创新税收激励的新方式。专门为政府所属研发机构、学术机构和大学中的新思想、新设计以及甘冒失败风险的意愿提供支持。⑥构建“蜜蜂网络”，该网络主要是通过教育、农业、乡村发展、小型企业、研究所等相关机构的帮助，与各类政府和民间机构协作，共同发起全国性创新成果特别是金字塔底层群体创新成果的搜集、展示和推广活动。

案例

在包容性创新的引导下，印度设计出了售价2 500美元左右的汽车，70美元的电冰箱，45美元的平板电脑等。其包容性创新理论和实践得到了国际好评。2012年，印度国家创新委员会的“创新十年”计划获得欧洲创意战略和创新研究院颁发的赫尔墨斯革新大奖之“最具人性化创新政策”奖。

第五节　原始创新

原始创新被定义为开创性的科学发现、技术发明以及具有原理性的领导技术等创新成就。这种创新表明在研究和开发活动中，尤其是在基础科学研究和前沿技术领域，实现了独特的发现或创造。原始创新代表了创新活动中最深层次的突破。

一、原始创新的影响因素

（一）科学基础能力的构建

由科研人员、研究经费、信息资源、实验设备等有形资源以及科研体制、管理机制、研究氛围等无形资源共同构成的科学基础，对研究团队的创新能力施加根本影响，反映了其综合科学实力。

（二）基础研究人才的积累

科学范式的转换和革新往往不是依赖个别卓越科学家的力量，而需要依靠团队协作和跨代合作的持续努力。

（三）学术传统的沉淀

学术传统对于指导年轻学者识别值得研究的问题和有前景的研究方向至关重要。这种传统不是短期内可以形成的，而是国家在科学研究领域长期历史积累的结果。学术传统既可以局限于特定区域，也可以是特定机构的独有特色。历史数据显示，在诺贝尔奖百年历史中，全球排名前五的研究型大学获奖者占比达到37%。因此，创新研究中应加强对创新基地品牌效应的认识。

（四）学术思想与知识的累积

创新思想的产生基于对过去学术思想或知识的继承和发展。科研工作者在其职业生涯中必然会与历史上的学术思想或知识产生某种联系，不论是采取采纳、反抗还是发展的态度。

（五）个人经验的积累

科研人员通过参与高水平科研项目、学术交流、与顶尖科学家合作等方式积累的个人经验，以及通过家庭教育、知识传承等方式形成的家族智慧积累都属于个人经验的累积。这些因素在一定程度上为具有原创性贡献的科学家提供了“养料”，体现在他们对前人价值观念、学术态度、研究方法和思维习惯的继承中。

二、经典案例

案例

由我国科学家丘小庆教授自主创新开发的新型抗生素——信息菌素，为解决“超级细菌”这一世界医学难题提供了有效解决途径。该药物杀菌机制与现用抗生素完全不同，细菌针对现有抗生素产生的耐药机制对它完全不起作用。该药物生物安全性良好，在体外和体内可有效杀灭现用抗生素难以应付的多重耐药菌、耐药结核杆菌和耐药真菌。其抗菌效力比现用抗生素强大数千至数万倍，对肠道益生菌和土壤微生物无毒性。信息菌素的技术平台可在6个月内构建出一种新的备选药物，是目前世界上最快速的药物设计构建平台之一。发明人丘小庆教授2014年在美国Gordon Research Conference on Drug Resistance（戈登会议）专题会上报告其研究成果，引起强烈反响，被认为“将引领生物制药产业的新浪潮，是具有诺贝尔奖级水平的研究成果”。

【课后练习】

（1）请在社会生活中寻找并描述至少一个模仿创新的例子。解释为什么你认为这个案例体现了模仿创新，并讨论其对社会或特定领域的影响。

（2）“从‘中国制造’向‘中国智造’转变”标志着创新在中国经济发展中的重要角色。请介绍至少两个实际案例，展示中国企业是如何应用创新技术、管理方法或商业模式，促进了这一转变。请分析这些创新是如何实现的，以及它们对企业乃至中国经济发展产生的影响。

（3）中国在芯片制造、核心电子元器件、高端机床等高端技术领域仍存在一定程度的进口依赖，探讨你认为哪种创新应用或策略可能成为中国突破这些技术“卡脖子”问题的关键。请提出你的观点，并论述为什么这种创新能够助力中国在这些关键技术领域实现自主与突破。

参考文献

［1］段肖阳.中国大学生创新创业能力影响因素研究——基于全国大样本的实证研究［M］.厦门：厦门大学出版社，2023.
［2］杨丽敏.大学生创新创业实务［M］.长沙：湖南大学出版社，2022.
［3］张会利，高泽金.大学生创新创业基础［M］.西安：西安电子科技大学出版社，2023.
［4］徐明霞.大学生创新基础［M］.北京：机械工业出版社，2019.
［5］闫洪雨，贾连莹，孙斌.大学生创新创业教程［M］.苏州：苏州大学出版社，2021.
［6］李彦，李文强.创新设计方法［M］.北京：科学出版社，2013.
［7］周苏.创新思维与科技创新［M］.北京：机械工业出版社，2016.
［8］冯林.大学生创新基础［M］.北京：高等教育出版社，2022.
［9］周苏.创新思维与TRIZ创新方法［M］.北京：清华大学出版社，2018.
［10］周苏，王硕苹.创新思维与方法［M］.北京：中国铁道出版社，2016.
［11］寇树芳，吴宇，侯晓鹏.工业设计概论［M］.北京：冶金工业出版社，2015.
［12］曹裕，陈劲.创新思维与创新管理［M］.北京：清华大学出版社，2017.
［13］周苏，孙曙迎.创新思维与管理创新［M］.北京：清华大学出版社，2017.
［14］周苏，谢红霞.创新思维与创业能力［M］.北京：中国铁道出版社，2017.
［15］王世刚，蔡有杰.创造创新创业理论与实践［M］.哈尔滨：哈尔滨工程大学出版社，2013.
［16］康晓玲.创新思维与创新能力［M］.北京：电子工业出版社，2015.
［17］洪燕云，何庆.创造学［M］.北京：清华大学出版社，2009.